先入観を捨て
Mind
セカンドキャリアへ
shift
進む方法

バーバラ・オークリー
Barbara Oakley, PhD
山裕子【訳】

Break Through Obstacles to Learning and Discover Your Hidden Potential

らわれずに働く術

Mindshift
Break Through Obstacles to Learning and Discover Your Hidden Potential

by Barbara Oakley, PhD

This edition published by arrangement with TarcherPerigee,
an imprint of Penguin Publishing Group,
a division of Penguin Random House LLC
through Tuttle-Mori Agency, Inc., Tokyo

「人は大きく変われる」。
この希望に満ちた言葉とともにドアを開け、
私たちの可能性を見出すためのまったく新しい方法を示してくれる本。
――セス・ゴーディン
(『セス・ゴーディンの出し抜く力』『「型を破る人」の時代』『「新しい働き方」ができる人の時代』ほかの著者)

人生を再起動したい人、リセットしたい人、
そして、自分を変えたいと思っている人にとって必読の書。
実際に自分を変えた人たちの経験談や実用的なアドバイスにあふれた
この本は、あなたの人生を変えるだろう。
――ダニエル・ピンク
(『フリーエージェント社会の到来』『モチベーション 3.0』『ハイ・コンセプト「新しいこと」を考え出す人の時代』ほかの著者)

興味のあることを追求するのはたやすい。
だが、それをキャリアに結びつけるのは難しい。
この本は、成功したキャリアを手に入れるための助言に満ちている。
キャリア構築の障害となるものを回避する方法を見つけた人々や、
障害をかき分けて成功をつかんだ人々の経験談が満載だ。
――アダム・グラント
(『GIVE&TAKE「与える人」こそ成功する時代』『ORIGINALS 誰もが「人と違うこと」ができる時代』『オプション B』ほかの著者)

心の準備をしておこう。
これまであなたが考えていた出来ることと出来ないことの境目を、
この本はすっかり変えてしまうはずだ。
――スコット・バリー・カウフマン
(ペンシルベニア大学想像力研究所科学部長)

目次

第1章 人生は変えられる 8
第2章 勉強だけが学びではない 31
第3章 時代は変わり続ける 52
データ革命
第4章 〝ムダ〟な知識が武器になる 75
趣味の世界から新たなキャリアへ
第5章 ルールを書き換える 95
型破りな学習法

第6章　シンガポール　未来を見据える国　122
第7章　学習のハンデを克服する　153
第8章　キャリアのマンネリ化と行き詰まりを回避する　196
第9章　かなわなかった夢が、新たな夢へとつながる　240
第10章　中年の危機を中年のチャンスに変える　253

第11章　MOOCとオンライン学習の価値　280
第12章　MOOCをつくる　最前線からの眺め　314
第13章　マインドシフトとその先へ　348
謝辞　369
参考文献　385
注　396

先入観を捨てセカンドキャリアへ進む方法

——既成概念・年齢にとらわれずに働く術

第1章 人生は変えられる

グレアム・キアのキャリアは順調だった。猛スピードで走る列車のように勢いがあった。好きなことをただ仕事にしているだけでなく、グレアムのキャリアは彼の人生そのものだった。

少なくとも、彼はそう思いこんでいた。

グレアムは、小学生の頃にはすでに音楽に夢中だった。活発できちんと自己主張できる子供だった彼は、4歳からバイオリンを始めていて、8歳のときには自発的にギターを覚え、もう楽器のレパートリーを増やしていた。高校に入ると、大人びたジャズの世界に惹かれるようになり、暇さえあれば、それまで知らなかった自由なジャズのリズムを練習するようになった。

グレアムが住んでいたのは、ビリー・ホリデイやジョン・コルトレーン、エセル・ウォーターズ、ディジー・ガレスピーといったジャズの偉人たちにゆかりの街、フィラデルフィアの近郊だった。家族と住むビクトリア様式の古い家は駅のすぐ隣にあり、夜になるとグレアムは広い庭からこっそり抜け出して、ガタゴトと音をたてて走る南東ペンシルベニア交通のR5線の電車に乗りこんだ。そしてフィラデルフィアに降り立つと、足を向ける先はいつも、即興でセッションが繰り広げられるジャズクラブの魅惑的な世界だった。ジャズの演奏を聴いていると、グレアムは生き返るような心地がした。

その後、グレアムはイーストマン音楽学校とジュリアード音楽院という音楽の名門2校で学び、権威あるジャズ専門誌「ダウンビート」で大学レベルでの「ベストソリスト」として取り上げられるまでになった。

しかし、だからと言ってグレアムがありとあらゆる面で優秀だったわけではない。その逆だ。音楽に関係のないことは、すべてと言っていいほどおざなりだった。なかでも数学は大の苦手で、代数と幾何はどうにかやり過ごしたものの、微積分や統計には手をつけようともしなかった。高校での科学系科目の成績もひどいものだった。高校最後の化学の試験でなんとか合格点がとれたとわかったときには、あまりの安堵と解放感から、家に帰るとこれまでの提出物や勉強で使ったものは全部、すぐに暖炉で燃やしてしまったほどだ。大学進学適性試験の前夜、大学進学を目指す他の学生たちがそわそわと眠れないまま横になり、数学の証明問題や、レベルの高い上級クラスで学習する歴史の内容を復習しているときも、グレアムはぱっとしない自分の成績をあえて見せつけるかのように堂々とジャズのコンサートに出かけた。

グレアムは、ミュージシャンになろうと決めていた。音楽にまるでかかわりのない数学や科学のことなど、考えるのも嫌だった。

大好きな音楽から大嫌いな数学と科学の世界へ。グレアム・キアのキャリアチェンジは、本人にとっても青天の霹靂だった。だが今ではとても満足している。

だがその後、あることが起こった。事故や家族の死にあったわけでも、人生の風向きが変わったわけでもない。目に見える劇的な変化ではなく、グレアムの心の中の深いところで、何かが決定的に変わってしまったのだ。

マインドシフト

私は長年、それまでのキャリアを捨て、新しいキャリアにチャレンジする人たちに魅了されてきた。あえて職種を変えようとする果敢な人は、さまざまな事態に備えて広く社会的セーフティネットを形成できる富裕な層に多いとはいえ、十分なサポート体制があっても、思い切ったキャリアチェンジには高速列車の間を飛び移るくらいの不安が伴う。それまで予想もしていなかったことや困難なことを、きっかけはどうあれ学ぼうとする人たちにも興味がある。苦手な数学を克服する語学のエキスパートや、コンピューターゲームにかまけてばかりだったのに競争社会のシンガポールでトップクラスの成績をあげるまでに変貌する人、両手足に麻痺があっても大学院でコンピューターサイエンスを専攻し、そのうえ優秀な学生としてオンライン講座の助手にも選ばれる人など。

変化のスピードが加速するばかりの現代において、私が確信するに至ったことがある。時代の変化に対応しながら新しいものを生み出していくには、大胆なキャリアチェンジや生涯学び続けようとする姿勢が欠かせないという点だ。学びの場は、大学でもそれ以外でも構わない。だが、キャリアチェンジや生涯学習の意義は、社会ではほとんど見過ごされたままになっている。

キャリアチェンジをした人、年を重ねてから新しく何かを学び始めた人は、えてして自分のことをその分野の素人のように思いがちだ。新たな職場の同僚たちには追いつけない、永遠のアマチュアだと感じてしまう。だが実際には、自分には魔力がないと思い込んでいる魔法使いと同じで、多くの場合、自分たちの持つ力に気づいていないだけなのだ。

グレアム同様、私は昔から数学と科学への拒否反応が強く、成績のほうもさんざんだった。だが私には、グレアムのように早いうちから頭角を現した何かがあったわけでも、特別な能力があったわけでもない。私はただの怠け者だった。父が軍に在籍していたため我が家は引っ越しが多かったのだが、落ち着き先のほとんどは都市郊外の田舎だった。そうした町はずれの土地は、（少なくとも当時は）安く、私たちは動物を飼うことができた。それも大きな動物を何頭も。私は、学校が終わるといつも教科書を投げ出し、鞍もつけずに自分の馬に飛び乗っては出かけていた。午後の日差しを浴びながら馬を走らせることに夢中で、学校での勉強や生涯のキャリアなど気にしたこともなかった。

家の中で話す言語は完全に英語だけだったため、7年生になると私はスペイン語でつまずいた。賢明な父は、私の泣き言に耳を傾けると、最後にこう言った。「教える側に問題があるわけじゃないかもしれない、と考えてみたことはないのか？　ひょっとしたら、お前自身の問題かもしれないぞ」

だが意外にも、次の引っ越しで父が間違っていたことが証明された。新しい高校の教師は語学のおもしろさを気づかせてくれ、私は外国語で「考える」ことに興味を持つようになった。自分は語学が好きなことがわかり、フランス語とドイツ語の勉強を始めた。重要なのは、やる気を起こさせてくれる教師に出会えるかどうかだ。その教科の印象が良くなるだけではない。良い教師は、生徒に自信を持たせてくれる。

父が私にしきりに勧めたのは、数学や科学と関連する学位をとることだった。父は、子供たちに自立するための手段を持ってほしかったのだ。だが私は、数学と科学は私の守備範囲外だという考えを変えようとはせず、結局、小・中・高を通して数学と科学では赤点をとり続けた。私は語学の勉強がしたかった。当時は手軽に借りられる学生ローンがなかったため、私は大学に進学する代わりに、収入を得ながら語学を習得できる軍に入隊することにした。そして、私は語学を学んだ。ロシア語である。

しかしあらゆる予想に反して（そして私の当初の計画をよそに）、私は今では工学教授で、数学と科学の世界にどっぷりと浸かっている。そしてソーク研究所のフランシス・クリック冠教授であるテレンス・セジュノウスキーと共に、世界で最も人気のあるオンライン講座「学び方を学ぶ（Learning How to Learn）」の講師をつとめている。これはカリフォルニア大学サンディエゴ校がＭＯＯＣ（大規模公開オンライン講座）のプラットフォーム「コーセラ」に提供している講座で、講座開設直後の１年間だけで２００カ国以上から１００万人の受講者を集めた。あなたがこの本を手にする頃には、受講者数は２００万を優に超えているはずである。

この講座の、かつて例のないほどの規模と影響力を見れば、学び、新たなことにチャレンジし、成長したがっている人がいかに多いかがわかる。私がこれまでに経験した職業は、ごく控えめに言ってもかなり多岐にわたっている。ウエートトレス、清掃人、家庭教師、ライター、妻、子育てをする専業主婦、米軍将校、ベーリング海でのソ連のトロール漁船のロシア語通訳に、南極観測基地の通信士。

それらの職を経る過程でわかってきたのは、私には自分で思っていたよりもずっと、新しいことを学び、変化する力があることだった。ある職で覚えたことが有意義にはたらき、人生の次の段階で役に立つことは何度もあった。しかも往々にして、そのように役に立つのはそれまでの職で身につけた、一見無用とも思えるような知識なのだ。それらが新しいキャリアの強力な基盤として機能した。

そして今、100万を超える世界じゅうの受講者たちが、学び、変化できる自らの可能性に目覚める様子を見ているうちに、私の中にある決意が固まった。マニフェストを作ろう。人々の可能性を最大限に引き出せる「マインドシフト」が、活気と創造力にあふれる社会づくりに不可欠なことを宣言するために。

マインドシフトとは、学びを通してもたらされる人生の大きな変化を意味する。その変化が、本書のテーマだ。ここでは、学ぶことによって自分を変えた人たち（それまで時代遅れや無関係に思われていた実は有用な知識を、別の分野にもたらしてくれる人たち）が、いかに社会の発展に寄与してくれているかを見ていきたいと思う。彼らの独創的な試みはまた、私たちの励みにもなるはずだ。

彼らの変化の過程を知り、そこに現在明らかになっている学びや変化についての科学的な裏付けを加えていけば、学び、成長し、自分自身の可能性を最大限に引き出すために、私たちに何ができるかも、きっと見えてくるだろう。

「マインドシフト」とは、学びを通してもたらされる人生の大きな変化のこと。その変化が本書のテーマだ。

隠れた可能性を見つけよう

キャリアを積む過程で、予想もしていなかった事態が起きるのは珍しいことではない。たとえばある朝、あなたが自分のデスクに座ってその日の業務を精力的にこなしていたとする。ふと気がつくと、上司があなたを建物の外に送り出すための警備員を連れてそこにいる。何の前触れもなく解雇されたのだ。20年ものあいだ会社のために懸命に働き、社内のＩＴシステムにもすっかり精通しているのに……。だがそのシステムそのものが、どうやらあなたと同じく不要になってしまったらしい。

同じようなケースでも、上司がとんでもなく嫌な人間であれば、解雇は期せずして、部下という損な役回りから解放される喜ばしい出来事になるかもしれない。その場合は、次の職のために努力して何か新しいことを学ぶ意欲もわきやすいだろう。

職種を変えることなどできないと決めつけている人もいるかもしれない。常に親の言いつけにしたがう従順な子供だったため、親に勧められて就職した給与の高い職から離れるのが怖くてたまらないのだ。本当は、今でもあきらめきれていない憧れの仕事が別にあるのに。

条件の良い職が見つけにくい分野で、あなたが努力してなんとかキャリアを築いてきたような場合も同様だろう。今さら職種変えのリスクを冒そうなどとは夢にも思わないだろうし、あなたに子供がいて、失敗したときのしわ寄せが子供たちにいってしまう場合はなおさらである。

大事な試験の前日に母親を亡くしたことをきっかけに、規定路線からはずれてしまい、結果的に低賃金の仕事から抜け出せなくなってしまった人もいるかもしれない。世の中のシステムは、できるだけ多くの人間をふるいにかけるようにできているのではないかと思えるほど、こうしたケースは多い。

ぴかぴかの真新しい学位を手に卒業したとしても、先のことはわからない。自分のやりたいことをやろうと決意し、他のことには目もくれずに追い求めた学位でも（自分のやりたいことをするのがいちばんだと、友人たちは口を揃えて言っていた）、その後働き始めてから、両親の忠告してくれたこと（給料は安く、仕事はあなたの理想からはほど遠く、そのうえ多額の学生ローンの返済が邪魔してそうそうキャリアチェンジもできない）が正しかったと気づく場合もあるからだ。

そうでなくても、今の仕事は好きだが、まだ他にも自分にできる何かがあるのではないかと感じている人もいるかもしれない。

どうすればいいだろう？

社会的状況や個人的状況が違えば、新しい一連のスキルを身につけたり、キャリアチェンジをしたりするときの障害も異なるものだ。なかにはどうしても克服できない障害もないわけではないが、幸いなことに私たちは今、世界的に新しい時代に突入しようとしている。新しい将来の展望に向けて何かを学び直すのは、かつては選ばれた一部の人にしかできないことだった。だが今では、大勢の人が新しい学習の機会を得られるようになっている。それも、以前に比べればはるかに費用がかからない。だからと言って、マインドシフトまでもが容易になったと言いたいわけではない。何かを学んで人生を変化させるのは、そう簡単にできることではない。だが、そのためのハードルが低くなったのだ――さまざまな状況にいる、さまざまな人たちが学べるように。

この新しい学び方（マインドシフトを実現するための新しい方法でもある）は、あまりに急速に広まりすぎたため、はじめは多くの人たちがいっせいに拒否反応を示した。「そんなものはだめだ。今までの能力開発や学習システムで十分じゃないか。それ以外の方法でうまくいくわけがない。新しいやり方なんて一時の流行にすぎないだろう」と。しかし徐々に、ほとんど気づかれない程度の速さで、マインドシフト革命は進行している。学んで人生を変えるマインドシフトは、新しいスキルの習得やキャリアチェンジだけを指すわけではない。学ぶことによって、人生に取り組む姿勢や、個人の生活や、人間関係に起こせる変化もまた、マインドシフトである。変化は、余暇の活動からフルタイムの職業まで、どんな領域でも起こりうるのだ。

どんな分野であれ、成功するために必要な能力をはぐくむことができると、きちんと証明されている。人間のやる気について研究してきたスタンフォード大学のキャロル・ドウェック教授は、「私たちの能力は努力次第で変化する」という前向きな考え方を持つことが、実際の変化や能力の向上につながるという理論を提唱している。[1] だが、実生活で社会に出て働くうえで、こうした考え方がどのように役立つかを想像することは難しいのではないだろうか。具体的に、自分のスキルセットやキャリアがどのように変わり、自分自身にどのようにプラスになるのか。最新の研究結果からわかる実用的なアイデアにはどんなものがあるのか。そして、変化し、能力が向上していくプロセスに、新しい学び方はどうかかわっているのか。

本書では、世界各地で驚くようなキャリアチェンジをした人たちや、とてつもなく大きな困難を乗り越えて何かを学んだ人たちについて紹介していきたいと思う。あなたがどんな職種から、もしくはどんな職種へキャリアチェンジしようとしていても、また学びたいと思っているのがどんなことであろうと、第二のチャンスを求めて学習した人たちの経験から学べることはあるはずだ。文系分野から理系分野へ、もしくはハイテクの世界から美術の世界へと、難しいキャリアチェンジを果たす人たちについて知り、また、うつの克服と起業にどんな共通点があるのか、世界レベルの優秀な科学者たちでさえもキャリアのリセットボタンを押す必要に迫られることがあるのはなぜか、難しい内容を学ぶときにあまり賢くないことが強みになりえるのはなぜか、などについても見ていくことにする。

そして、そうした人たちのモチベーションを分析し、不安を感じることも多いはずの思い切ったキャリアチェンジの過程で、彼らがやる気を維持するために使った秘策についても学んでいこう。また、すばらしい大人の学習者たちと時間を過ごす以外にも、デジタル時代の特性を活かして、加齢による脳機能の低下を改善するには具体的にどうすればよいか(ヒント：コンピューターゲームが役に立つようだ)、キャリアチェンジをした人たちや大人の学習者たちがもたらしてくれる新しい視点について科学的にはどんなことが言えるか、そして、成人した後も脳の働きを向上させ続けていくための神経科学からの実用的なアドバイスにはどんなものがあるかについても取りあげていくつもりだ。さらに、新しい形の学習者(ＭＯＯＣのスーパー受講者たち)にも登場してもらい、アイデアあふれる方法でオンライン講座を使い、人生を変化させている様子も見ていきたいと思う。

マインドシフトは今や非常に重要視されており、国によってはマインドシフトを奨励するためのシステムを設けている。そうした革新的な国のひとつがシンガポールである。シンガポールからは、キャリア強化のための新しい戦略について学ばせてもらう予定だ。このアジアの小さな島国の試みを知れば、「やりたいことVS実用性」という、常に私たちを悩ませる難問への、革新的で新しい対処法が見えてくるはずだから。

全体を俯瞰できる講師の立場から世界各地で学ぶ受講者たちを見るという視点も、楽しんでいただけるのではないかと思う。世界で最も人気のある、学び方を学ぶためのコースである。カメラの向こうには100万人以上の受講者たちがいる。そんなカメラのレンズをのぞき込むのは、いったいどんな感じがするものだろう？　また、変化し、成長していくための最適な学習方法の選び方についての実用的なアドバイスも、オンライン講座と通常の講座の両方を対象に、多数盛り込んでみた。

しかし、ハイテク技術を使わなければ人生を変えられないわけではない。物事を見る視点を変えてみたり、一般的に「悪い」とされる思考法の別の面を活かしたりするだけでも、生きていくうえで私たちの前に立ちはだかるハードルを越えることは可能だ。常識にとらわれない学習者たちは、一見越えられないかに見える障害を回避するための、思ってもみなかったアイデアを私たちに与えてくれる。

本書で重点的に取り上げているのは、芸術的なスキルセットから数学的もしくは技術的なスキルセットへの転換である。逆のパターンはありえても、芸術分野から理系分野へのキャリアチェンジはできないと思い込んでいる人がほとんどだからだ。それに、好むと好まざるとにかかわらず、現代は理系分野の需要の高いテクノロジーの時代だ。しかし、あなたが関心を持っているのがどんな分野であろうと、ここで紹介する人たちは、あなたに多くのインスピレーションを与えてくれるはずである。うつを克服したバスドライバー、木工業に転職した電気技師、数学が得意で人前で話すのは苦手だったはずなのに、自分に弁論の才能があったことに気づく若い女性など、さまざまな人たちが登場する。

学習の障害となるものを乗り越え、あなたの隠れた可能性を見つけよう。学ぶことで、可能性は広がるのだ。それもあなた自身の可能性が。実際に試していただければ、学び、変化するあなたの能力の伸びしろが、あなたが考えていたよりずっと大きいことがおわかりいただけるだろう。

だが今のところはひとまず、グレアムの話に戻るとしよう。

グレアムのマインドシフト

グレアムのキャリアチェンジのきっかけは、ほんの些細なことだった。ある日、地元の小児がんセンターでギターを弾いてほしいと頼まれたグレアムは、大好きな音楽で子供たちを励ますことができるならと、その依頼を引き受けた。ほんの短時間の訪問だったが、それが次の訪問につながり、そしてまた別の訪問につながった。何度も通ううちに、いつの間にかグレアムは、勇敢で小さな患者たちのことが気にかかるようになってきた。彼らの闘病の経緯を見ていると、つらくて胸が張り裂けそうになることもあった。グレアムは子供たちに大きく心を動かされ、そのうち、がんと戦う人たちのための定期コンサートを開くようになった。

だがコンサートを続けていくうちに、グレアムは予想もしなかったあることに気づき始めた。毎日、一日じゅう音楽を奏でていても、満足感を得られないのだ。がんと戦う人たちが最もつらそうなとき、個人的に彼らを介抱することのほうが有意義ではないかと思えてきた。コンサートを開いていても、演奏が終わってしまえば、足を運んでくれた人たちとはおそらく二度と会うことも話すこともない。

不意に、ある考えがひらめいた。とてつもなく恐ろしい考えが。グレアムは、医者になろうと決意したのだ。

グレアムは自分が間抜けに思えた。過去の自分を振り返ってみても、数学と科学で良い成績をおさめられる保証はどこにもない。どうして今ならそれができると思えてしまったのか、自分でもよくわからなかった。

自分を変えようと模索する多くの人たち同様、グレアムは自信をつけようと、小さなことから始めることにした。微積分の講座に申し込んだのだ。

だが、グレアムはただやみくもに申し込みをしたわけではない。演奏に向かう途中や学校への通学途中に基礎をざっと復習できるよう、講座が始まる数カ月前に微積分の学習準備用の電子書籍をダウンロードしてあった。読み始めた当初、グレアムは目の前が真っ暗になった。何よりもまず、数学の基本的な概念の多くを忘れてしまっていたか、ほとんど理解できていなかったのだ。「指数に法則があったのか！」と驚いたほどで、グレアムはこう思わずにはいられなかった。「いったい自分は何をやってるんだろう？　今やっている音楽ではトップにいるっていうのに、また一から医学を始めようとするなんて」

だがその一方で、グレアムは自分に何ができるかもよくわかっていた。困難な課題に粘り強く取り組むのは得意だ。何年も楽器の練習を続けてきたおかげで身についた、シンプルなスキルだった。ジュリアードに入るためにあれだけ長時間練習できたのだから、数学の勉強だってできないことはないだろう。集中して、猛勉強すればいいだけだ。

ただ、自分の強みを理解しているだけでは不安は拭えなかった。それに、それを知っていたからといって、必死で努力しなければ勉強についていけないという事実が変わるわけでもなかった。同じ講座にいるのは、高校のときに履修済みの内容をただ平均点を上げるためだけに再履修している、コロンビア大学の医学部進学課程と工学部の学生たちがほとんどだったのだ。グレアムは、熟練ドライバーのレーシングカーに対抗しようとしてゴーカートに乗っているような気がした。グレアムが担当教授に自分はミュージシャンだと告げたときも、教授はなぜグレアムが自分の授業を受けたいのか理解できないといった様子だった。だが努力の甲斐あって、最後にはAマイナスの成績で終えることができた。数学と科学が大の苦手だった人間が、大学ではじめてとった微積分の成績としては上出来である！

少しだけ、グレアムの不安が消え始めた。だがグレアム自身の次の言葉を見れば、彼が絶えず奮闘していた様子が伝わってくる。

試験の前は毎回と言っていいほど眠れなかったことを覚えています。「Aをとれなかったら医学部に入れない。音楽のキャリアを棒に振ったばかりだっていうのに、そのうえ医者にもなれなかったら、どうすればいいんだ?」と思っていましたから。

自分があきらめたキャリアを思い出させるものは至るところにありました。スーパーボウルの夜は、翌日に生化学と有機化学のテストのダブルパンチがあったせいで僕は勉強していましたが、それでも、ビヨンセのハーフタイムショーで友人のひとりがサックスを吹いているはずだっていうことは、頭のどこかで意識していました。フェイスブックも見ないようにしました。そこで目に入るものといったら、ツアーに出たり、注目を集めるような演奏をしたりと、友人たちが楽しそうなことをしている様子ばかりだったからです。医者になろうと決めたのは自分ですから、途中で止めるわけにはいきませんでした。

僕のことを思って、僕の気持ちを変えさせようとした友人や家族の存在も、精神的につらかったことのひとつです。皆、音楽で僕がどんなに優秀だったかを知っていたので、なぜ突然医者になるための勉強を始めたのか理解できないようでした。医者ほど難しくはない別のキャリアを勧めてくる人もいました。そうした友人たちは僕の頭の中に不安の種を植えつけ、決意がぐらつきそうになったとき、気持ちを立て直すのに本当に苦労しました。そういうときにはいつも、はっきりと医学の方向へ舵をきろうと決めた瞬間を思い出すようにして、自分の意志を再確認するようにしていました。でもほとんどのミュージシャンの友人には、自分が何をしているかは話しませんでした。そのあたりは、曖昧にしておきたかったんです。演奏の仕事が入ってくるように、ジャズの世界とのつながりはどうしても保っておきたいと思いました。だから実質、その頃の僕は、まるでふたりの別の人間がいるようにふるまっていたようなものです。

最初のうちは、演奏する回数を絞っていました。そうしないと、勉強がうまくはかどらないだろうと思い込んでいたからです。でも2学期目に入って、試しに演奏の回数をぐっと増やしてみると、成績にまったく影響が出ないばかりか、演奏していたほうが、日々の勉強から解放される時間ができて生活がずっと楽しくなることがわかりました。友達づきあい、収入、息抜きの時間。僕にとって演奏活動は、それらすべてをまとめて得られる貴重な場だったんです。

理系科目の勉強は大変でした。最初のうちは、数学や化学といえば反射的に感じていた強い嫌悪を克服するのにまず手を焼きました。でもいったん内容が理解できてしまえば、それらの科目にも興味が持てるようになり、勉強がおもしろくなってきました。有機化学の図を描くプロセスや、数学の問題に頭を悩ませるのがだんだん楽しくなってきたんです。教科書に思わず膝を打ちたくなるような解答を見つけたときには、ひとりでほほえんだり、ふくみ笑いをしたりするようになっていました。

それでも、要求されるレベルにはなかなか慣れず、テストの点数のつけ方が不公平だとか、本当はわかっていたのにテストで力が発揮できなかっただけだなどと、はじめは自分に言い聞かせていました。でもすぐに、僕が間違った問題でも、クラスの中には正解している誰かがいることに気がつきました。彼らは、僕よりも内容をよく理解していたに違いなく、つまり、不正解の原因は教える側ではなく、僕のほうにあったんです。

内容を一度理解しただけでは不十分なのだと思いました。練習が必要だったんです。ギターの上達に練習が必要だったのと同じように。僕は教授たちに面会を求めたり、講義中に質問したりするようになりました。高校のときは、自分が授業内容を理解できていないと認めるのが嫌で、誰かにアドバイスを求めたことは一度もありませんでした。それは、「頭の鈍い」生徒だけがすることだと思っていたのです。でも、プライドは捨てるべきなのだとようやく気がつきました。目標はテストで良い成績をあげることで、常に自分を天才のように見せることではないのです。

医者になるための勉強を始める少し前に、『ごく平凡な記憶力の私が1年で全米チャンピオンになれた理由』（ジョシュア・フォア著、梶浦真美訳、エクスナレッジ刊、２０１１）を読んでいたのはラッキーでした。頭の中に「記憶の宮殿」をつくり、そこに覚えたいと思う情報を格納していく「場所法」と呼ばれる手法をはじめ、その本で紹介されている記憶術を使うことができたからです。生まれつき数や抽象的な概念に対する記憶力がいい人はいますが、僕はそういうタイプではありません。早い段階で自分の限界を把握できたのはよかったと思います。一度自分の不得手なことがわかってしまえば、それらを克服するための努力ができますから。

グレアムは、理系科目の単位は、もう1年と夏季休暇中に全部とってしまおうと決めた。まずはグレアムの昔からの強敵、化学である。「信じられないかもしれませんが」と前置きし、グレアムはこう続けた。「修了時の成績はAでした。もっと簡単だったはずの高校のときの化学ではCプラスしかとれなかったのに、意志を持って真剣に勉強したとたん、まるで別人になったかのように結果ががらりと変わりました」

そのうち、グレアムは有機化学や生化学、またその他の10年前には履修することなど想像もできなかった難易度の高い科目で、Aをとれるようになっていた。その後、最後の期末試験が終わった1週間後に医科大学入学試験を受け、今ではグレアムはジョージタウン大学医学部の3年生である。グレアムと私は、彼がもっと勉強の効率をあげようと「学び方を学ぶ」を受講した後に知り合った。

音楽で学んだことは、大きな意味でも小さな意味でも医師としてのキャリアにプラスになっている。たとえば、音色やタイミングの微妙な違いを聞き分ける訓練を経てきた彼の耳は、心音を聴いて診断をくだす聴診の際、他の学生たちよりずっと早くそれらの違いを聞き分けることができた。

しかし何と言っても、音楽をやってきた経験そのものの影響がいちばん大きかった。医師にとって、化学や生理学の確固たる知識が不可欠であることは言うまでもない。だがグレアムは、患者の訴えに親身になって耳を傾けることも、ひょっとしたら同じくらい重要なのではないかと思っている。他のミュージシャンと合わせるアンサンブルでの演奏を通して、グレアムには、周りのミュージシャンの意見をしっかりと聞き込む習慣ができていた。ただ自分の音楽に対する考えだけを主張しても、あまり良い結果は出ないのだ。同じことは患者を診察する際にも当てはまり、すぐに患者の言うことに口を挟むのではなく、まずは彼らに自由に話をしてもらう時間をとったほうが、患者との関係が向上するだけでなく、より正確な診断がくだせるようになると、グレアムは感じていた。

それだけではない。演奏に必要なミュージシャンとしてのスキルは、患者と対面し、治療をする際に必要なスキルと驚くほど似ていることに気がつき、グレアムは、医師になる前に、即興演奏の練習に費やした数年間があってよかったと思えるようになった。演奏に即興で合わせていたときと同じように、突発的な状況や急患に対して、習得中の知識を柔軟に適用することができるのだ。また、音楽から医療の世界への難しいキャリアチェンジを果たしたことで、不慣れなことにも落ち着いて対処できる自信が持てるようにもなった。

医学部の学生たちは、在学中に医師たちから非常に多くのことを覚えこむよう指導されることが多いため、医学を型にはまった学問だと思い込んでしまいがちだ。だが実際に医療行為に携わってみると、状況に合わせて知識に応用をきかせたり、直感に頼らなければならなかったりすることも多く、医学というのは実は治療をするための「技術」だとわかってくる。グレアムはすでに、大勢いる医学生たちと比べても、自分は医師という職業に向いているに違いないという感触を得ている。音楽活動の下地があるおかげである。

ただし、役に立ったものは他にもある。グレアムはこうも書いている。

医学部に入ってからも、最初の1年は勉強が思うように進みませんでした。コーセラの学び方のコースを受講し始めたのは、自分の勉強の仕方がどこか非効率的な気がしたからです。勉強に費やす時間は他の学生たちよりもずっと長いのに、僕は彼らより内容をよく理解しているわけではありませんでした。学び方のコースは、学習に能動的に取り組むことが大事なのだと気づかせてくれました。何時間もスライドを読み返すことがあっても、僕はその半分はぼんやりしているだけで集中できていませんでした。ポモドーロテクニックを使い、その後どのくらい内容が頭に入ったかを繰り返しテストしてみると、すぐに違いが実感できるようになってきました。

これでおわかりいただけただろう。人生を大きく変えることはできるのだ。あなたに「前もってプログラムされている」関心事や、あなた自身が得意だと思っていることで、あなたという人や、あなたが最終的に何をすべきかが決まるわけではない。医療の世界へキャリアチェンジする人ばかりでなく、医療からまったく別の分野へシフトする人たちだっている。たとえば、テレビドラマ『ER緊急救命室』の原作や『ジュラシックパーク』などの著作があるベストセラー作家のマイケル・クライトンは、ハーバードで医学博士号を取得したものの、実際に医療を行うための医師免許は最後まで取得しなかった。中華民国建国の父・孫文も、ハワイでの医学の勉強を中断して革命に身を投じている。

ポモドーロテクニック

一見シンプルに見えて実は非常に効果の大きい、1980年代にフランチェスコ・チリッロによって考案された集中力を高めるためのテクニック。「ポモドーロ」はイタリア語でトマトのことで、チリッロが勧めるタイマーはほとんどがトマトの形をしている。やり方は簡単である。注意がそれるような携帯電話の着信音やコンピューターの通知音が出ないよう設定を変え、タイマーを25分にセットして、その25分間はあなたのしていることにできるだけ集中する。そして時間が来たら、数分間、脳をリラックスさせる（ここで休憩をはさむのも大切）。これを繰り返すだけでいい。休憩の間は、ネットサーフィンをしてもいいし、好きな歌を聴いても、そのあたりを歩き回っても、友人と話してもいい。別の方向へ頭を簡単に切り替えられるものなら何でもいいのだ。

これは、やるべきことを先延ばしにせず、確実に進めていくために役立つテクニックだ。途中に組み込まれている息抜きの時間も、学習効率を上げるためには不可欠な部分である。

グレアムのキャリアチェンジを見てきたあなたは、ひょっとしたらこう言うかもしれない。「ちょっと待てよ。グレアムはどう考えても頭の切れるタイプじゃないか。それまではただ、数学や科学を真面目に勉強していなかっただけじゃないのか？」と。

しかし、グレアムのような人は案外多いのではないだろうか。どんな教科やスキルでも、また何かの特殊な専門分野でも、学ぶ対象が何であれ、能力はあるのに今まで一度も真面目に取り組もうとしたことがないという人は、実は大勢いるはずだ。

どんな理由があるにせよ、計画したとおりに人生が運んでいない人はどれくらいいるだろう？　計画どおりにいかなくなった後、新しいスキルや人生へのアプローチの仕方を身につけ、結果的に新しい人生を踏み出した人は？　順調にキャリアを積んでいるように見えても、内心ではまったく畑違いの新しい何かに挑戦したくてたまらない人は、いったいどれくらいいるだろうか？

学び直す楽しみ

新しい何かを学び直すには、また初心者レベルに逆戻りしなければならないときもある。だがそこには、スリル満点の新しい冒険をまた一から始められる楽しさもあることを覚えておこう！

平凡な人も非凡な人も、多くの人が積極的に学ぶ姿勢を持ち続けることで、人生にすばらしい変化を起こしている。あなたがキャリアチェンジをしようとしているのが、これまでとはまったく別の分野だったとしても、あなたがそれまでに身につけてきた知識は、あなたを過去に縛り付ける足かせになるとは限らない。それどころか、これから未来に向けてのキャリアを活性化させる足がかりになりうることが、本書を読めばおわかりいただけるだろう。そして、自分の職種を私たちはどのようにして選んでいるのか、また、生来の資質を変える方法、年齢を重ねても効果的に学び続ける方法については、科学的見地からも検証していこうと思う。

それでは早速、新しいマインドシフトの世界をのぞいてみよう。

やりたいことの幅を広げる

「自分のやりたいことをやるべきだ」というありがちなアドバイスに従って、不必要に自分の限界を決めてしまってはいないだろうか？　あなたがこれまで携わってきたのは、すべて自分がもともと得意だったことばかりだろうか？　それとも、あなたにとってはとても難易度の高い何かをしようと努力してみたことがあるだろうか？　次のことを想像してみてほしい。あなたが自分の「やりたいこと」の範囲を広げ、その中でも全力を尽くさなければ成し遂げられない何かをしようと決めたとする。その場合、あなたには何ができるだろうか。何になれるだろうか。そしてあなたが目標に向かって努力しているとき、これまでに身につけたどんなスキルや知識が役に立つだろうか。

頭の中に浮かぶことを紙に書き留めてみると、本当の自分の考えが見えてきたり、もっと有効な手段が見つかったりすることは驚くほど多い。紙を1枚用意してもいいが、本書のために使えるノートを1冊用意できればもっといい。そこに「やりたいことの範囲を広げる」と見出しを書き、これらの問いの答えを書いていくのだ。答えはほんの数行でも、何ページかにわたっても構わない。

本書全体を通して、こうしたちょっとした参加型のエクササイズが度々登場する。お試しいただければわかると思うが、それらはすべて、あなたの考えをまとめ、それをより深いレベルで理解するために非常に効果的なエクササイズだ。本書を読み終えた後で、自分が書いたノートやメモを読み返してみれば、あなた自身や、あなたに合った学び方や、あなたの人生の目標についての概観を示してくれる貴重な資料となるだろう。

第2章
勉強だけが学びではない

すべてが変わり始めたのは、クローディアの尿が出なかったときからだ。

そこに至るまでの彼女の人生は、とても快適とは言えないものだった。実のところ、生きているだけで精一杯で、60代に入る頃には、調子のいい日が数週間以上続いたことがあったかどうか思い出せなくなるほど、クローディアの具合は悪くなっていた。

問題は、うつだった。彼女はずっと大うつ病性障害と呼ばれる重いうつを患っていたのだ。それでもクローディアは、人前では「普通」に振る舞うことを心がけていたのだが、それすら彼女にとっては大変な作業で、たとえばソファから腰を上げるときなど「立つのよ……このソファから立つのよ」と自分に言い聞かせるだけでは足りず、「わたしは足を動かせる」と声に出さなければ体が動かないときもあるほどだった。

だが、もっとつらかったのは心の声との戦いだ。「そんなことどうでもいいでしょう？　動いてみたって何にもならないんだから」といった声に抗わなくてはならなかったのだ。

彼女のうつ病は、特定の原因によって引き起こされたものではなかった。早い時期からうつの症状は出ていたものの、きちんとした診断が下ったのは18歳で大学に入学したときだ。驚きはしなかった。うつは彼女の家系のあちこちに触手を伸ばしていたからだ。父親も重いうつ病を患っていたし、何人かのきょうだいもうつ病だった。これは遺伝なのだ。彼女にはどうすることもできなかった。

クローディアにこなせるのはたいていパートタイムの仕事で、彼女はシアトル市があるキング郡が運営するメトロバスの、ラッシュアワーのドライバーとして働いていた。愛してやまない家族のために料理をしたり、世話をしたりもしていた。そしてときどき、主治医たちは彼女に新しい薬を処方した。そういう薬は、しばらくは効き目があるのだが、結果はいつも同じだった。数カ月もすれば（長くても1年がせいぜいだった）効き目は消えて元に戻ってしまうのだ。そしてまた、心の中は虚しさでいっぱいになってしまう。

この堂々めぐりからなんとか抜け出したいという衝動にかられることはあったが、その後すぐに、自分のような人間には無理なのだとクローディアは思いなおしていた。自分はきちんとした社会の一員にすらなれていないのだから、と。クローディアはいつも自分を取り巻く消えることのない苦痛の中にいたが、それでも、自分に自殺はできないとわかっていた。大事な家族のために。彼らを傷つけ

クローディアがシアトルに住み始めてからもう50年以上になる。「エメラルドシティ」と呼ばれる緑豊かなこの街が今では自分の故郷だとクローディアは思っている。

るつもりはないし、彼らが傷つくとわかっていることを実行には移せなかった。彼女のセラピストのポールが言っていたように、彼女が自殺をすれば、家族は計り知れないほどのダメージを受けるだろう。また皮肉にも、クローディア自身が自殺は罪だというカトリックの教えを受けて育ってきたため、自殺をすれば周りを混乱させ迷惑をかけるだけだとよくわかっていた。

仕事では、アコーディオン状の連節部で車体をつなげた、12メートルもしくは20メートルの長さの連節バスを運転していた。バスを運転する仕事は彼女に合っていた。給料はまずまずだし、うつ状態のときでも働けたからだ。そのうえ彼女の職は1993年に制定された育児介護休業法（訳注：育児や家族の介護、本人の療養のために、労働者が1年間で最長12週の無給休暇を取得できる権利を認める法律）で守られており、代替ドライバーがシステムに組み込まれてもいた。彼女が運転するのはたいてい、朝か夕方の通勤時間帯だった。この時間帯にバスを利用する人たちは、日中や夜中の客層とはまったく異なっていて、何かを読んだり、うたた寝したりしている折り目正しい通勤客たちは、彼女のうつを引き起こす要因にはならなかったからだ。クローディアは何があっても、トラブルの多いルートや、トラブルを抱えた人が多いことで知られるルートは避けるようにしていた。

それでも、先の不安がなかったわけではない。あまり知られてはいないが、大都市圏でのバスの運転は、実はかなり厄介なものだ。バスは大きく、幅が広く、重い。ほとんどのドライバーは（自転車に乗っている人や歩行者は言うまでもないが）、バスは乗用車よりも停車するのにずっと時間がかかることを理解しておらず、無分別に、危なっかしくバスに向かって突っ込んでくる。そのため、どの大都市でも毎年、バス関連の事故で死亡者が出ている。そしてその際に責任をとるのは毎回と言っていいほどバスのドライバーで、大事故があった後は失職するのが通例だった。

　事故のあった朝、クローディアは目覚まし時計を止めて、制服に着替え、朝食を前日のコーヒーの残りで流し込んで、外の日差しの中へ出て行った。

　会社に着くと、出勤時間を記入し、職務への適性承認を受け、割り当てられたバスに乗って安全点検を行った。運行ルートは同じでも、ドライバーが運転するのは毎日別のバスである。その朝、クローディアは全長12メートルのバスで３０８路線を運転することになっていた。

　いったん運転し始めてしまえば、仕事のリズムに乗るのは簡単だった。停車してドアを開け、乗客が乗り込むのを待ち、運賃を回収する。バスを発車させ、車体は振動しながら前に進む。道路に注意しながら停留所に乗客がいるかどうかをチェックし、ブレーキをかけて速度を落としながらバス停に停まる。その繰り返しである。

　すぐにバスは満員になり、通路に立つ乗客も出始めた。クローディアは慣れた手つきでハンドルをさばき、州間高速道路５号線の急行レーンに乗った。すでに混雑している高速道路で、クローディアは車の流れに合わせてバスを走らせた。

　クローディアがシアトルの中心部に出るスチュワート通りの出口に向かっていたとき、それは起こった。あとで思い返そうとしてみても、どういう順序で事が起きたのかほとんど整理できないほど、すべてが一瞬の出来事だった。

　突然、クローディアのバスの前を走っていた車がスリップして止まった。ドライバーはスリップしながらも路肩の端に車を寄せたのだが、路肩のスペースは細長く、幅が狭い。ただ、それだけならクローディアはハンドルをきって、なんとかその車をよけることもできただろう——その他に何事も起きていなければ。

どういうわけかクローディアは、止まった車のドライバーが、クローディアのバスが走る車線に大きくはみ出すように車のドアを開け、道路に降りようとしているところを見て取ることができた。降りようとしている先は、バスの目の前である。

クローディアは自分のすぐ横のサイドミラーに目をやり、ウインカーを出して左にハンドルをきりながら急ブレーキをかけた。しかしそれは、20トンもある鯨がショッピングカートの上でバランスをとりながら方向を変えて止まろうとしているようなものだった。気づけばクローディアは隣の車線にいた——目の前ではちょうど別の車が止まったところだった。

クローディアはその車に突っ込んだ。

とっさの判断でバスのスピードを落としたことで、幸いにもバスの乗客に負傷者は出なかったが、バスから降りてぶつけた車の状態を確かめたとき、クローディアはこれだけで済まないことがすぐにわかった。

クローディアのバスの後ろで止まった何百という車の中では、大勢のドライバーや乗客たちが騒然としている。警察が到着し、クローディアは事故後の手続きを機械的に済ませた。バスのドライバーは安全運転を心がけ、不慮の事態に常に備えなければならないことになっている。車のドライバーが急ブレーキをかけ、交通量の多い道の真ん中に車を降りて出てくるという奇妙な状況でも、その前提は変わらない。クローディアは「車間距離不保持」で違反切符を切られた。

腹部を殴られたようなショックを覚えた。

クローディアはそれまで自分のうつをなんとかコントロールしてきたが、この出来事で彼女は、切り立った崖になんとか踏みとどまろうと作り出していたぎりぎりの足場から突き落とされたような気持ちになった。これから自分は、今よりさらに暗い深みへと落ちていくのだ。そう思うと、たまらなくなった。

クローディアは会社の管理者に、薬物検査にも連れて行かれた。やましいことは何もなかったが（彼女は薬物には触れたこともなかった）、事故で多大なストレスを受けていた彼女は、検査会社の技師が彼女に持たせた小さなプラスチックのカップに、どうしても排尿することができなかった。

三度試しても尿が出なかったとき、検査技師はクローディアの書類に「尿サンプルの提出拒否」と記入した。怖くなったクローディアがもう一度チャンスをくれるよう頼み込むと、しぶしぶながらも技師はそれを了承したため、クローディアはまた這うようにして採尿室に戻った。必死に、彼女は尿を出そうとした。

そのとき不意に、クローディアは気づいた。何もかもすべて終わりなのだと。もうバスのドライバーとしては働けない。これから交通裁判所に出廷して、違反切符の処理をして、それで終わりだ。

このことに気づいたとたん、クローディアの尿は出るようになり、プラスチックのカップを満たし始めた。

かろうじてクローディアは、薬物検査に問題があった場合に発生する法的なゴタゴタは避けることができた。仕事は、事故後に決めていたとおり自分のほうから辞めた。だがクローディアは、仕事を辞める危険性も承知していた。仕事を辞めてしまえば、彼女にはもう日々やるべきことがない。

潮の満ち引きを読むのと同じくらい簡単に、その後に何が起きるかは想像できた。重いうつの症状の始まりだ。クローディアがうつを患うようになってからずいぶんたっている。自分の病気のことはわかっていたし、これからの数カ月間に何が待ち受けているかもよくわかっていた。そのつらさを思っただけで、クローディアは耐え難い苦痛に襲われた。そのうえ仕事がないということは、うつから気を紛らわせる手段すらなくなることでもあるのだ。

これでおしまいだ。もう、どうしようもない。

クローディアが覚悟を決めたのは、このときだった。苦痛から逃れたければ、彼女が変わらなければならないのだと。薬や仕事や、自分を取り巻く小さな世界だけを変えるのではなく、彼女が自分の脳や、体や、習慣や、考えを変えていかなければならないのだ。

クローディアは必死だった。真剣に自分を変えたいと思った。薬やセラピーでは、生きることが楽にはならなかった。自分の人生は自分で変えるしかないと、クローディアは自分に言い聞かせた。できることは何でも試してみよう。自己啓発書を読んだり、教師やコーチといった立場の人にアドバイスを求めたり、認知神経科学を学んだり、冷静に自分自身を分析してみたり。感傷的になっているのは自分でもわかっていたが、健康になるためなら死ぬ以外のことは何でも試してみるつもりだった。人生の最後に死に物狂いで努力してみるのだ。クローディアは、これからはいろいろなことを学び、実践していこうと心を決めた。トンネルの出口を示す、かすかな光が目の前に見えてくるまで。

元気な人にはわけがある

仕事を辞める1カ月ほど前、クローディアはセラピストに外に出るよう勧められて出かけたコーヒーショップで、偶然古い友人に出くわした。その友人はもうひとり別の女性と一緒だったが、店内は混雑していたため、クローディアが一緒に座っていいかと尋ねると、ふたりはすぐに承諾してくれた。ふたりは近くで日課のジャズ体操を済ませてきたばかりで、まだ気分が高揚しているようだった。クローディアにとっては、エクサイズなどハンマーで自分の足に釘を打ち込む程度の楽しさしかないように思えていたが、ふたりの様子を見て、実はそう悪いものでもないのかもしれないという考えが、ほんの少しだけ芽生えた。

事故の翌日、仕事に行く代わりにクローディアは、あるエクササイズ教室に行くことにした。カトリック教徒の彼女には、バス事故の加害者としての罪をあがなう罰にふさわしい行為のように思えたのだ。

その教室に参加するには、ひと月分の38ドルを先払いする必要があった。クローディアは、料金分は必ず利用しようと心に誓った。仕事に通うのと同じように、教室には毎回参加するのだ。初回のレッスンが始まると、クローディアは部屋の後ろで、音楽にあわせて弱々しい動きで踊ったり膝をかがめたりしながら、他の生徒がたっぷり汗をかいて夢中で踊る姿を見ていた。レッスン後、さっそうとしたインストラクターがクローディアに感想を尋ねた。「わたし、普段あんなに早く動くことはないから」。クローディアが言い訳するように答えると、インストラクターは「できるだけ他の人たちについていくようにしていれば大丈夫ですよ」とだけ言って、跳ねるような足どりでその場を離れた。それでもクローディアのことが気にかかるのか、インストラクターの視線はまだ彼女のほうに向けられたままだった。

次のレッスンでは、シミーを踊った。体自体は動かさず、腕を軽く開いて肩だけを前後に動かす踊りだ。クローディアはシミーのやり方を知らなかった。カトリックの女子はシミーを踊ったりなんかしないのだ。それとも……知らないのは自分だけなのだろうか？

クローディアにとってははじめてのことばかりだった。エクササイズ教室で踊るのは、シミーだけではなかった。「お前を俺にくれ、ベイビー」と大声で下品に歌う男の歌にあわせて胸を突き出し、腰をまわし、「俺を打ち負かせるやつは誰もいないぜ」で拳を突き上げ、「今日は明るく、明るく輝く日だ」で、開いた足をもう一方の足が滑るように追いかけるシャッセというステップを踏んだ。

クローディアがエクササイズを楽しめるようになるまで、そう時間はかからなかった。

運動――（全能ではないが）効果的な手段

クローディアは以前にもエクササイズでうつを撃退しようとしたことがあったが、うまくはいかなかった。前回彼女が、エクササイズがうつに効果的だと思った理由は何だったのだろう？　そして、前回と今回の違いはどこにあるのだろう？

神経科学者たちはかつて、人間の神経細胞の数は生まれたときから決まっていて、年齢とともにその数は減少するが、増えることはないと考えていた。だが今日では、その考えがまったくの間違いだったことはよく知られている。新しい神経細胞は、毎日生まれているのだ。脳内の海馬とよばれる学習と記憶をつかさどる部位が、その新生場所である。

また、運動と脳の相関関係については、運動学の研究で知られるチャールズ・ヒルマン教授が次のような研究結果を発表している。「運動後は、脳の認知機能が大いに高まることがわかった。なかでも、注意力、ワーキングメモリ（訳注：作業や思考の最中に一時的に記憶を保持する能力）、マルチタスク能力などの、実行機能（訳注：目標を達成するための行動を計画、開始、維持するための複数の認知機能の総称）の改善に効果が認められる」[1]

「運動は、私が処方できるどんな薬よりもうつに効果がありますよ」。クローディアのかかりつけの精神科医は、彼女にそう言ってエクササイズを勧めたことがあった。実際に、運動は脳のあらゆる機能を高める再起動ボタンのような働きをすると考えられている。既存の脳細胞の成長と脳細胞の新生を促す、脳由来神経栄養因子（ＢＤＮＦ）と呼ばれるたんぱく質の生成が運動で活発化することがその理由のひとつである。この効果は絶大で、高齢者の脳機能の衰えも運動で回復させられるほどだ。

神経科学者で、運動が脳にもたらす作用を最初に発見した人物でもある、カリフォルニア大学アーバイン校のカール・コットマン教授は「神経細胞を損傷から守り、学習に必要なシナプスの可塑性を促進させる」[2]ＢＤＮＦは、脳の肥料のようなものだと述べている。細胞間や脳の部位間の情報伝達を担う、神経伝達物質と呼ばれる化学物質の生成もまた、運動によって活性化する（反対に、神経伝達物質の分泌量が少なければ運動機能は低下する。クローディアがなかなかソファから腰を上げられなかったのを覚えているだろうか？　うつ病は何種類かの神経伝達物質の量が減少するために引き起こされるとも言われている）。運動で血液の流れが良くなれば、身体機能はもとより、認知機能の向上も期待できる。

配水管が古くなり腐食してくると、水漏れが起きたり、必要なところに水を供給できなくなったりするのと同じように、神経細胞間の接続部であるシナプスの数も、年齢を経れば自然に減少していく。BDNFはこうした「腐食」を遅らせたり、反対にシナプスを増やしたりする働きをすると考えられている。それだけではない。正確なメカニズムは明らかにされていないものの、運動で長期記憶の形成能力がアップすることもわかっている。どちらも、何かを学習するうえでは欠かせない能力である。つまり運動は、特に年齢を重ねた脳にとっては、妖精が杖をひと振りして窮地を救ってくれる魔法のような作用をもたらしてくれるのだ。[3]

しかし何事に対しても、バランスのとれた物の見方は大切だ。もし運動が、学習能力を高め、考え方を前向きにする唯一の手段だとしたら、オリンピックレベルのアスリートは皆、陽気な天才になっているはずだ。また、体に何らかの支障があって運動ができない人もたくさんいるが、そうした人たちでも学習に問題はないし、きちんと論理的な思考ができている（世界的な理論物理学者のスティーブン・ホーキングなどは、重度の障害があっても学術分野で成功をおさめている）。また高齢者の場合、週に75分早足でウォーキングをすれば、週に225分ウォーキングをするのと同等の認知機能向上効果が期待できる[4]（実際の健康状態を改善するにはもっと多くの運動量が必要）。こうしたことは、どう説明をつければよいのだろうか。

運動をすると、脳内でさまざまな神経系の変化や神経伝達物質の化学反応が次々に起こるため、結果として新しいことを学ぼうとしたり、発想の仕方を変えようとしたりするときの脳の反応の仕方が変わってくる。脳の機能が向上し、これから起こる学びや変化の過程に加速がつくのだ。つまり、新しいことを効率的に身につけたければ、定期的に体を動かしたほうがいい。同様に、あなたの人生における精神的な不調を真剣に改善したい場合も、改善に向けての取り組みに定期的な運動を取り入れれば、計り知れないほどの効果が期待できると言える。

クローディアにはすでに、うつ状態から抜け出すには運動が必要だという知識はあった。だがその一方で彼女は、それだけではうつの克服は無理だろうとも感じていた。

運動

運動には、精神的な変化を促進させる機能がある。あなたが目指すのが人生におけるどんな精神的な変化であろうと、まずは改善に向けてのしっかりとした意志固めをし、それから運動を始めれば、必要な知識が身につきやすくなるだけでなく、心の状態も変化しやすくなる。

積極的に考え方を変えてみる

クローディアは、同じようなうつの症状をこれまで何度も繰り返してきた。だが今回は、そのパターンから本気で抜け出すために、これまでよりもっとずっと真剣にうつに向き合おうと覚悟を決めていた。脳の働きについて読んだこと、セラピストたちから聞いたこと、それらすべてのことが今ようやく彼女の中で意味をなしつつあった。クローディアに必要なのは、脳の配線をすべて変えてしまうようなマインドシフトだった。矛盾するようだが、彼女は彼女のままで、彼女の頭の中の根本的な部分だけを変えていかなければならない。クローディアは、マインドシフトの実現を人生の第一目標に据えようと決意した。

クローディアの仲の良い友人のひとりが、彼女にこんな話をしたことがあった。「わたしにだって、うつになってもおかしくないようなことはいろいろあったわ。でもね、そんなことで落ち込むのはやめようって決めたの。それでおしまい」。そのときのクローディアの反応はこうだった。「そう、いいわね。わたしだって、できるんだったらそうしたいわよ」

医者にも患者にも、うつの治療には薬を飲むだけでいいと思いたがっている人は多い。薬を飲むのが、何と言ってもいちばん楽な方法だか

クローディア・メドウズの人生には、一生うつの影がつきまとうかに見えた。だが、考え方を一から変えようと積極的に取り組み、彼女は自分の運命を自ら変えた。

らだ。クローディア自身もこの落とし穴に落ちていたひとりだ。薬のおかげで1年近く調子のいい時期が続いたとき、薬でうつが改善した好例として、一度治療薬の効能についての記事に取り上げられたこともある。だがその記事が出た直後に、クローディアの心はまた、彼女の内部に深く根を下ろした悲観的な人生観に逆戻りしてしまった。

うつの暗い穴からなんとかして這い出そうと、クローディアは意を決してさまざまなアプローチを試みた。だが、かなりのトレーニングを積まなければ体に筋肉がつかないのと同様、脳の神経系の変化もそう簡単に起こせるものではない。うつを克服しようと思えば、大変な努力が必要だ。

クローディアはいくつか実験をしてみることにした。意識して外出するようにしてみたり、他の人たちが楽しみのためにやっている何かを真似てみたりした。「わたしと他の人たちがそう違うはずはないんだから」と自分に言い聞かせながら。それでも、何をするにも頭の中で悪い結果ばかりを想像してしまうお定まりのパターンに陥るのは避けられなかったが、これまでの経験からクローディアには、心の声が常に正しいわけではないとわかっていた。心の声は突拍子もないことを彼女に命じるときがあったからだ。クローディアは自分の感情を把握し、整理できるよう、実験に関する自己観察記録をつけ始めた。まず、一般的に楽しいと言われている何かを始める前に「1から10までの間で点数をつけるとしたら、わたしはどのくらい楽しめるかしら?」と自分に問いかける。そして実験を終えると、実際はどのくらい楽しめたかを、また点数で表すようにした。すると驚いたことに、結果が予想を上回る頻度はかなり高かった。そのうち、自分が何を楽しめるのかが徐々にわかってくると、たとえ気乗りがしなくても、それをまた試してみるようにした。

クローディアに学ぶ「楽しみながら心を健康にするヒント」

人生は矛盾に満ちています。たとえばあなた自身はそのままで、心の中だけを変えなければならないときがあるように。でも人間の持つ知識は、概して自分で思っているよりも限られているものです。何冊か自己啓発書を読んでみるなど、人からのアドバイスは積極的に求めるようにしましょう。

■自分の気持ちに従うのが常に正しいとは限りません。時には突拍子もないことが頭に浮かぶときもあるからです。信頼できる相談相手を見つけ、思い切った決断はその人に任せてしまうのもひとつの手です。

■意識的に健康的な習慣を選び、身につけるようにしましょう。デンタルフロスを使うのも、習慣化していれば意志の力は必要ありません。

■自分で何かを始めるよりも、誰かの真似をするほうがずっと簡単です。周りの人にアドバイスを求めて、あなたの状況に合わせて、それを実践してみましょう。自分から動けるようになるまでは、身近な人に従って、その人たちの真似をしてみてください。

■エクサイズに行くときは、バッグやハンドバッグ、ジム用のバッグは前日の夜に用意しましょう。当日の朝よりも、おそらくその前夜のほうが気持ちは前向きになっているはずです。

■できるだけ自然の中で過ごしましょう。日光が体に良いだけでなく、生気あふれる植物や、堂々と存在感のある岩など、美しいものを目にすることができます。

■家の中にはできるだけ光を取り入れましょう。カーテンを開けたり、窓の向かい側に鏡を置いたり、光を反射する物質や色ガラスを使ったり。カラスのように、光るものを集めてみてください。
■エクササイズ教室に通い続けましょう。そうすれば、外見も内面も健康的になってきます。
■自分の周囲をかわいらしい小物で飾りましょう。高価なものである必要はありません。生活環境を美しくするためです。生活環境は、心のありようにも大きく影響してきます。
■やるべきことをリスト化すれば、気分がすっきりします。そしてリストにあることを実行すれば、気分はもっと良くなります。
■自分を励ますための言葉を紙やメモに書いて吊り下げておきましょう。大切な人の写真を壁に掛けたり、楽しかったときを思い出させてくれるイラストやマグネットを冷蔵庫にはりつけたりしてもいいかもしれません。

薬は飲み続けていたが、心の底ではクローディアは、自分から考え方を変えようと努力するのをもしやめてしまったら、自分の心はまたゆっくりとこれまでのパターンに戻ってしまうだろうとわかっていた。脳の働きを変える試みは、日々継続していこうと決めていた。

クローディアはとても感受性が強かったため、人々が苦しむ様子をニュース番組で見るだけでも気分が落ち込む原因になった。そこで、世の中から取り残されるようで抵抗はあったが、夜のニュース番組を見るのは我慢し、ラジオを聞いていても、トーク番組や音楽番組の間にニュースが差し込まれると、ラジオを消した。ニュースで報じられるのは大体、悪い出来事ばかりだからだ。必要なニュースや政治情勢などは、彼女の病気に理解のある信頼できる友人から得るようにした。

痛みというのは、つま先をぶつけても、誰かが怪我をしたと聞いても、脳がそう知覚するから起きる感覚なのだとクローディアは知っていた。そして彼女の痛みは、見ている出来事を自分に起きたことのように感じ、頭の中で自ら作り出す精神的な苦痛が原因であることが驚くほど多かった。そこでクローディアは、誰かの痛みで自分を疲弊させるのではなく、その人の状況を理性的にとらえ、自分に何かできることはあるか、どうすればその人の役に立てるかを考えられるように思考法を変えるべきだと気がついた。

バス事故から3年たった今、66歳になり、生き生きとした毎日を送るクローディアは、うつを克服した過程を次のように振り返っている。


仕事を辞めて、たくさんの好条件が重なりました。バスの運転をしなくなってストレスが減ったこと、時間の余裕ができて、睡眠時間が増えただけでなく自分の体のことを気にかける時間もできたこと、友達づきあいを深めたり、知的な刺激を受けたりする機会が持てたこと、そして、おそらくこの影響がいちばん大きかったのではないかと思うのですが（わたしにとってはいちばんきついことでもありましたが）、週4日ジャズ体操に通って、前向きな歌詞のアップビートな音楽に乗せた、かなり激しいエクササイズをするようになったことです。

バス事故から3年たちましたが、自分でもよくがんばったと思います。こんなに良くなるとは、以前は思ってもみませんでした。お金持ちになったわけでも、どこかの山に登ったわけでも、学位をとったわけでも、重大な発見をしたわけでもありません。でも今では、毎日ベッドから起き出せます。気持ちが落ち込んで無気力になることはなく、もう3年以上重いうつの症状は出ていません。再発を繰り返す慢性的なうつを抑え、生活を楽しむようになれたと、ようやく確信を持って言えるようになりました。

あまり精神的な苦痛を覚えずにすむ物の見方ができるようになったんだと思います。でも、こうなるにはやはり、相応の努力をしたり必要な知識を学んだりしなければなりませんでしたし、今でも努力は続けています。目標を達成するには努力すべきだと強調するのは、今どき流行らないかもしれません。でも意識して努力しなければ、わたしたちの多くは目標にたどり着けないのではないでしょうか。

健康的な生活を送るのが、今ではわたしの趣味であり仕事でもあります。長生きしたいからではありません。生きている時間をできるだけ気分良く過ごしたいからです。精神的な苦痛を抱えたままでいたくはありません。少しでも健康になりたくて、自分でよく考えたうえで、いろいろなことを試したつもりですが、それが実際役に立ったのかどうかは、正直わたしにはわかりません。脳内で神経系の変化が起こらなければ、物の見方を変えるのは難しいと本にも書いてありました。わたしの意識的な努力が、わたしの物の見方にどのくらい影響しているのかもわかりません。でもわたしは、自分の力で自分の人生を変えているんだと信じることにしています。楽しむことが、わたしの心のトレーニングです。

一連の経験を通してわたしが学んだのは、まずは自分の心の状態を把握し、安定させるのが先だということです。今では自分の心のケアを第一にしています。そして気持ちにゆとりがあれば、まず他の人たちを気づかい、次に生き物をいたわり、それでも余裕があるときにその他のことに気をまわすようにしています。こう思えるようになるまでにはずいぶん時間がかかりましたし、つらいときもたくさんありました。でも、心の健康を維持する秘訣は、実はとても単純なことだったんです。優先順位をつけ、自分のコンディションに合わせて物事を進めていくだけでよかったんですから。

昔のわたしが聞いたらとても信じられなかっただろうと思いますが、最近、仲の良い友人のひとりに、わたしは彼女の知っているなかでいちばん前向きな人間だと言われました。

確かに、私が最初にクローディアは会ったのは、シアトルで開かれた「学び方を学ぶ」の受講生の集まりだったが、コーヒーショップに集まった多くの受講生たちの中でも、クローディアの生き生きとした、意欲あふれる積極的な姿勢は際立っていた。私たちはすぐに意気投合した。

クローディアの生涯学習

クローディアは、彼女の思考法を大きく変えた。彼女の遺伝的な資質や、それまで繰り返してきた明確なうつのパターンから考えれば、多くの人が不可能だと思うような変化である。クローディアは、重要なのは学ぶことだと指摘している。「自分から学ぶこと。そうすれば今の自分を超えられることがわかります。学んで考え方が変われば、人生も豊かになります」。運動が、クローディアの学習と変化する能力を後押ししたことも忘れてはならない。

しかし、ここでは明らかにしなかったクローディアの大きな変化が、実はもうひとつだけある。彼女のマインドシフトの重要な鍵となった何かだ。
それについてはまた、後ほど触れることにしよう。

積極的に動いてみよう

クローディアにとっての難題のひとつは、彼女が克服しようとしていたうつそのものが、うつを克服するための試みの妨げになったことだった。気分が落ち込んでいるときは、これからやろうとしていることなど楽しいわけがない、する価値などあるわけがない、と否定的な予測ばかりをしてしまう。それでも、クローディアは自分から積極的に動き、心を健康にするための一歩を踏み出した。自己観察をしたり、エクササイズのような新しい行為を試したりして、自分の気持ちが前向きになるように仕向けたのだ。結果としてクローディアは、健康的な物の見方ができるようになった。

あなたが目指そうとしているのはどんなマインドシフトだろうか？　あなたのマインドシフトに、自己観察はどんなふうに利用できるだろうか？　あなたに二の足を踏ませているのは、どんな考えだろうか？　自分には言語や数学の勉強に不向きな「遺伝的傾向」があると思い込んでいないだろうか？　キャリアチェンジをするには年を取りすぎていると自分に言い聞かせてはいないだろうか？　なんとなく現状維持のままが心地いいように思っていても、どこかで物足りなさを感じてはいないだろうか？　どんな手段をとって、どんなことを自分に試せば、あなたの気持ちを目標に向けて前向きにできるだろうか？　マインドシフトをするために、今すぐ始められる行為には、どんなものがあるだろうか？　あなたにとって「ソファから腰を上げて立ち上がる」ために必要なのは何だろうか？

紙やノートに「積極的に動いてみよう」と見出しを書き、その下にこれらの質問の答えを書いてみよう。

第3章 時代は変わり続ける
データ革命

今が1704年だと想像してみよう。あなたは北米先住民族コマンチェ族の賢く野心的な戦士で、のちにテキサスと呼ばれる大平原に住んでいる。ちょうど成人を迎えたばかりの13歳だ。誰もが（文字どおり、世界じゅうの人間すべてが）自分の2本の足で移動していた時代。飛行機も、車も、馬も、あなたの周りには何もない。毎日が実にゆったりとしたペースで過ぎていくが、他の生活を知らないため、あなたはそれに気づいていない。

だがある日突然、とても大きく、4本足の奇妙な見た目の生き物が、何頭も一緒に駆けているのをあなたは目にする。並外れて大きいアンテロープのように見えるが、角はない。さらに奇妙なことに、その上には人間が乗っている。

あなたが見ているのは、のちにあなたが「tuhuya」と呼ぶことになるもの――つまり「馬」だ。一瞬のうちにあなたは、あなたの生活と、生活に含まれるもののすべてのスピードを格段にアップさせる生き物が、この地球上に存在するのだと理解する。この生き物を使えば、狩りも、略奪も、今まではまったく違ったやり方でできるのだ！

地球上の何にもまして、あなたは馬が欲しくてたまらなくなる。

そして、はじめて馬を略奪しに行った帰り道、あなたは馬にまたがり家に向かって走らせてみる。すると、自分が鳥になって飛んでいるのではないかと思うほど、とにかく速い。馬の背に乗り、ほんの1メートルちょっと目の高さが上がっただけで、世界まで広くなったように感じる。あなたは馬にまたがりながら矢を射る練習をし、そしてすぐに、バッファローの胸郭のすぐ後ろから、胸に狙いを定めて下向きに矢を放てるようになる。馬も連携して動いてくれる。矢が放たれるときに、自分がどこにいればよいかが直感的にわかっているかのように。そのうち、あなたは友人たちと協力して道具を一新し始める。短い弓を作って馬の背で操作しやすくしたり、鞍とあぶみを継ぎ合わせて狙いを定めやすくしたりと工夫をこらす。

新しく手に入れたこのすばらしいスキルを使って、あなたはバッファロー6頭くらいはあっという間に倒せるようになる。敵の近くを駆け抜けるときには、首と背の間にあるふくらんだ部分に片足を掛けて馬の体の側面に身を滑らせ、あなたを矢から守る盾として馬の体を使えるようにもなる。

あなたが成熟した戦士になる頃には、あなたとあなたの友人たちはもうすばらしい馬術の名人である。馬が重要な役割を果たしていた時代ではあったが、なかでもコマンチェ族の文化においては、馬は特に重要な位置を占めていた。それを証明するように、彼らの馬に対する造詣の深さは人類史上最高レベルと言っていいほどで、彼らを知る者は皆、彼らの馬に関するすばらしい知識や技術に驚いたと言われている。[1]

時代や文化は変化する。変わらないのは、それらが変わり続けることだけだ。そして私たちは今また、人類の歴史における多くのターニングポイントのひとつに直面している。現代の「馬」とも言える新しい時代の文明の牽引役は、コンピューターである。

従来のシステムを通じて学位を取得している学生たちは、コンピューターの重要性をほとんど理解していない。その機能の根幹を成す数学的思考についても同様だ。結果として、彼らは仕事を探し始めるまでその重要性には気づかず、就職市場の実態を知ってようやく、自分たちには欠けているスキルがあると思い知らされることになる。(アメリカでもヨーロッパでも、深刻なソフトウェア開発者不足が予測されている)[2]。

だが、大学を卒業した学生たちが新しいスキルの必要性に気づかされる頃には、一般的にもう他の何かを学び直すのは手遅れだと思われがちだ。大学に入り直して別の学位を取るのは、物理的に不可能な場合がほとんどだからだ。そのための時間的・金銭的な余裕のある人など、そうそういるものではない。しかし、まだ気づいていない人も多いようだが、ソフトウェアとコンピューターという革新的な技術のある現在では、低コストもしくは無料で新しいスキルを身につけることも可能なのだ。

ただし、これだけはあらかじめことわっておきたいのだが、これは、誰もがコンピューター科学者になるべきだと勧めるための章ではない。この章のテーマも、本書全体を通してのテーマ同様、「あなたには、あなた自身が思っているよりも実は大きな可能性がある」ということである。今の自分は超えられるのだ。絶えずアップデートされ続けるオンライン教材を使って自分を改革すれば、キャリアチェンジを始めるのはそう難しくはない。それどころか、オンライン教材を使った学習だけでキャリアチェンジの全過程を終えることだってできる。

手本になりそうなキャリアチェンジを果たした人たちの例を見ていけば、自分をどうすれば作り変えられるか、その取り組み方がおおよそつかめるはずだ。そしてあなたもきっと、そうした人たちと同じように、無意識に設定している自分の限界の向こう側にある、自分の可能性を見つけることができるだろう。

あなたには、あなた自身が思っているよりも実は大きな可能性がある。今の自分は超えられるのだ。

アリ・ナクヴィと数学の複雑な関係

アリ・ナクヴィはパキスタンで育った。パキスタンで過ごした小・中学生時代、アリの成績はほぼずっとクラスの上位で、なかでも英文学と歴史、社会科は、彼の大好きな科目だった。だがアリが優秀だったのは勉強だけではない。７歳のときに父親に教えられて始めたゴルフにアリはすぐに夢中になり、アマチュアゴルファーとしてめきめきと頭角をあらわすようになったのだ。中学のときにはアマチュアゴルフ選手権で優勝し、パキスタン代表として国際トーナメントにも出場するほどになった。アリは、将来プロゴルファーになり、北米ゴルフトーナメントのメインシリーズであるＰＧＡツアーに出場したいと夢見るようになった。

だが、アリの学校の勉強には不安要素もあった。数学が大の苦手で、化学や物理もあまり得意とは言えなかったのだ。中学生になる頃には、理系科目と数学の成績は平均以下に急降下してしまっていた。だが教師たちにアドバイスを求めても、「もっと演習問題をやりなさい」「もっと努力しなさい」としか言われない。両親の勧めで、夕方にはいろいろな個人指導教師のもとにも通ったが、アリは、そこには教師が示す問題の解き方の真似をしに行っているようにしか思えなかった。アリには基本的な概念が理解できていなかったのだ。

アリ・ナクヴィは、世界的なメディアエージェンシー、ネオ・アット・オグルヴィの共同経営者。同社は巨大マーケティング企業、オグルヴィ・アンド・メイザーの傘下にあり、グループ内のパフォーマンスマーケティング事業を担っている。

アリはできる限り、ただひたすら努力した。だが、数学の勉強が彼の周りの実世界とどう関係があるのかがどうしてもわからず、おそらくはそうした引っかかりが妨げになったのだと思われるが、数学の概念は彼の頭の中にまったく染み込んでこなかった。アリと他の生徒たちとの差は開く一方で、アリの中での自己評価は、教科によってはっきりと分かれるようになった。自分は、英語と歴史と社会科では成績Aのできのいい生徒だが、数学と科学ではCマイナスしかとれないできの悪い生徒なのだ、と。

アリが高校に入る頃には、問題はかなり深刻化していた。数学の点数は、もう合格点ぎりぎりまで落ちていた。彼の父親の転勤が決まったのは、ちょうどその頃である。一家はシンガポールに引っ越し、アリはそこで、アメリカのカリキュラムを採用するインターナショナルスクールに入学した（植民地支配の名残で、パキスタンではイギリスのシステムがとられている）。入学当初、アリの数学の成績はほんの少しだけ上向きになった。彼の新しい数学教師は元ヒッピーのヘビーメタルファンで、メタリカの曲を使って数学の概念をアリに覚えさせたのだ（たとえば、両辺の値を合致させるという方程式の基本を説明するときには「exit light, enter night〔光から出て、夜の中へ〕」という歌詞を、前後が合致した筋道の通る事象の例としてあげ、その2つを関連付けて覚えさせた）。しかし2年生になって教師たちの顔ぶれが変わると、微積分の前学習と物理の2教科でアリの点数は怖いほど急降下し、あっという間に成績はもとの惨憺たる状態に戻ってしまった。

この時点で、アリは努力するのをやめた。彼はこんなふうに言っている。「自慢できた話ではありませんが、どうがんばっても数学が不得意な人はいるし、自分もおそらくはそのひとりなのだろうと、自分に見切りをつけたんです。僕はクリエイティブな人間だから数学には不向きなんだと、自分で自分を慰めていました。結局、物理と化学ではぎりぎり合格点を取れましたが、数学では

将来、彼のキャリアがどう展開し、彼自身がどのような運命をたどることになるか、学生の頃のアリ・ナクヴィに話したとしても、決して信じなかっただろう。

落第してしまい、同級生たちと一緒に高校を卒業することはできませんでした」
アリが効率的な学習法を見つけるのは、まだ何年も先のことだ。

神経科学が教えてくれる学習のコツ

新しい何かを習得するのは、それがどんな分野のものであれ、日々練習を続けて小さな知識の「チャンク」を作っていく作業にほかならない（訳注：「チャンク」とは、意味や類似性などの点から結びつけた情報のまとまりを指す言葉。「チャンクを作る」とは、学びたい対象に意識を集中してその概念（意味的なまとまり）を理解し、練習を繰り返してその概念の利用の仕方を確認したり、記憶に定着させたりする一連の作業）。ひとつひとつの概念を理解し、小さなチャンクを作っていけば、やがてそれらはひとつにつながり、その分野の習熟につながる。継続した練習の重要性は、実際に体の一部を動かして身につけるスキルを考えると、ごく自然に理解できる。たとえば、ギターの弾き方を覚えるときなどがそうだ。たった1日練習をしなかっただけで、次の日にはもう、指がスムーズに動かなくなってしまう。

一見わかりづらいかもしれないが、同様のことは数学や物理の学習にも当てはまる。この、主に脳を使う「スポーツ」に関しても、やはり練習をして頭の中でチャンクを作り、練習を繰り返して、チャンク化した概念の利用法を定着させる必要がある。たとえば、難しい宿題や例題にひととおり取り組んだ後、今度は解答欄に書かれている解き方のヒントは見ずにもう一度同じ問題を解いてみる。

そして次の日、また同じようにヒントを見ずにその問題を練習し、必要があればそれを何度か繰り返す。かなり難易度の高い問題であれば、何日かにわたって練習を繰り返してみてもいい。初日はまったく手が出ないように見えた問題でも、練習して1週間もたてば驚くほど簡単に解けるようになっているはずである。また、習得したいものの中でも、特に難解な面を集中的に練習する「限界的練習」を行えば、習得までの期間はずっと短縮できる。[3]

もちろん、すべての問題を繰り返し練習するのは無理だが、肝となる問題をいくつか選んで暗記しておけば、ギターのコードを覚えればさまざまな曲を弾きこなせるようになるのと同様に、他の問題を解く際のベースにしたり、その仕組みを他の問題に応用したりと、さまざまに役立てることができる。難しい問題を理解して練習を繰り返すための時間をとらずに、簡単な問題だけをただ数多くこなすのは、エアギターを弾いて本物のギターの弾き方を覚えようとするようなものだ。

こうした違いは、どこから生まれるのだろうか？　ニューヨーク大学ランゴンメディカルセンターの生化学者、グアン・ヤン准教授が撮影した以下の光学顕微鏡検査の画像にその答えがある。学習し、その後に睡眠をとると、新しく学習した内容の理解や習得に重要な役割を持つ、シナプス（脳の神経回路を構成する、神経細胞間の接続部）の形成が始まるのだ。[4]以下の画像で、三角形で示されている部分が一晩のうちに形成されたシナ

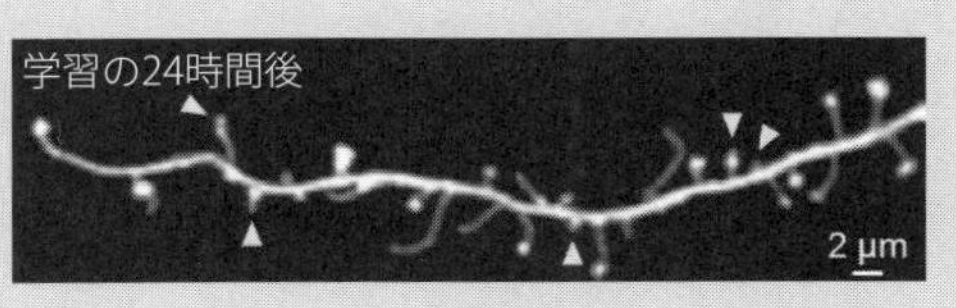

集中して学習した後に睡眠をとると、新しいシナプス（三角形で示されている部分）が魔法のように形成される。シナプスの数が増えれば学習効率もアップする。

プスである。

ただし、一晩眠っている間に形成されるシナプスの数は限られているため、間隔をあけて学習を続けたほうが内容の習得につながりやすい。数日間に分けて練習を重ねれば、シナプスの増加に伴い脳の神経回路が増えるだけでなく、神経回路を強化することもできる。

「STEM」（science＝科学、technology＝技術、engineering＝工学、mathematics＝数学）分野の上級の専門職にある人たちは、このことを経験的に知っている。新しい概念（時には新しいだけでなく難解なこともあるが）のすべてを、一瞬のうちに「なるほど！」と理解できることなどありえないからだ。シナプスは、新しく生まれても何もしなければまた消えてしまう。最初のシナプスが形成された後、あまり間を空けずに学習した内容を繰り返して定着させなければ、新しいシナプスによってもたらされた一瞬のひらめきもまた、消えてしまう。

限界的練習で「チャンク」を作る

何かを学びたいときには、数日間にわたって練習を繰り返しながらチャンクを作ろう。そうすれば、知識を段階的に深めるための神経パターンが構築できる。作ろうとするチャンクは難しいほうが、またそれらのチャンクを深く学んだほうが、習得するまでの期間は短くなる。

アリの叶わなかった夢

今に至るまで、アリは自分でもどうやったのかよく思い出せないのだが、どうにか彼はテストで（もちろん数学も含めて）合格点を取り、シンガポールでメディア・コミュニケーション研究のコースに入学した。このコースは、修了すればオーストラリアのメルボルンにあるモナシュ大学に入学できるというもので、アリはその後、モナシュ大学を2年半で、優秀な成績を修めて卒業した。

その間もアリはゴルフを続けており、オーストラリアでは、メルボルン・ゴルフ・アカデミーで、オーストラリア一のインストラクターのレッスンを受ける機会にも恵まれた。そのインストラクターは世界トップクラスのゴルファーたちのコーチもつとめる人物だったのだが、ちょうど彼の会社のオンライン部門を構築できる人を探しているところで、アリは思いがけず、彼の会社でウェブコンテンツマネージャーとして働くことになった。

実際に働き始めてみると、その仕事はまさに理想的だった。オフィスはゴルフ練習場に接していたため、仕事の前後だけでなく、昼休みにもゴルフの練習ができる特典があったのだ。週末には、ゴルフコンペにも参加した。まもなくアリはクラブのメンバーの中でもトッププレイヤーの仲間入りをし、州のゴルフ選手権にも出場するようになった。

だが、連日集中して練習に打ち込まなければ、ゴルフ界のトップになどなれるものではない。フルタイムの仕事をしながらでは無理だ。アリには仕事を辞めることはできず、残念ながらゴルフ界でキャリアを築くには至らなかった。だが、のちにアリは、ゴルフを通して得た知識は、他の分野でも有効に使えるのだと気づいて驚くことになる。

不安なキャリアチェンジの始まり

何か新しいことを始めてもいい頃だと感じたアリは、今度はイギリスに行って新生活を始め、デジタルマーケティングの分野でキャリアをスタートさせようと決めた。彼が取得したメディア・コミュニケーションの学位をもとに就職できる、数少ない職種のひとつである。そして、イギリスに引っ越して2カ月がたった頃、アリに立ち上げたばかりの企業に参加するチャンスが訪れた。そろそろ貯金が底を尽きかけていた彼はここぞとばかりにそのチャンスに飛びついたが、役職は、ウェブサイトを検索結果でより上位に表示させる検索エンジン最適化（ＳＥＯ）担当の、アカウント・エグゼクティブだった。クライアントの業務促進のために、ＳＥＯに関するマーケティング戦略の立案や助言などを行う仕事だが、アリにはまったく未経験の領域だった。

だが人間というのは、切羽詰まれば何でもできる。実のところ、数あるマーケティングの手法の中でも、アリはＳＥＯにはできればかかわりたくないと思っていた。最も技術的な知識が必要な分野で、アリの大の苦手な数学と科学のスキルが要求されるからである。たとえばＳＥＯの担当者は、インターネットの煉瓦と漆喰とも言える、サーバーやデータベースについて確実に理解していなければならない。ページタイトル、キーワード、被リンクなど、ウェブサイトを検索結果の上位に表示させるためのノウハウについての豊富な知識も必要だ。ウェブ解析の知識もまたしかりで、いろいろな形で収集した統計データをもとにユーザーの考えていることを直感的にとらえたり、一般的なユーザーの「弱み」を把握してウェブ検索につなげたりもできなければならない。

だが当然のことながら、何と言っても重要なのは、検索エンジン・アルゴリズムについての知識である。

パラダイム・シフト

検索エンジン最適化。コーディング。コンピューター。

アリの人生はこれらによって劇的な変化を遂げた。

馬が生活にもたらした革命的な変化に関して言えば、コマンチェ族にはある特筆すべき特徴があった。革命や変化をすんなりと受け入れる、ほとんど例外的と言っていいほどの寛容さである。コマンチェ族は他の部族に先駆けて、馬がもたらす利点をすぐに生活に取り入れている。この寛容さは、いったいどこから生まれたのだろう。部族の中に、新しいものをいち早く取り入れる柔軟な頭の持ち主が何人かいて、フットワーク軽く人々の間を動き回って、馬を使った新しいテクノロジーとアイデアがもたらす利便性を浸透させたのだろうか？　可能性としてはありそうな話だ。それとも、生活条件のあまりの厳しさから生み出された実用主義が部族内にすでに定着していて、馬がどのくらい生活の役に立つのかが、コマンチェ族にはすぐに明確に認識できたのだろうか？　今となっては確かめようがない。

だが、これだけははっきりしている。世の中には、いい意味でも悪い意味でも、過去の栄光にしがみつく傾向のある文化が存在することである。そうした傾向のある文化の中では、実用化できそうな新しいアイデアがあっても、その適切な利用法を巡る試行錯誤を経て一般利用に持ち込むにはなかなか至らないことがある。その傾向が文化の中の主流派でない場合も同様だ。反対に、新しいアイデアの受け入れに寛容に見える文化もある。だが、そういうどちらかといえば進歩的な文化の中にあってさえ、こともあろうにとても賢明なはずの人たちが、束になって全力で新しいアイデアを排除しようとするときがある。新しい主張が出たときの科学者たちの反応がそのいい例だ。成人の神経細胞新生説が出たときには強固な抵抗が起こったし、細菌が潰瘍の原因になりうるという見解が出たときにもやはり反対意見が出された。[6] 事情をよく知る研究者たちは、こんなふうに言っている――「大学を動かすのは、まるで墓地を動かすようなものだ」。つまり、中にいる人間からの支援は期待できないのだ。

科学の歴史をたどると、科学だけではなくビジネスや文化の領域も含めて、一般的に新しいアイデアがどう形成され、その後どのような流れをたどるか、その曲線がまるである種の立体地図を見るようにくっきりと浮かび上ってくる。そういう科学史の分析において最も偉大な功績を残した研究者のひとりが、物理学者であり、歴史家であり、科学哲学者でもあった、眼鏡が特徴的なトーマス・クーンだ。クーンは、科学史上の画期的な大発見（彼はこれを「パラダイム・シフト」と呼んだ）について調べるうちに、あるパターンに気づいた。[7] 彼から見て最も革命的だと思える発見をした人々は、概ね２つのグループに分けられるのだ。ひとつは、若い人たちのグループ。まだ固定観念に凝り固まっていない、斬新で自由な発想ができる人たちである。

そう聞くと、「若い人」のカテゴリーに入らないあなたはこう思うかもしれない。「もう駄目じゃないか。10代でも20代でもないし、自分に何かの大発見をするチャンスはないってことだ！」と。

だが、ちょっと待ってほしい。もうひとつのグループがある。年齢は上でも、若者と同じくらい創造力豊かな人たちだ――つまり、専門分野を変えたり、キャリアチェンジをしたりした人たち。

携わる分野が変わるのがポイントだ。職種が変われば、年齢に関係なく物事を新たな視点から見ることができる。それだけではない。一見無関係に思える前職の知識が思いがけないところで役に立ち、現状の革新につながることも多いのだ。

年齢を問わず、キャリアチェンジの過程では、自分がまた何もできない子供に戻ってしまったような無力感を感じるときもあるだろう。当然の感情である。でも、このことは頭に入れておいてほしい。そうした無力感は徐々に消えていくこと、そして、変わろうとするあなたの意欲が、実はとてつもない力をもたらしてくれることも。

専門分野の変更やキャリアチェンジがもたらすメリット

新しい分野の何かを学ぼうとしたり、キャリアの幅を広げたり、キャリアそのものを変えようとするときに無力感を覚えるのは至って普通のことである。携わる分野の変更は、そう簡単にできるものではない。それでも、あなたはこれから始めようとしている研究や仕事の分野に、新しい視点を持ち込もうとしていることは、忘れないようにしよう。従来の方法にとらわれないあなたの斬新な視点は、あなたの新しい仲間にとって有益であるだけでなく、あなた自身の物の見方も、キャリアチェンジによって変わるはずだ。

そして、新たな領域へ

まだ現在進行形のアリのケースは、具体的なキャリアチェンジの過程の様子を私たちに垣間見せてくれる好例だ。これからアリのキャリアチェンジの経緯を見ていけばわかることだが、仕事の領域を変え、新しい分野を模索していく作業は、そうすんなりと進むものではない。

私がアリとはじめて会ったのは、彼の会社の広告担当幹部で、個性あふれるロリー・サザーランドと共にしたロンドンでの夕食の席だった（ロリーと私はお互いの仕事を高く評価し合っている）。アリがフルタイムでデジタルマーケティングの仕事を始めて5年ほどたった頃だった。仕事は楽しかったが、もっと知識を深めたいという欲求が、アリの中でどんどん高まってきていた。コンバージョン率（訳注：ウェブサイトに訪問した人の中で、資料請求や商品購入など、利益につながるサイトの目的を達成した人の割合）の高いウェブサイトの作成方法について、クライアントに表面的な知識だけでアドバイスをするのが嫌になってきていたのだ。コンピューターの中で起きていることを、もっと詳しく知りたいと思った。日々の仕事を通して自分に対する物足りなさを募らせていたせいもある。少しでもプログラミングのスキルがあればどんなすばらしいことができるかを、連日職場で見せつけられているようなものだったからだ。

「彼らにできるなら、自分にもできるんじゃないか?」。アリはそう思い始めた。そして、死ぬまでその疑問を抱えたままでいたくないと心を決めた彼は、本格的に「コーディングを学ぼう」運動に参加してみることにした。プログラムのコードを書く「コーディング」ができる人を増やしていこうというアメリカ発のプログラミング教育推進運動だが、この運動が世界的な広がりをみせたおかげで、コーディング学習のコースは数多く開設されていた。

はじめて会ったとき、アリは私に、大勢の学習者が勧める「コードアカデミー」をはじめ、いくつかのオンラインプログラミングコースを試してみたと話していた。だが新しいスキルを身につけようとする多くの人たちの例に漏れず、アリもしっかりと出だしでつまずいてしまっていた。STEM分野の科目で苦戦した苦い思い出がよみがえってくるような、アリにはおなじみのサイクルに陥っていたのだ。意欲的にスタートを切る→はじめのうちは順調に学習を進める→講座の進み方が早くなり、内容が急に難しくなる→自分よりずっと早く学習を進める他の生徒と自分を比較する→自信を喪失し、学習をぐずぐずと先延ばしにする口実を見つける→そして、しばらくして学習を再開してみると、内容はほとんど頭から抜け落ちており、また一からやり直さなければならなる、という悪循環である。

だがその後、彼は偶然バーバラ・オークリーの『直感力を高める数学脳のつくりかた』(沼尻由起子訳、河出書房新社、2016)という本(つまり私の著書)を見つけた。アリはこの本に書かれた勉強法の秘訣だけでなく、私自身の話にも感銘を受けたらしい。私はこの本で、数学嫌いだった自分の脳を数学と科学を理解できるよう根本から鍛えなおし、工学教授になるまでの経緯を綴ったのだが、アリは私が若い頃数学と格闘していた様子を読んで、まるで自分のことが書かれているように感じたそうだ。その後、コーセラのオンライン講座「学び方を学ぶ」を修了したアリは、彼のキャリアに必要な知識を身につけるための学び方をイメージできるようになったという。

アリは学び方の基本を習得した後、コーディングの学習を終え、コンピューターがどう動いているか、その「中身」に以前よりずっと自信を持って向き合えるようになった。その後はウェブ開発の勉強も始めた。ひょっとしたら彼は無意識のうちに、彼が最終目標にしているもっとスケールの大きいキャリアの基礎固めに必要な知識を学び、頭の中の道具箱を充実させていたのかもしれない。

アリ・ナクヴィが勧める効果的な学習法

僕が実際に試して、特に効果があったと思えるテクニックは次のとおりです。

■ポモドーロテクニック用のタイマーアプリをスマートフォンにダウンロードして、25分集中し、その後5分休憩する、というサイクルで学習できるようにしました。シンプルなテクニックですが、課題をただ片付けるという「結果」ではなく、取り組んでいる「過程」そのものに意識を集中させるのにとても効果がありました。25分集中＋5分休憩を「1ポモドーロ」として、それを一日にいくつこなすかの目標を立て、それを達成できれば非常に大きな満足感も得られます。僕は完璧な人間ではありませんが、数カ月の間に達成したポモドーロ数の統計をアプリで見ると、やるべきことを先延ばしにする悪い癖を押さえ、着実に学習を進めていけているのが実感できます。

■チャンキング（チャンクを作ること）は、学ぶ対象が何であれ、学んだことを頭の中に根付かせるのに打ってつけのテクニックでした。知識を本当に自分のものにするための学習法を探して今までいろいろ試してきましたが、チャンキングはまさに僕が求めていたとおりの効果をもたらしてくれたように思います（僕の場合は、歌の歌詞のようにすらすらと思い出せるようになるまで、頭の中で理解を深め、練習を繰り返しました）。講義の前にはまず、これから学ぶことの概要や鍵となる概念など、内容の予習をして頭の準備を整え、理解のための骨組みをあらかじめ作っておきます。そして新しい概念を学んだ後は、目を閉じて学習内容を思い返してみれば、自分の理解度がはっきりとわかります。ごまかしは利きません。概念がきちんと把握できていれば問題なく内容は思い出せるはずですから。もし思い出せなければ、また練習のし直しです。

■お気に入りのネットフリックスの番組を見たり、ギターを弾いたり、音楽を聴いたり等、自分の好きなことをする時間は学習スケジュールの後にとるようにしました。そうすれば、その時間は勉強に集中して獲得した報酬のように思えて罪悪感も起きませんし、楽しいことがいっそう楽しくなります。でもやはり何と言ってもいちばんの利点は、学習後に休憩をとれば、意識せずとも脳はそのまま学習を続けてくれる点です。自分が意識していないものに働きかける脳の拡散モード（とりたてて何も考えていない脳の安静状態）の「魔法」のおかげで、ゴールへ向けてその前に学習した内容を処理し続けてくれているのですから。

■学習対象の概念を別の何かにたとえて覚えるのも楽しめるようになってきました。もともと、頭の中で視覚的なイメージを作り上げたり、メロディを考えたりするのは得意なほうです。ノリのいいサウンドトラックにのせたカラフルなイメージを作り上げれば、二次方程式の勉強だって楽しくなりますよ！

■寝る前に、学んだばかりの概念について考える習慣をつけました。集中してきちんと頭の中で学んだことを繰り返すわけではありませんが（そんなことをしたら、いつまでたっても眠れなくなってしまいます）、何を学んだか、大まかなところを思い出してみるのです。僕はこれを「拡散モードのドアをそっと開ける」作業だと思っています。朝起きたとき、難しい概念をぱっと理解できた瞬間が、ここ数週間で少なくとも2回はありましたが、おそらく偶然ではないと思います。

■他には、声に出して自分自身に説明してみるのも効果がありました。まったくの初心者にするように、自分が学んだ概念を自分に向けて説明するんです。自分に向かって話しているところを見られたら、人からは頭のおかしい奴だと思われるかもしれませんが、簡潔にわかりやすく物事を説明しようとすると、自分がどの程度まで理解しているかがはっきりとわかります。

そして、1年が過ぎた。その間アリは、MOOCで数々のプログラミングとビジネス・ディベロップメント関連のコースを修了し、仕事面でも大きな飛躍を果たした。社内で二度も昇進を果たしたのだ。一度目はビジネスマネージャー、そして今回は共同経営者である。理想の女性と恋に落ち、婚約もした。現在、彼が人生の主なテーマにしているのは、自分を客観視するための自己認識力を磨くこと。アリはこんなふうに言っている。「もうすぐ僕は32になります。人生で結果を出すには、自分の強みを最大限に活かすのがいちばんなのはもちろんですが、慎重に自分の弱点を見極めて、その克服にも取り組んでいかなければならないとも思っています。結婚式と結婚生活はもう目の前ですし、一家を支える身になれば、責任はもっと大きくなるわけですから」

アリは仕事のかたわら勉強を続け、ウェブ開発とデータ解析の知識を十分に身につけた。そして、ここにきてようやくはっきりと自覚できるようになってきたのだが、彼の本当の強みは、どうやらこ数年で身につけたそれらのスキルと、彼の人間性のいちばんの「付加価値」と思われるものが結びついたときに最も発揮されるようなのだ。アリの「付加価値」とは、人間関係構築力である。アリは、才能あふれる彼のチームのモチベーションを上げ、一致団結して共通の目標に向かっていくことに全力を注いでいる。そして最終的には、彼のスポーツ経験やスキルとデジタルマーケティングとを融合させ、Ｅコマースの分野で起業したいと考えている。

長い間アリは、プロゴルファーになれなかったことをはじめ、これまでに自分がしてきたことの中で失敗だと思っているものを引け目に感じていた。だがその後、そうした経験があったからこそ彼の人生が豊かになったのだと気づいてからは、紆余曲折を経てきた自分は幸運なのだと思えるようになった。結果的に、今までに学んできた教訓も、身につけてきたスキルも、現在の仕事はもちろん、彼のキャリアの進展全般にわたってプラスに作用しているからだ。

キャリアチェンジに向けて、アリ・ナクヴィからのアドバイス

世の中には、あなたのしようしていることを、あなたようりうまくできる人が必ずいます。でも、

だからといってあなたは決して、そういう人たちの「でき損ない」というわけではありません。あなたが歩んでいるのはあなた自身の人生であり、あなた自身で道を選択した結果、今あなたはあなたがなりうる「最良の自分」になっているという意識を持ってください。僕たちは、つい周りの人たちと自分を比べてしまいがちです。だけど僕は、こんなふうに考えるようにしています。心の成熟度、創造力、これまでに受けてきたトレーニングやキャリアの進み具合、経済的な安定性など、人生の構成要素は万人共通でも、それらの発展の仕方は人それぞれ違うのだと。たとえば、ゴルフトーナメントであなたを完全に打ち負かした人がいたとします。でもひょっとしたらその人は、自分にはないあなたのギターの才能を心底うらやんでいるかもしれない。ＭＯＯＣのフォーラムであなたが苦戦しているプログラミングの問題をやすやすとこなしているように見える受講生がいたとしても、彼らから見れば、論理的で独創的な文章を書けるあなたのスキルは、やはり同じように尊敬に値するものかもしれない。あなたが自分の資質を活かしながら着実に前に向かって進んでいけば、最終的にあなたはきっと、目指す場所にたどりつけるはずです。

目の前のことに集中する

アリがゴルフのコーチから教わったことはいろいろあるが、なかでも役に立ったのは、感情と態度を意識的にコントロールするためのテクニックだった。ゴルフは感情的になりやすいスポーツである。

ボールが一度思わぬ方向に跳ねただけで、またはほんの一瞬気を緩めただけで、勝利のチャンスははるか向こうに遠ざかってしまう。トーナメントで思うようにプレーできなかったとき、アリはいつもいら立ちを抑えるのに苦労した。そんなときの対処法としてコーチがくれたいちばんのアドバイスは、「過去は過去。もう変えようがない。気持ちを切り替え、次のショットを成功させることだけに集中しなさい」ということだった。

この教えをオンライン学習にも当てはめて、アリはこんなことを言っている。「オンラインで学習できる選択肢のある僕らの世代は本当に幸運だと思います。でも、上級レベルの統計学やプログラミングのような複雑な内容を自分ひとりで学んでいると、うまくいかずにイライラさせられることも多いんです。プログラミングの勉強をしていたときには何度もありました。ひとつコロンを忘れただけでプログラムが動作しなかったり、ひとつ手順を間違えるともう数値が使えなかったり。そういうときには、ゴルフで学んだ一連の対処法をとるようにしています。いら立ちを感じたら、まず深呼吸。それからどんな解決策をとれるかを考え、それらに集中するのです」

「チャンキング」——知識の獲得に役立つ学習法

時代の趨勢が変われば、重宝されるスキルセットも変化する。そうして目まぐるしく変化するスキルセットを獲得し続けていくために役に立つのが、学び方を学ぶ「学習法」というスキルである。新しい分野の専門知識を身につけようとしていたアリにとっては、チャンキングがまさに彼の必要としていた学習法だった（アリの場合は、簡潔で読みやすいコードのモジュールの書き方などをチャンクにしていた）。

あなたにとっては、どんなチャンクが有用だろうか？　数日間にわたって練習を繰り返し、頭の中にそのチャンクを作ってみよう。実際に試して、回数を重ねるごとにチャンク化しようと決めた知識を思い返すのが楽になる過程を確かめてみてほしい。紙やノートに、簡潔に毎日の変化の記録をつけてみてもいい。

第4章

〝ムダ〟な知識が武器になる

趣味の世界から新たなキャリアへ

人類の歴史を通して、一見平凡に見える人たちが突然どこからともなく現れ、とてつもない能力を発揮して世界に影響を与える事例は何度もあった。たとえば、ユリシーズ・S・グラント。アルコールの問題で軍を追放され、薪を売りながらかつかつの生活を送っていたが、のちに南北戦争で活躍した最も偉大な将軍のひとりに数えられるようになった。そこからはるかに時代が下った現代においても、ロードアイランドの下っ端のTVグラフィックデザイナーがその後、世界でもトップクラスのテレビジャーナリスト、クリスティアーヌ・アマンプールとして名を知られるようになったり、決して裕福とはいえない中産階級の家庭に養子に出されたスティーブ・ジョブズという名の少年が、少年時代から一貫して世界的有名校で教育を受ける機会に恵まれてきたビル・ゲイツの好敵手に成長したりしている。

同じように質素な家庭で育っても、有名にはならない人のほうがずっと（おそらく何億人単位で）

多いのは確かだが、たとえ有名にはならなくても、キャリアチェンジをしたり、何かを新しく学び直したりした人たちもまた、社会の貢献者であることには違いない。それまでに身につけた一見無用とも思えるような知識を別の分野にもたらし、すぐにはその効果は認識されないとはいえ、結果的にはその知識で社会の発展に寄与してくれているからだ。

オランダのライデン大学でプロジェクトコーディネーターをつとめるタンヤ・デ・ビーはそうした人たちを「二度目のチャンスを活かした人たち」と呼んでいる。彼女はちゃんとわかっている。なぜなら、彼女もそのひとりだからだ。

暖かく包み込むような笑顔に、顔を縁取るふわふわの髪、耳ざわりのいいオランダ語の抑揚で小気味よく話すタンヤは、有能さと自信を感じさせるはつらつとした女性である。だが、彼女の人生は万事順調だったわけではない。一般的な大学教育のルートからはずれるときには、人それぞれいろいろな事情があるものだが、タンヤも成績は良かったにもかかわらず、ライデン大学の歴史専攻課程を中退している。彼女がパートナーとの間にもうけた

デン・ハーグ（オランダ）

オランダの大学職員、タンヤ・デ・ビーは数年来の趣味を通して身につけた彼女の「無用」な知識が、徐々にその分野への深い見識に姿を変えていたことに気がついた。その見識のおかげで、タンヤは理想の仕事を獲得できた。タンヤは愛するライデンの町に住みながら、ごく近くのデン・ハーグにあるライデン大学のキャンパスで働いている。

子供たち（男の子ひとりと女の子ふたり）を養うためだった。彼女のパートナーもまた、彼自身の目標に向けてまだ勉強中だった。

私がタンヤとはじめて話したのは、カチャカチャとカップのぶつかる音のにぎやかな、南カリフォルニアのコーヒーショップだった。彼女はオンライン学習に関する会議に出席するためにオランダからちょうど着いたばかりで、私も同じ会議に出る予定だった。タンヤは外国で時差ボケをしている人特有の、私にも身に覚えのある少し夢を見るような目つきをしていたが、それでも彼女は、こちらまでつられて元気になってしまいそうなほどエネルギッシュだった。

私と彼女の若い頃は、驚くほどよく似ていた。私と同じように、タンヤも学生時代は文系の科目が好きで、そしてやはり、人の意見にはあまり耳を貸さずに、自らの意志で自分の人生の選択をしてきていた。家族を経済的に支えるために、彼女は通信社、地方自治体、医療など、さまざまな業種で秘書として働いた。その間、大学の学位はなかったものの徐々に秘書からマネジメント職へとキャリアアップし、最終的にはまたライデン大学に、今度は職員として戻ってきた。「大切なのは、何を知っているかではない。何ができるかだ」という大学の進歩的な理念にのっとって採用が決まったのだ。ライデン大学事務局の政策部門の一員になった彼女は、さまざまなプロジェクトの実施に携わった。だが、彼女の活発な精神にはそれだけではもの足りず、家に帰ると自由になる夜の時間を使って、もう10年近く前から熱中している趣味に没頭した。彼女の趣味は、オンラインゲームだった。

オンラインゲーム

オンラインゲームの生態系は、「実世界」のそれとはかなり異なっている。技術を理解するための論理的思考と、実世界の知識と、コミュニケーション能力から成る独特な世界である。タンヤが特に夢中になったのは「プレイ・バイ・ポスト」という形態のゲームだった。ロールプレイングゲームの一種だが、物語の展開は、ゲームに参加しているプレーヤーたち自身がインターネットフォーラムに書き込んで決めていくもので、実際の歴史の知識に裏打ちされたタンヤの作る物語は、なかでも抜きん出た存在感を放っていた。あるゲームコミュニティでは、タンヤは副会長までつとめていたほどだ。彼女はまた、独自のオンラインゲームも作成していた。すばらしい視覚効果やおもしろい歴史上の逸話をふんだんに盛り込んだ、ファンタジー物と歴史物の作品である。

タンヤのように自分でオンラインゲームを運営しようとすると、獲得しなければならないスキルの数は、実は驚くほど多い。HTMLの詳細な知識や、オンラインゲーム関係法規を遵守するための管理能力、スパムボット（訳注：スパムメールを送る目的でインターネット上から自動的にメールアドレスを探し出すロボット）対策法、ゲームの人気度を把握したり、フォーラムトピックをロックしたり、プレーヤーを増やすために世界に向けてゲームの宣伝をしたりするようなそつのなさ、またそれ以外にも、要求されるスキルはまだまだたくさんあった。[1]

タンヤが家で趣味に取りかかれるのは夜になってからだった。何かあればいつでも、まだ小さい子供たちのところへ飛んでいけるような態勢は整えながらも、タンヤは、目が回るような地球上のさまざまなタイムゾーンの人たちと、フォーラムを通して交流することが楽しくてしかたなかった。時にはゲームにのめり込んで、深夜まで物語を入力し続けることもあった——「愚かなやつらめ」とルロアは吐きすてるようにつぶやいた。彼の家族がまたもや困ったことをしでかしたのだ。このままでは、イギリス王家のいとこをカトリック推進派に引き入れ、祖国フランスと太陽王にさらなる栄光をもたらそうとしてきた彼の努力が水の泡になってしまう……。

オンラインゲームはタンヤの生活に必要な刺激であり、創造力を発揮できる場でもあった。タンヤはもともと物語を作るのが得意で、オンラインゲームは彼女の創作力と論理的思考能力の両方を活かせる、まれな作品発表の場だった。タンヤがオンラインゲームで味わう刺激や生きがいは職場にまであふれ出し、彼女は事あるごとに前夜のゲームの経過を茶目っ気たっぷりに話していたため、彼女のゲームは、コーヒーメーカーの周りで同僚と気軽に雑談するときの格好の話題の種になっていた。

オンラインの世界の心温まる側面といえば、世の中にいる大勢の善良な人たちの存在を感じられることである。フォーラムに人のためになるようなコメントを投稿したり、発売前の新しいソフトウェアのベータテストに手を貸したり、その後に的を射た製品レビューを返してくれたりするような人たちで、それらは実世界にたとえて言えば、献血をしたり、消防署でボランティアをしたり、立ち往生している車に手を貸すために足を止めたりするような行為にあたる。人間本来の良識を、もっと信じようという気持ちにさせてくれるような人たちだ。

だがオンラインの世界には負の側面もある。少数だが、悪意ある人間が存在するのだ。数は少なくても、大勢の人に向けて発言が一気に拡散されるネット上では、彼らの悪意は強烈なインパクトを放つ。さらに悪いことに、匿名性が保たれることの多いオンラインの世界では、直接会話するときのような社会的制約がほとんどないため、発言に歯止めがきかない。普通の人たちが、そういう悪意を秘めた存在と普通に意思疎通をはかろうとしても、子犬が構ってほしそうにしっぽを振りながら大きな熊の前をうろうろしているようなもので、まるで成立しない。

オンラインコミュニティ内で問題を起こして楽しむ、こういうタイプの人間は「荒らし」または「ヘイター」と呼ばれている。彼らはわざと煽動的な内容を書き込み、他人をけしかけたり、他人に嫌がらせをしたりすることを至上の楽しみにしている。彼らはまた他人のふりをする「なりすまし」も得意で、多くの人が彼らの意見に賛同しているかのように見せかけたりもする。「荒らし」は本当の支持者の獲得に乗り出すこともある。周囲に理解されないかわいそうな人間を装いながら、人に共感しやすい気のいいユーザーたちをプライベートチャットで持ち上げ、同情を買うのがよくある手口だ。一方「ヘイター」のほうは反論など物ともせず、悪意に満ちた暴言をただ吐き散らし続ける。

こうした行為は、標的にされた人たちだけでなく、コミュニティ全体の精神に破壊的なダメージを与える。その結果、コミュニティ内の交流が停滞し、最終的にはユーザーが離れていってしまう。

荒らしやヘイターや、その他のいさかいのもとを作るような人間を理解し、効果的に対処するには、時間をかけて相応のコツを身につける必要がある。

タンヤはそうしたコツを、ゲームを通して身につけていた。[2]

変わり続ける職場でのニーズ

学問の世界が汚い権力闘争とまったく無縁だとは言えないが、大学は基本的には居心地のいい職場である。終身在職権を持つ研究者たちは安定した高みから学生たちを統治し、学生たちのほうでも、講師に向かって「悪さをしない」ほうが得策なことはちゃんとわきまえている。面と向かって話をしているときに、ネットに匿名で投稿されるような煽動的な発言をあえてしようとする学生は皆無と言っていい。

また、教授たちの多くは、現代の修道僧のようなものである（医学や工学など非常に専門性の高い分野の教授は特に）。何年もかけて一心に研究に打ち込まなければならない職種のため、世の中の大きな文化的動向からは取り残されてしまう人もいる。その結果、研究者たちは、大規模公開オンライン講座の講師として招かれるような多忙な世界的専門家の多くも含めて、奇妙な盲点に悩まされることがある（誰にでも盲点はある。教養あふれる教授たちもその例外ではない）。

ある日のこと、タンヤは、オフィスのコーヒーメーカーの近くで事務局の職員のひとりと、いつの間にか話し込んでいた。話題は、オンラインのディスカッションフォーラムについてである。

ディスカッションフォーラムは、オンライン学習をするうえでの休憩スペースのようなものだ。受講者が集まり学習テーマについての意見交換をする場で、オンライン教育の中ではずっと、当たり障りのない役割を担ってきた。こうしたフォーラムが使われるようになってずいぶんたつが、これまでのものは地域の小規模なオンライン講座の受講生30～40人が対象だったため、もちろんそこには匿名性はなかった。

だが、ＭＯＯＣのディスカッションフォーラムでは事情がかなり異なる。フォーラムに投稿する受講生の数は、数十人どころか、数千人、数万人規模で、そのうえ彼らは世界の至るところに散らばっている。なかには、ポルノをアップロードしたり、他の受講生を攻撃したり威嚇したりと、表立って悪さをする者もほんの一握りはいるだろうし、その他にも、ありとあらゆる偏った考えや、極端な場合は過激思想を秘めた受講生が紛れていることもあるかもしれない。そうなると、ディスカッションフォーラムでの自由な意見交換は難しくなり、場の意義は損なわれてしまう。

タンヤは、大学のＭＯＯＣのオンラインフォーラムもそうした問題をはらんでいることは、よく承知していた。荒らしやヘイターがひとりでもいれば、議論の趣旨はまったく変わってしまう。そのうえ、ＭＯＯＣのフォーラムほどの規模であれば、現れる荒らしやヘイターの数はおそらくひとりやふたりではないだろう。その何人かが、他の荒らし行為を見て互いに手を結ぶようになれば、結果的に彼らの破壊的な振る舞いがフォーラムで常態化してしまう。

その朝、コーヒーポットの隣でその職員と話しているうち、ディスカッションフォーラムが大学の関心事になっているわけが、タンヤにははっきりと見えてきた。講座のテーマが致命的なのだ。ライデン大学は世界に先駆けて、テロリズムの問題を扱うＭＯＯＣの講座を開設しようとしているところだった。だがテロリズムというのは特に、辛辣で頑なな意見を持つ人たちが集まりやすいテーマである。まるで避雷針のように、人の意見に耳を貸さず、意見を異にする人を中傷するには手段を選ばないような人を多く集めてしまう。つまり、テロリズムをテーマにしたＭＯＯＣは、タンヤがオンラインゲームの世界で何度も遭遇してきたような、荒らしやヘイターを引きつけやすい。
タンヤは思わず尋ねずにはいられなかった――次に開設予定のテロリズムをテーマにした講座では、荒らしに対してどんな対策をとるつもりなのか、と。
だが反対にこう訊き返され、タンヤは危機感を募らせた。「荒らしって、何?」

性差をめぐるちょっとしたこぼれ話

タンヤはもともと歴史が好きで、語学にも生来の才能があった。だが、ゲームの仕組みに大いに興味があったり、オンラインゲームの世界に関与したりしていることでもわかるように、彼女はまた鋭い論理的思考の持ち主でもある。オンラインゲームのデザインまでこなす彼女のコンピュータースキルは、初心者レベルをはるかに超えている。タンヤは自分のことをどちらかといえば文系の人間だと思っているようだが、もし彼女がその気になれば、もっと論理的な思考能力が必要なキャリアを目指すこともできただろう。

キャリアの選択やキャリアチェンジ、あるいは大人になってからの学習を扱う本で生来の嗜好について言及する場合、男女間の違いは必ず避けては通れないテーマである。タンヤ・デ・ビーの人生と、明らかに論理的思考能力があるにもかかわらず文系分野を好む傾向は、実は、自分の実際の能力と自分が興味を感じる分野を認識するときの男女の違いを端的に表す一例だ。

総じて、数学的な能力は男女間でそう差があるものではない。それにもかかわらず、女子は数学よりも語学のほうが、男子は語学よりも数学にほうが得意だと思う傾向がある。それは、言語能力の発達を遅らせるテストステロンという男性ホルモンの影響である。男子のほうがテストステロンの分泌量が多いため、自分の言語能力は同年齢の女子のものに比べて幾分劣っていると感じてしまうのだ[3]（ただし、これはあくまでも一般的傾向であり、個人差はかなりある。そしてその後、男子が後れを取り戻す頃には、彼らの自己イメージはすでに固まり始めてしまっている）。

下の右側のグラフは、男子と女子の数学的な能力の発達差を表したものだが、明らかに、実質的な差は見られない。だが、言語能力を表す左側のグラフを見ると、男子が女子に後れをとっていることがよくわかる。[4]

つまり幼児期以降、言語能力は（一般的傾向としてだが）男子より女子のほうが高いのだ。その一方で、平均的な男子は自分の数学的スキルは言語スキルを大幅に上回ると感じている。左ページの2つのグラフを並べてみれば、なぜ男子は数学が、女子は語学が得意だと言うことが多いのかお

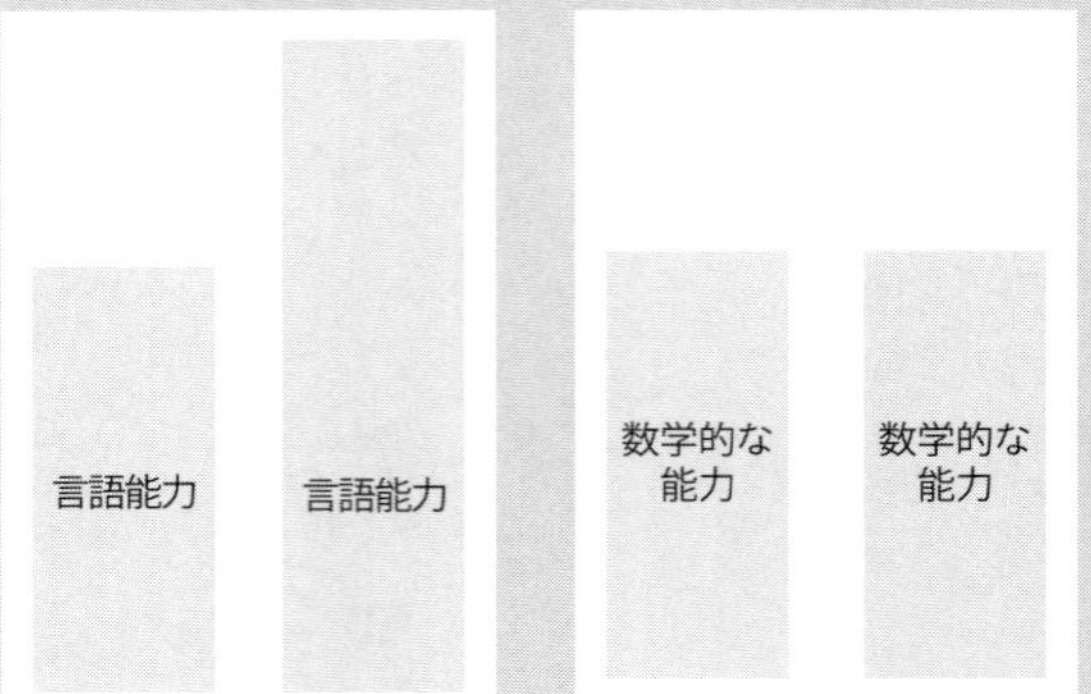

言語能力 言語能力
男子 女子

数学的な能力 数学的な能力
男子 女子

子供の成長過程における数学的な能力の発達に男女差はほとんどない。だが、男子は一般的に女子より言語の発達が遅い。幼児期には、男児は同年齢の女児に比べて話し始めるのが遅く、口数も少ない（次のグラフをわかりやすくするために、このグラフでは平均的な差異を誇張してある）。

わかりいただけるだろう。両者とも正しいのだ——実際には、平均的な数学の能力に差はないというのに！

たいていの場合、私たちは、自分の得意分野を活かせるものが好きになる。そのため、女子には高い言語能力が必要な科目で良い成績をあげるほうがたやすく感じられ、男子には数学の科目のほうが言語能力が必要な科目よりやさしく感じられるようになる。また、テストステロンには筋肉の発達を促進する働きもあるため、男子にはスポーツに惹かれる傾向もある。[5]

しかし残念ながら、女性にとっての大きな強みである言語能力の高さは、気づかないところで不利に働くときもある。自分が得意なのは文系の分野だけだと信じ込んでしまうことがあるのだ。だが実際には、数学や科学の（女性にとっては）一見険しそうに見える道を選んだとしても、女性に

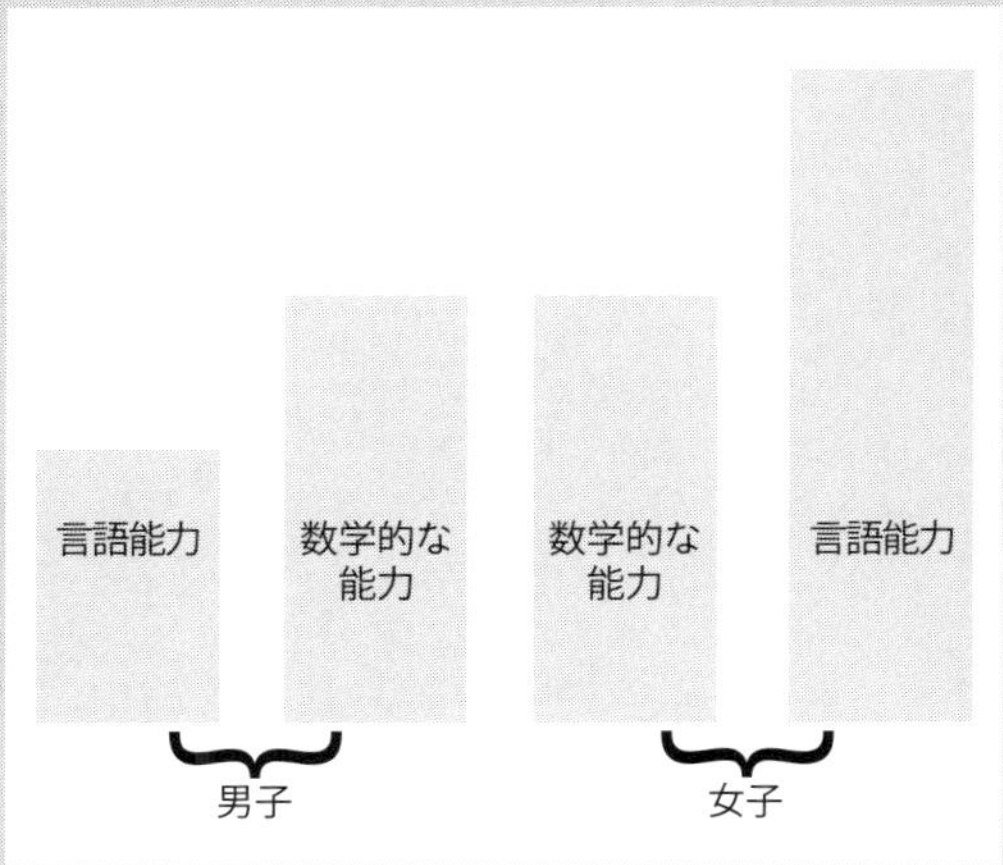

言語能力
数学的な能力
数学的な能力
言語能力
男子
女子

並べてみるとよくわかる。男子と女子の数学の能力にほとんど差はない。それにもかかわらず、女子は数学よりも語学のほうが、男子は語学よりも数学のほうが得意だと思う傾向がある。言語能力の発達を遅らせるテストステロンという男性ホルモンの影響である。テストステロンの分泌量が多い男子のほうが、女子よりもこのホルモンの影響を受けやすい（ただし、これはあくまでも一般的傾向であり、個人差はかなりある）。この差は子供が成長するにつれて解消されていくが、幼いうちに受けた印象はなかなか消えるものではない。

も男性と同程度の、かなりのスキルを身につけることは可能なのである。

タンヤがエキスパート

「荒らしって、何?」。タンヤは自分の耳が信じられなかった。大学はこれからテロリズムを扱うMOOCを開設しようとしているのに、荒らしのことをまったく知らないのだ。

タンヤの立場が変わったのはこのときだった。事務局の一介のアシスタントではなく、何年もかけて試行錯誤しながら身につけてきた知識で研究者たちをサポートするようになったのだ。この分野ではタンヤ自身がエキスパートだった。

その朝、タンヤはその職員に、オンラインコミュニティの仕組みや、ネット上でのやり取りが直接会話する場合とどう違い、またどう似ているのかについて、かいつまんで話して聞かせた。ライデン大学は、多数の著名な卒業生や発明品を出したことをはじめ、さまざまな意味でよく知られたオランダ最古の大学である。タンヤはそんな大学の名誉に傷がつくのが心配だった。フォーラムを監視する管理人がいなければ、ほんの数名の荒らしやヘイターが現れただけでフォーラムが悪意の巣窟に変貌してしまうことは目に見えていたし、そうなればマスコミに大学の悪評を書きたてられるだけでなく、将来有望な学生たちにも敬遠されるようになってしまう。

幸いにもライデン大学の職員たちは、学術的な肩書きを持つ専門家の研究結果にこだわるより、実をとることを知っていた。彼らはただ純粋に答えを必要としていたため、その分野をよく知る誰かからアドバイスが得られれば十分だったのだ。すぐにタンヤはMOOCのフォーラムについて頼りにされるようになり、その後まもなく、ライデン大学のMOOCフォーラムのコミュニティマネージャーという重要な役職のオファーを受けた。ボランティアの指導係を募り、彼らをトレーニングして、ライデン大学のMOOCを受講する数万人の学生のために、質の良い学習環境を整えるのが彼女の役割である。教授たちも彼女の知識を頼るようになった。

タンヤが最初に気をつけるべきことのひとつとして挙げたのは、「荒らしにエサを与えないこと」だった。つまり、挑発目的の煽るようなコメントには反応しないということである。そのうえで、コメントがかなり悪質な場合は、彼らの悪意がコミュニティに拡散される前に削除するよう勧めた。

この仕事をするにあたってタンヤが参考にしたのは、彼女の祖母の立ち居振る舞いだった。祖母は1930年代当時としては珍しく、しっかりとした教育を受けた、粋ですばらしい女性だった。祖母はタンヤにこう言ったことがあった。「別に面倒を起こしたって構わないのよ。あなたは自分の意見をはっきり言える子だから、それでトラブルになることだってあるでしょう。でもね、そういうときのあなたの態度が悪かったっていう話だけは聞きたくないわね」

自分たちの世界観を周囲に押しつけようとする、傲慢で独善的な人たちに効果的に対処するためにライデン大学がとった実践的なアプローチは、今振り返れば当然のように思えるかもしれない。だがライデン大学の例から学ぶところも多い大学は、きっと少なくないはずだ。ライデン大学はまた、オンライン学習に特有のニーズを認識し、先見的に新しい役職を作ってもいる。タンヤの現在の正式な役職名は、「ライデン大学ＭＯＯＣ担当プロジェクトコーディネーター兼コミュニティマネージャー」である。

「タンヤは自分で自分の役職を作り出したんですよ」。私がデン・ハーグのライデン大学を訪ねたとき、彼女の上司であるマルヤ・フェアステレはそう言っていた。「彼女はとにかく意欲的なんです。はじめは週に1回、フォーラムの管理人をつとめてもらうところから始まったんですが、そのうち、彼女がそれ以上の、私たちが期待していたよりもずっと多くの仕事をこなしてくれていることに気づきました。何か新しいことを始めようとするときは、さまざまなスキルや人材が必要になるものです。私たちもそうでした。そしてまさに私たちが必要としていたスキルを持っていたのが、タンヤだったんです」

趣味がもたらすメリット

趣味は、精神的な柔軟性と、その分野の深い知識をもたらしてくれる。運がよければ、その知識はあなたの仕事にプラスに作用することもある。たとえ仕事に活かせなくても、趣味はあなたの脳を活性化するトレーニングの役割を果たしてくれる。

新しい世界への進出

正式な学位がないにもかかわらず、タンヤが他の同僚たちよりも頭ひとつ抜きん出ることができたのは、彼女本来の積極的な姿勢のせいもあるが、やはり、大学が進出しつつあった新しいオンラインの世界でのスキルが彼女にあったことが大きい。タンヤには、オンラインの世界を管理し、さまざまな局面で適切な判断が下せる実用的な能力があった。ライデン大学でのこのタンヤのケースが示すように、学士、修士、博士といった現在の大学の学位授与システムでは、オンライン技術の必要な、現代の職場での目まぐるしく変わり続けるニーズには対応しきれないときがある。そのニーズに対応するために率先して新しい職種を作り、適切な人材を配置したライデン大学の大胆な取り組みは称賛に値すると言っていい。結果としてライデン大学では、MOOCに適応しきれていない大学で見られるような、受講生数の減少傾向は見られていない。それどころか、今では質の高い大規模オンライン講座を提供することにかけては、ヨーロッパではトップの大学になっている。MOOCには、新しいスキルを持ったエキスパートが就任すべき、これまでになかった職種が必要なのである――賢い大学はちゃんとわかっている。

タンヤは、自分はまだ夢を見ているのではないかと思うときがある。仕事の最中にフェイスブックやツイッターで「遊んで」いいばかりか、好きなことをしてお金がもらえるのだ。また彼女の仕事には、世界じゅうを旅してまわれる特権までついてきた。タンヤの意見は高く評価され、今では大学におけるMOOCのキーパーソンとして、いくつかの主なプロバイダーと連携してMOOCの運営に携わったり、さまざまな主要国際会議に出席したりしている。

馬に関する技能を身につけたコマンチェ族の生活が急激に変わったように、また、デジタルマーケティングの分野へとシフトしてアリ・ナクヴィのキャリアに大きな転機が訪れたように、新しい職種やスキルは、それ以前にあった古いものとは決別せざるをえなくても、新しい世界への幕を開ける好機をもたらしてくれるものである。だが、新しい職種は、まだ職業としては認識されていないことがほとんどで、正式には存在しない場合が多い。研究機関などでは、特定の新しいスキルを持った人材が必要だということにすら気づいていないときがある。新しすぎて、正式な教育課程でトレーニングを受けた人間がまだ存在しないためである。

タンヤは二度目のチャンスを活かしたわけだが、活動的な生活は相変わらずだ。休みなくゲームをし、知識の習得にも励むかたわら、ここ数年だけでも、ロンドン、メリーランド、ペンシルベニア、カリフォルニアに友人たちを訪ねている。またネット以外でも、子供たちと、子供たちの友人たちも交えてさいころを使ってゲームをし、家族の絆を強めながら、子供たちの人生に楽しみと良い刺激を与えられる存在であろうとつとめている。

果たして彼女は子供たちの人生にどんな二度目のチャンスを形作っているのだろうか？（もちろん一度目のチャンスもだが）

自分だけの「特別なスキル」を探そう

何年にもわたって、タンヤ・デ・ビーはオンラインコミュニティの管理に必要なスキルを身につけてきた。彼女はオンラインゲームコミュニティを、大胆にもある種の実験空間のように使い、プログラミングのさまざまな側面やウェブサイト構築の仕組みだけでなく、大規模なオンラインコミュニティがどのように展開し、内部でどのように交流し合うかという最も重要な点まで学習した。幸いにも、十分に先見の明があったライデン大学は、タンヤの能力がまさに彼らの必要としていたスキルだと気づき、彼女の学歴は問題にしなかった。

あなた自身はどうだろうか。これまで特に注目してこなかったが、ひょっとしたらどこかで役に立ちそうな、あなた独自のスキルが何かあるだろうか？　一度は無理だとあきらめたが、今なら少しずつ学習を始められるのではないかと思える新しい技術的な分野はあるだろうか？ノートか紙に「特別なスキル」と見出しを書き、その下に思いついた答えを書きとめてみよう。

離職がより大きな満足につながることもある

続けたかった仕事を辞めざるをえないという人生最大の悪夢が、結果的に人生最高の出来事になることは、実は驚くほど多い。キム・ラーチャートもそんな経験をしたひとりだ。

キムは人づきあいが得意で、母校の同窓会事務局のマネージャーの仕事は、自分にぴったりだと思っていた。卒業生のためにパーティーを主催し、すばらしい人たちや、時には有名人にも会えて、そのうえお金までもらえるのだ。文句のつけようがない。もちろん、この仕事にはそれだけでなく、多岐にわたるさまざまなスキルも必要だった（予算の見積もり、開催場所と日時の決定、ケータリングの手配、卒業生に大学との距離感を縮めてもらうためのマーケティング、出席確認、スピーチをする人の手配……その他にも、突発的な事態に備えて予備のプランを用意しておくことも彼女の仕事だった）。どれも社交性だけでなく、細部にまで注意を払うことが求められる作業だが、キムは実に有能だった。

だがその後、上層部のメンバーが変わった。キムの職場には張り詰めた空気が流れるようになってストレスが増え、キムは平日の朝起きるのがつらくなってきた。転職したほうがいいことはわかっていたが、イベントプランナーの求人はよりどりみどりというわけにはいかない。でも過去10年間、イベントの企画しかしてこなかった彼女に、他にできることなど思いつかなかった。

だが社交的なキムには、幅広い人脈があった。フルタイムのＭＢＡプログラムの責任者と会ってみると、プログラムの受講生に対するアドバイスや、彼らの就職の世話や管理ができるプログラムコーディネーターをちょうど探しているところだという。キムには打ってつけだった。これまでも大学で働いてきたし、大学内では物事がどう動くかもよくわかっている。ただ、この仕事の職務範囲には、ＩＴシステム管理者としての役割も含まれているらしかった。

キムにとっては難関である。ＩＴやソフトウェアに関する経験はまったくなかった。だが、どうしても職場環境の良いオフィスで働きたかった彼女は、その仕事のオファーがあったとき、それを受けることにした。最初のうちは神経が削られるような気持ちがしたが、その時期が過ぎ、徐々に落ち着いてくると、彼女は予想もしていなかったあることに気がついた――ＩＴに必要なスキルは、彼女にとってなじみのあるイベント企画で必要なスキルと似ているのだ。

たとえば、イベントの企画をしていたときの段取りは、プログラミングをするときの手順と、とてもよく似ていた。何をするにも常に念頭に置かなければならないのは、事前に起こりうるさまざまな事態を予測し、準備しておくことで、またその際には、細部にまで注意を払うことも忘れてはならない。キムはこんなことを言っている。「手順が間違っていたり、システムがきちんと動かなかったりすれば、学生に迷惑がかかります。システムのユーザーにソフトウェアの使い方を教えるのも私の仕事ですが、その際には、このソフトウェアが学生たちの学習にどう影響するかについても説明するようにしています。学校にとって最も大事なのは、プログラムを受講している学生たちですから」

キムは、データ量の多いITの領域は彼女のような「人づきあいが得意な」人間には向いていると思っている。システムと、そのシステムを使い、それよって影響を受けるいろいろな人たちの間の点をしっかりと結ぶことができるからだ。キムはこうも言っている。「私は今では、社交性を活かしてシステムの仕組みを誰にでもわかるように説明できる、『データおたく』を自称しています」

キム・ラーチャートは、彼女の社交性の高さがITの世界で大い役立つことに気づいて驚いた。

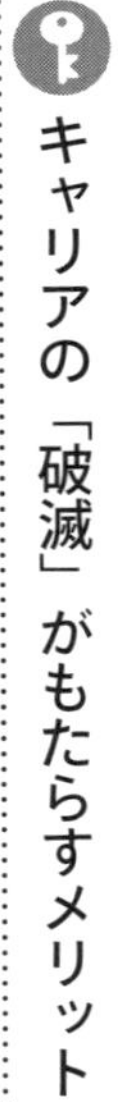

キャリアの「破滅」がもたらすメリット

実社会で幅広い経験を持つ人たちは、離職せざるをえなかった人たちが新しい仕事で以前よりずっと大きな満足感を得ている姿を何度も見ている——離職直後は、そんなことは到底ありえないと思えたとしても。

第5章

ルールを書き換える

型破りな学習法

ザック・カサレスは9年生で学校を辞め、14歳のときにトイレ掃除から実社会での仕事をスタートさせた。今では20代半ばになった彼は、彼の周りに漂う静かな自信のせいで、実年齢よりもずっと落ち着いて見える。自信があって当然である。荒れた人生のスタートを切ったにもかかわらず、いや、もしかしたら荒れたスタートを切ったからこそかもしれないが、ザックは現在、グアテマラシティにあるフランシスコ・マロキン大学マイケル・ポランニー校の統括責任者の職にあるのだ。

私はグアテマラの古都アンティグアの町にいて、ザックと一緒に「7カルドス」というレストランにいる。ザックがスペイン語の勉強を始めたのは、数年前にグアテマラに来てからとのことだったが、彼はウエイターと雑談を交わしながら慣れた様子でビールを注文している。そして当惑顔でメニューに見入っている私に向かって、料理の説明をしてくれる。「カキック」はしっかりした味付けの七面鳥のスープで、「ペピアン」はスパイスを効かせた肉のシチューのことらしい。

レストランのすぐ隣には、私の泊まっているホテル、カサ・サント・ドミンゴがある。かつてはアメリカ大陸最大の規模を誇った女子修道院跡に建てられた、豪華な宿泊施設である。修道院の壮大な石壁は1773年のサンタマルタ地震ですっかり崩れ落ちてしまっていて、ホテルの敷地内に残されている廃墟となった建物の周りを歩くと、まるでポンペイの遺跡の中にいるような気持ちになる。

私がグアテマラに来たのは会議に出席するためだったが、本当の目的は、実はザックについて知ることにある。だが実際に彼をこうして目の前にしてみても、これがなかなか難しい。経済や哲学や歴史や、他のあらゆるテーマについてなら、ザックはいろいろ話してくれる。だが彼自身のこととなると、ザックの口はとたんに重くなってしまうのだ。

ザックの父親は、メリーランドの田舎にあるトレーラーパークの管理人だった。以前はエンジニア出身の有能な企業幹部として人々の尊敬を集めていたらしいのだが、ザックが生まれた年に失業し、その年が終わりきらないうちに、

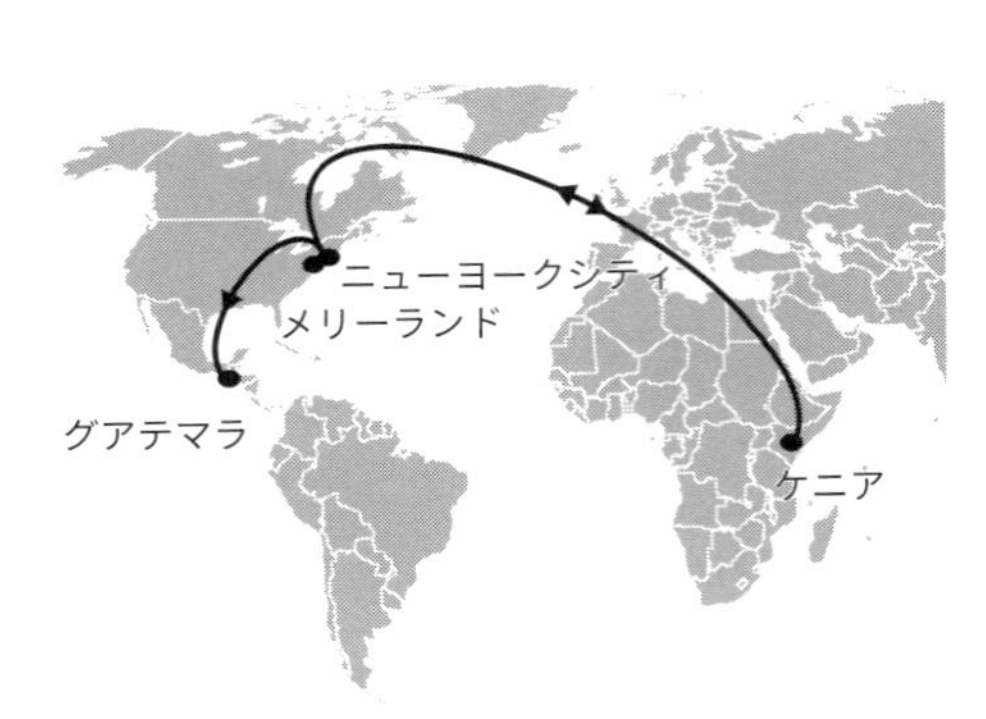

グアテマラシティにあるフランシスコ・マロキン大学の人気カレッジの統括責任者、ザッカリー・カサレスは、早い段階で自分に合った学習法を見分け、さまざまな障壁を乗り越えながら勉強を続けた。地図は、ザックの今日までの道のり。

父親の社会的地位はあっという間に凋落してしまった。ザックが通っていた学校では、あまり豊かとはいえない地域にある他の多くの公立校同様、能力にばらつきのある生徒たちの学習ニーズにきちんと対応できるような教育体制はとられていなかった。生徒も教師も一様に郡内の大きな経済格差に苦しんでいるような学校で、すぐ近くに自分たちとの格差をまざまざと見せつけられるような富裕層向けの保養地があったことも、校内の精神的な荒廃にいっそう拍車をかけていた。原因についてはさまざまな責任のなすり合いがなされているが、アメリカの公立校の中には、事実、劣悪としか言いようのない学習環境の学校がある。ザックの学校があった学区は、ごく控えめな言い方をすれば、彼の学習ニーズには対応できていなかった。[1]

学習環境の悪さは生徒ひとりひとりに影響を及ぼし、さまざまな問題を引き起こしていた。教師たちが遅れてくることはしょっちゅうだったため、生徒たちはかなりの時間を自分たちだけで、トレーラーハウスのほとんど机のない「教室」で過ごしていた。13歳のザックとクラスメートの何人かは、現状への不満がたまってどうしようもなくなると、その不満を相手にぶつけ、相手も不快な気持ちにさせて自分のうっぷんを晴らす悪循環を延々と繰り返すことが日常になっていた。子供だけで不時着した無人島で娯楽を探した『蠅の王』の少年たちと、閉塞感を打破するための喧嘩を興行にした『ファイトクラブ』の若者たちの、どちらをも少しずつ想起させるような光景である。

ザックは早いうちからいじめに合っていた。他の男の子たちより体が小さく、本好きで、ひ弱そうに見えたからだ。だがいちばんの問題は（少なくともザックにとっては）、恐怖で生徒を支配しようとする学校の校風自体にあった。ほんの少しの例外を除いて、教師たちは皆、生徒を虐待して思いどおりに動かそうとする者ばかりで、意見を異にする生徒は決まってひどい目に遭わされた。ザックも、教師に同調しなかった生徒のうちのひとりだった。

「僕が考えることは、いつも周りとは違うんです」。マリンバの音が流れている店内で、ザックはビールを揺らしながら言う。「子供のときはどこに行っても、僕が人と違うことばかり言うものだから、周りを必ず怒らせていました。当然、疎外感はあったし、僕はこう思ってました。『他の人たちがものすごくいいと思うことでも、僕にはいつも間違ったことにしか思えない。僕はきっと頭が悪いんだ。それに、どこか人間としておかしいに違いない』って」

要は、ザックの非凡な独自の発想力が問題の根源だったのだ。たとえば子供のとき、考えを素早く文章にまとめあげるのが得意だった彼は、決められた時間内に他の子供たちよりずっと長い作文を仕上げることができた。だが答案が機械で読み取られる学力テストのときには、採点のために読み取られるスペースは限られている。そのためザックの答案は一部しか採点の対象にならず、学力不足と判断されてしまうことがほとんどだった。それでもザックの母親は、彼が授業で書いた作文が学区内の教師向けのワークショップで頻繁に模範例として示されていたことを覚えている。[2]

入学して間もない頃、少しでも他の生徒たちの力になれればという思いから、ザックは学校の生徒自身が生徒間のもめごとの解決にあたる「仲間による仲裁グループ」に参加してみたことがある。だがいざ活動を始めてみると、その仲裁というのは生徒の個人的な事情を暴き立てるようなまねをするもので、そこで知った内容がゴシップの材料に使われていることがわかってきた。ザックはこう回想している。「問題の解決策について話し合うためにグループで泊りがけの会議に出かけたとき、僕は思ったことを正直に言いました。彼らはただゴシップを広めているだけだって。僕の意見は反発を買いました。結局その夜、僕ら全員が泊まっていたホテルの部屋で、男子生徒のひとりが僕めがけて氷を投げつけてきて、気がついたときには喧嘩になってました」

問題解決のための会議のはずが、こぶしを使った殴り合いになってしまった。

ザックはボーイスカウトに参加して、意欲的にボーイスカウトの最高位であるイーグルスカウト取得を目指そうとしたこともある。ザックは取得条件のひとつである社会奉仕プロジェクトとして、小学生向けの放課後の音楽プログラムを考案し、楽器は地域の人々から提供してもらえるよう、楽器の寄付システムもそこに組み込んだ。しかしザックにはだんだんと、自分の案がボーイスカウトのプロジェクトとしてはかなり異質であることがわかってきた。通常、ボーイスカウトのプロジェクトは、子供の遊び場を作ったり、遊び場をきれいにしたりするようなものらしいのだ。ザックの案は保護者会で審査にかけられることになった。ザックは、保護者のうちのひとりから自分の息子の成功を脅かす存在と見なされたようで、音楽プログラムを運営したり、そこで教えたりすることは、ボーイスカウトに必要なリーダーシップを十分に示す行為とは言えず、イーグルスカウトプロジェクトとしてはふさわしくないと告げられた。音楽プログラムの立ち上げ準備にすでにかなりの労力を注いでいたザックは、失意のうちにボーイスカウトを辞めた。

教会でも、やはりザックの音楽好きが原因で同様の問題が起きていた。ユタ州で開催される教会青年部の特技を競い合う大会に、ザックも青年部の一員として選ばれ、参加したことがある。ところが、大会でザックが「アメイジング・グレイス」を取り入れて作ったジャズの楽曲を披露したところ、

「ジャズは教会にふさわしい音楽とはいえない」として失格になってしまった（2000年代半ばの話なのに！）。だが、問題になったのは型破りな楽曲だけではなかったらしい。教会の青年部の牧師にザックは脇へ連れていかれ、たまりかねたようにこう言われたのだ。「いつも、いつも、私たちが言うことの揚げ足ばかりとるような真似はやめなさい」と。

ザックの知性や独自性や創造力（どれも状況が違えば高く評価されるものばかりだが）は、トラブルのもとでしかなかった。思春期に入ると、ザックの素行は悪化した。他の少年たちと建設現場に侵入して、窓を割ったり、ペンキを壁に向かって投げつけたり、資材を盗み出したりするようになった。その他にも「不良仲間」と彼が呼ぶその少年たちとは、一緒に車に石を投げたり、パトカーに生卵を投げつけたりしたこともあるし、一度などは、空き家を焼き払おうとしたことすらある。リトリートセンター（訳注：普段の生活を離れ、自然の中で聖書の勉強をするキリスト教の施設）に向かう途中では、女の子を口説いていちゃついたりもしていた。要するに、ザックはちょっとした鼻つまみ者になっていたのだ。自分の周りのものすべてに、とにかく腹が立ってしかたがなかった。

「その頃のことを思い出すのはつらいです」とザックは言う。「当時の仲間は、ほとんどがその後、麻薬の過剰摂取や事故で亡くなってしまいました。もう、フェイスブックの友達リストの名前としてしか、彼らは存在していません」

ザックは、こうした素行の悪さで自分の中の憤りを発散しているつもりだった。だが荒れれば荒れるほど、かえって不満は増すばかりで、そのうち彼の人生にとってかけがえのない人たちであるはずの、両親や家族との関係まで悪くなりだした。しかしそのときのザックには、自分のことも自分と周りの人たちとの関係もよく見えておらず、自分のしていることがまったく理解できていなかった。

そんな日常が一変したのは、9年生のある日のことだ。朝から夜まで、とても長い一日だった。

バス停の脇にある森が、ザックのいつもの避難場所だった。ザックは毎日そこに隠れて学校へ行くバスをやり過ごし、その後は、まさにやる気のない登校拒否の生徒そのものといった様子で家に帰ったり、そのあたりをただぶらついたりして時間を過ごしていた。日を追うごとにザックはどんどん無気力に、投げやりになっていった。そしてある日、仕事に行くために家を出るのが遅れていた母親に、ザックはあっさりとつかまった。ザックには、隠れようとする気力すらなかった。

ここで、これまでの経緯が家族の知るところとなった。ザックがその日たまたま学校をさぼっていたわけではなく、ほぼ毎日不登校状態だったこと。そしてたまに学校に行けば、決まって惨めな気持ちでいっぱいになっていたこと。

その夜の家族がそろった夕食の席は、家族間の深刻な問題について話し合うテレビ番組のような様相を呈した。テーブルを囲んだ全員が、まるでザックだけが問題の核心ででもあるかのような重々しい口調で、ザックの「学校教育問題」について話し合った。そして話し合いの結果、はっきりと明確になったのは、ザックの意思だった。ザックは今の学校を辞めたかった。今の学校で受けているいじめや教育の質の悪さが、ザックの毎日に影を落としている要因だったからだ。

だが、その後ザックが示した解決法は、あまりにも大胆で、周りを不安にさせるようなものだった。

創造力あふれる人の孤独

創造力にあふれた人が、周りから自分だけが浮いているような感覚を覚えるのは決して珍しいことではない。自分が「周囲とは違うドラムのビートに合わせて行進している」ように感じた経験を持つ人は、世界じゅうに数え切れないほどいる。あなたがもし周囲からの疎外感を強く感じるときがあったら、そう感じているのはあなたひとりではないことを思い出そう。

答えを求めて

まだ思春期のさなかだったとはいえ、もし当時のザックが、彼の状況を打開するヒントになる研究があると知っていたら、きっと興味を示していたに違いない。著名な社会学者だったジョアン・マッコードが長年関与していたのが、偶然にも、非行傾向のある青少年についての研究だった。ケンブリッジ・サマーヴィル青少年研究と呼ばれるもので、研究のためのプログラム自体は、1930年代後半から1940年代前半にかけて実施されていた。少年たちがどのようにして人生の道を踏み外し、またその少年たちをどのようにすれば更生させられるかを調べるのが研究の目的だった。

マッコードは快活で才能ある研究者だったが、彼女が研究者になるまでの過程は決して平坦なものではなかった。彼女を虐待していたアルコール依存症の夫との離婚がようやく成立し、わんぱく盛りのふたりの男の子をたったひとりで育てるシングルマザーになったとき、彼女はまだ大学院の学生だった。1960年代初めの、まだ女性は外に出て働くよりも主婦になることが当たり前だった時代に、マッコードは働きづめの生活を送ることになった。子供たちを養うために、来る日も来る日も学生たちの指導や採点に追われ続けた。しかし、そんな中でも彼女は研究を続け、1968年にスタンフォード大学で社会学の博士号を取得した。彼女が興味を持ったのは犯罪学だった。彼女の頭の中には常に「人生の道を踏み外してしまう人がいるのはなぜだろう?」という疑問があった。マッコードは、のちにケンブリッジ・サマーヴィル青少年研究の中に、期せずしてその問いの答えを見つけることになる。

ケンブリッジ・サマーヴィル青少年研究は、非行防止に有効な対策を探るために考案されたプログラムの中では最も規模の大きいもののひとつで、1930年代にリチャード・クラーク・キャボットという研究者によって立ち上げられた。子供たちの人生を長期にわたって改善するには、どのような支援をどのくらい行うのが最も効果的かを、カウンセリングや学習指導、その他各種の支援策ごとに数値化できるよう、入念に策定されたプログラムだった。

研究対象には、ボストン周辺に住む「困難な状況」にある少年たち(非行少年を指している)と「平均的な状況」にある少年たちの両方から、全部で500人強が選ばれた。まず初めに行われたのは少年同士のペア作りである。あとで比較対照できるよう、家族の人数、家族構成、居住地区、収入、性格、知力、体力をはじめとする、さまざまな条件が可能な限り一致する少

アメリカの著名な犯罪学者であるジョアン・マッコードは、非行少年には介入措置が有効だという社会通念に大胆にも疑問を投げかけた。

年同士が組み合わされた。そしてそのペアのうち、どちらかひとりを無作為に選んでケアを施すグループに、残ったひとりを何のケアも施さないグループに振り分け、ケアを施すグループの少年たちにはありとあらゆる支援策を講じるが、もう片方のグループの少年たちには特別な配慮や支援はまったく行わないという方法がとられた。

ケアを受けるグループの少年たちには、カウンセラーが割り当てられた。カウンセラーは受け持ちの少年をスポーツイベントに連れ出したり、車の運転を教えたり、就職支援をしたりしただけでなく、少年の家族のカウンセリングや弟や妹のケアまでも請け負った。[4] このグループの少年たちの多くは、この他にも、学習支援や医療や心理面のケアを受けたり、サマーキャンプや他の地域の催しなどに参加したりする機会も与えられている。その一方で、もう片方のグループの少年たちは、普通の生活をただ続けていただけだった。

そして１９４９年、プログラム実施期間が終了してほぼ5年がたった頃に、研究者たちは対象者の状況調査を行った。だが彼らの予想に反して、ケアを受けた少年たちにこれといった効果は認められず、[5] 研究者たちは、ケアの効果を判断するには時期尚早なのだろうという結論を出した。またさらに10年ほどして少年たちをあらためて調査し直せば、プログラムの効果が明白になるのではないかと考えたのだ。

その後、１９５７年になって、当時まだ大学院生だったマッコードがはじめてこの研究にかかわってくることになる。いくばくかの資金と共に、研究対象となった少年たちの現状を再調査する依頼を受けたのだ。マッコードの作業は遅々として進まなかったが、それでも、細部まで綿密な計画のもとに実施されたケンブリッジ・サマーヴィル青少年研究の結果を検証するのはやりがいのある仕事だった。プログラムの記録の中には、5年以上にわたって月2回作成されていたレポートも含まれていたが、少年たちの様子を事細かに記したそれらの書類だけでも、少年ひとりにつき数百ページのボリュームがあった。だが、数カ月かけて入念に精査してみても、マッコードが出した結論は前回の研究者たちのものと変わらなかった。期待されたような効果は認められなかったのだ。逮捕率にも、重罪を犯した数にも、罪を犯した年齢にも、両者の間で違いは見られなかった。少年たちに長期的に及ぼす効果を確定するには、この時点でも明らかにまだ早すぎたのだ[6]。

この研究のデータは、その後もずっとマッコードの頭から消えなかった。ケンブリッジ・サマーヴィル研究の何かがずっと引っかかっていた。だが、何が引っかかるのかがわからない。再調査に何か大きな見落としがあったのだろうか？　最初の調査結果は「効果は認められない」と結論づけられていたにもかかわらず、少年たちに施したケアに効果があったのではないかと思えるちょっとしたヒントは、実はいくつかあった。今では大人になっている当時の少年たちの中には、支援は有意義だったと答えていた者もいたのだ。

やはりこの点に興味を示したアメリカ国立衛生研究所から、追跡調査のための資金提供を受けられることになった。少人数のチームを雇い、マッコードは研究対象者の追跡調査に着手した。

しかし、プログラム終了からすでに約30年が経過していたうえ、研究対象となっていた少年の数は500人以上にものぼる。彼らを見つけ、彼らのその後の人生を比較するのはとてつもなく骨の折れる作業だった。チームはまるで身辺調査会社の調査員かのように、都市住民人名録や自動車登録、婚姻記録や死亡記録を調べたり、裁判所や精神療養施設やアルコール依存治療センターに問い合わせたり、ありとあらゆる角度から情報収集につとめなければならなかった。だがその結果、探していたのは30数年前の研究の対象者だったにもかかわらず、驚くべきことに98パーセントの居場所が判明し、さらに驚くべきことに、その頃には40代後半から50代前半になっていた対象者の75パーセントから、調査の質問に対する回答が返ってきた。

彼らからのフィードバックは実に明快だった。回答者の3分の2は、プログラムは有益だったと評価していた。プログラムのおかげで「犯罪の仲間に加わったり、面倒に巻き込まれたりせずにすんだ」と感じている対象者は多かった。それ以外にも、人ともっとうまく付き合えるようになった、人を信頼できるようになった、偏見を克服できたなどの意見が挙げられていたほか、なかには、カウンセラーがいてくれなかったら自分たちの人生は犯罪まみれになっていただろうと答えている者もいた。

このプログラムは、ケアを受けたグループの少年たちの人生を大きく改善できるだろうという予測のもとに作られたものだった。だが、今回マッコードがあらためて調査をして出した結論は、当初の予測とは正反対だった。ケアを受けたグループの対象者には、予測とはまったく逆の効果が現れていた。[7]予測と結果に差があることは、これまでもデータを見れば明白だったはずなのだが、前回までの調査では、結果が予測とあまりにもかけ離れすぎていたため、見過ごされてしまっていたのだ。犯した犯罪の数も、アルコール依存症や重い精神疾患やストレス関連疾患の患者数も、支援プログラムを受けたグループのほうが多く、さらに、短命傾向が見られるのも、社会的地位の低い職業の人が多く仕事への満足感が低いのも、ケアを受けたグループのほうだった。それだけではない。支援プログラムを受けていた期間が長ければ長いほど、また、受けていた支援の数が多ければ多いほど、長期的に見た人生は悪くなる傾向にあった。つまり、プログラムはまったくの害でしかなかったということになる。この現象は、非行傾向にあった少年にも、平均的な状況にあった少年にも同様に確認できた。またもうひとつ、マッコードの研究では、研究対象者自身の主観的な報告は信頼性に欠けるという重要な点も明らかになった。

支援プログラムは、人生を改善するために細部まで入念に策定されていたはずだった。それなのに、どうしてこんなに多くの人にマイナスの作用を及ぼす結果になってしまったのだろうか？

ザックの転機

心からザックのことを思ってくれる家族との真摯な話し合いを重ねるうち、9年生の終わりまでは今の学校に残り、その後の夏の間に転校先を探すことで、ザックと家族の意見は一致した。だが、両親と一緒にまわった私立の学校はどれも、学費が高すぎるか、地元の公立校の代替案にはなりえないような学校ばかりだった。

見学ずみの学校の数が増えていくにつれ、ザックは事態を解決する方法はひとつしかないと確信するようになった。学校に通うことをあきらめるしかない。ザックは両親にそう告げたが、はじめは真面目に取り合ってもらえなかった。だがザックは、勉強自体をやめるつもりはないと説明し、最後には両親を説き伏せた。ザックはただ一日じゅう惨めな思いをして過ごし、その間いじめられたりもしながら座っているだけの学校に通う代わりに、本当に何かを学べる学習の方法に切り替えようとしているだけなのだ。学校の勉強を続けるためのオンラインプログラムがあるのだと、ザックは両親にそう言った。

ザックは学校に行かなくてすむようになった最初の日を、今でもよく覚えている。「かなりの時間をかけて近くにあった森を散策したら、心が洗われるとしか言いようのない気持ちになりました」。これからは周りの目を気にして不安がったり恥ずかしく思ったりせずに、好きなだけ、人とは違う変わり者の自分でいられるのだとザックが気づいたのはこのときだった。

ザックの両親はふたりとも長時間働いていたため、自分たちでザックの勉強をみる時間はなかった。そこで彼らはルールを作った。きちんと勉強していることがわかるよう、定期的な報告を欠かさないこと、そして、家の中にこもらずに何らかの仕事をすること。ザックの父親は、朝食のときにザックが見つけられるように、ナプキンにいくつか問題を書いて残していくときもあった。

ザックが学校を辞めた日、彼の進路指導教員は「明るい未来への希望を自分から放棄しようとしているようなものだ」とザックに苦言を呈した。ザックの親戚もまたこの選択を非難し、学校を辞めさせるのはザックの人生を台無しにするようなものだと言って彼の両親を責め立てた。学校に籍がなくなってからは、ザックは地域の高校のバンド活動やその他の課外活動に参加することも、学校の図書館を使うことも、大学の奨学金制度を利用することもできなくなった。こうした現実に直面するのはつらかった。

しかし学校を辞めてからは、ザックの素行の悪さはすっかり姿を消した。これまでとは違う前向きな方向に不満のはけ口を求めた結果、負のエネルギーを建設的に使えるようになっていたのだ。両親とザックの関係もたちどころに改善され、ザックは自分がどこにいて何をしていたか、両親に嘘をつかなくなった。そのうちザックは、学校を辞めたのは、彼自身の学習にプラスに作用しただけでなく、ひょっとしたらこれまでの彼の人生で最も有意義な決断だったのではないかと思うようになった。ザックには普通の卒業証書や学歴がなかったため、教育機関とのやり取りが煩雑になるという不都合はあったものの、それでも、従来の教育の型にはまったシステムや、時には害にもなる同級生たちの影響から自由になって以降、ザックには「本当の自分」がわかりかけてきたような気がしていた。

学校を辞めてしばらくは、ザックはきちんと仕事をするかたわら、図書館の利用証とインターネットを使い、好奇心を大いに働かせながら学習を進めた。いくつかのコースをオンラインで受講していたが、新しい学習環境が功を奏して、ザックはすばらしい成績をあげていた。本を読むようにもなった。この読書の習慣は、その後もずっとザックの学習の役に立っている。また学校外の教育環境には、ザックが起業家精神を発揮するという意外な効果もあった。ザックは店舗の裏に設置されている大型のごみ箱から電子機器を探し出しては修理し、イーベイで売るようになった。

だがザックは、この普通とは違う特殊な学びの過程でひとつだけ後悔していることがある。数学と科学のしっかりとした基礎を身につけられていないのだ。それらの知識があれば、テクノロジーを今よりもっと良く理解できていたはずなのだが。だがそれでも、ザックの学習はかなり順調だった。学校を辞めてから時間の自由がきくようになり、音楽にかかわる時間が増えたことも、学習スキルの向上に一役買っていた。

ある日、ザックが父親に誘われ、その日の午後に大学で開かれるというジャズバンドのコンサートに出かけると、コンサートの最後にその大学の教授から、このバンドは誰にでも参加可能なのだという説明があった。ザックはその言葉を真に受け、教授に電話をかけた。だが、教授から折り返しの電話がなかったため、もう一度かけた。その後でまたもう一度かけた。最後にはとうとうその粘り強さが報われて、ザックは教授に会えることになった。ザックはこう尋ねたことを覚えている。「何をすれば、僕に音楽を教えてもらえますか？」

誰かについて何かを習うのは、はじめての経験だった。ザックは音楽に夢中になった。

スカイプが広く使われるようになる何年も前に、その頃まだ新しかったネット上の音楽レッスンを受けた経験ならあった。有名なギタリストのジミー・ブルーノのオンラインビデオレッスンを受けたいがために、1回分の授業料100ドルをかき集めてまわったこともある。

ジャズギターのレッスンを通してザックは、同じ変わり者でももっと「効率のいい変わり者」になる方法を学んだ。それまでザックは、とりとめなく思考をめぐらせたり、そのときの気分にまかせて学習をしたりすることが多かったのだが、ギターを上達させるには、細部にまで神経を行き届かせなくてはならない。ザックはだんだんと、練習を繰り返して、考えなくても一連の作業をこなせるようにすることの大事さを理解できるようになった。[8] 計画的に日々練習を繰り返していけば、強固な神経パターンが構築でき、それまでに身につけた技術を自動的に呼び起こせるようになるのだ。[9]

限界的練習の重要性も実感できるようになった。最も難しい部分の練習を意識的に何度も繰り返せば、自分の得意分野以外のことでもしっかりと身につけることができる。[10] 学習の習熟度を高めるための重要なポイントだが、ジャズの世界では特に、ミュージシャンを新しい挑戦に駆り立てようとする傾向が強い。ザックはこんなふうに言っている。「リハーサルの場で同じフレーズばかり弾いていると、周りに笑われるんです」。そういう人間は「薪小屋」と呼ばれるそうだ。「ここに来て新しいことを練習しないなら、薪小屋にこもっていればいいじゃないか」という意味らしい。

ザックは16歳になると、彼の音楽の師である教授が教鞭をとる、地元大学の大学準備コースに申し込みをした。そして約1年後、ザックはニューヨーク大学（NYU）に入学した。他大学からの正式な編入生としての入学だったため、高校の学歴を調べられることはなかった。

だが大学も最終学年になり、卒業前に最終的に書類をチェックする段階になって、ザックは高校の卒業証書のコピーを提出するよう言われた。もちろん、ザックは高校の卒業証書など持っていない――ただし、高校には通っていなくても、ザックの成績の平均値は3・98（訳注：平均値の最高ポイントは4・0）あった（大学までの行き来に1日2時間かけ、フルタイムで働きながら偶然とれた成績である）。型どおりのこと以外は受け付けないシステムの柔軟性のなさに、またもやうんざりさせられながらも、ザックはテキサス大学のオンラインプログラムで高校の卒業資格を取得した。

ザックは政治、哲学、経済の学位を取得し、NYUを最優秀の成績で卒業した。最優秀レベルの成績をあげた学生への栄誉である「ファウンダーズクラブ」への入会も許可された。卒業後はNYUで歴史学者のリサーチアシスタントになったが、助成金を受け、露天商の団体とケニアじゅうを旅して非公式経済の研究をすることにもなった。ザックは、発展途上国の起業家精神に夢中になった。

帰国後、「ラジカル・ソーシャル・アントレプレナー（急進的な社会起業家）」という設立されたばかりの組織で働いていたある日、ザックのもとにジャンカルロ・イバルグエンという人物からメールが届いた。グアテマラの有名大学フランシスコ・マロキン大学の学長だ。[11] 一度グアテマラに来て、彼の大学でのプロジェクト運営について協議してみる気はないか、との招待メールだった。その結果、ザックは25歳で同大学マイケル・ポランニー校の統括責任者に就任することになり、学習カリキュラムは学生が自分自身で作成するという、これまでにない実践的かつ実験的な教養学プログラムを作り上げた。

高校中退後のザックが成功裏に歩んできた道を思い起こさせるようなプログラムだ。創造力と意欲にあふれるこの新しいプログラムの卒業生に対する求人は引きも切らず、全員が就職するか、もしくは自分で事業を立ち上げるかしていて、学生の就職率は１００パーセント。それでも、マイケル・ポランニー校でのザックの取り組みはまだ始まったばかり。大学にとってもザックにとっても、これからはもっとすばらしい未来が待ち受けていることは間違いないだろう。

ザックは発展途上国での仕事にとてもやりがいを感じている。「第三世界の国々にはもちろん、世間のイメージどおりに、足りない点や不便な点はたくさんあります。経済的にも貧しいし、教育基盤だって脆弱です」。だが、社会的なシステムが不完全なそうした国だからこそ、自由な発想で仕事ができる余地があるのだ。

要するに、ザックは起業家精神が旺盛なのである。ただ、さまざまなビジネスアイデアを思いつける発想力は、実は自分の才能でもあるのだと認識できるようになるまでには、ずいぶん時間がかかった。何しろ周りからずっと、「ザックの副業」だとか「ザックの最新のばかげたアイデア」と呼ばれてからかいの対象になっていたのだ。ザックが大学で経済を学んだのは、起業家精神とそれがもたらす影響を大局的につかみたかったからだった。会計やマーケティングなどの普通のビジネスの授業は、新しい事業を開拓できる人間を育てるというよりも、組織の一員を生み出すためのもののようにザックには思えた。

「他の人とまったく同じ経験をして、同じ知識を学んでいたら、斬新なことをしたり、斬新なアイデアを思いついたりして起業するのは難しくなります」とザックは言う。「みんながそろってＭＢＡの勉強をしたら、同じような人間ばかりができてしまうだろうし、授業で学ばなくても、会計やマーケティングのスキルは仕事をしながら実地で学ぶことだってできます。起業家精神を養うには、論理的に学ぶだけじゃなく、感情面や心理面のトレーニングも必要なんです。よくあるような理論中心のビジネスの授業では、何もないところから何かを創り出していくような発想法は鍛えられません。実際の事業というのは、時間と共に膨れあがってしまったちょっとしたつまらない問題を、１日１日、悪戦苦闘しながら解決していく長く地道な作業なんです」

起業して大成功をおさめているのは、実はまったく知的とは言えない人が多いのだとザックは続ける。知的ではないからこそ、理論ではなく、現実からの強烈なフィードバックを通して学んでいくのだという。実際、事業で成功している人たちの中には、難解で複雑な知的理論を学んだ経験がなかったり、それを理解するためのワーキングメモリがなかったりする人も少なくない。

「起業して成功しているのは、たとえばごみの収集ルートを効率化しようと思い立って、実際に効率化を進めているうちに、気づいたら10年後には地域の収集ルートはほとんど自分の管理下にあったというような、一見平凡に見えても、とても重要な問題を解決してくれている人たちです。理論先行型の、型にはまった考え方をしない人たちだからこそ、すばらしく実用的で、独自の理論に根ざした発想ができるんです。そうやって、地域のごみ収集ルート最適化の世界的権威になっていくんですよ」

ザックは笑みを浮かべながらこう付け加える。「陳腐な言い方なのはわかっていますが、でも僕は本当に、どんな人にも才能はあると思っているんです。ただ、人を型にはめようとする教育システムのせいで、僕らの個性が消されてしまいがちなだけ。教育っていうのは本来、すばらしい何かをするための自主性を育てる場であるべきなんですけどね」

マッコードのさらなる研究

ザック同様、ジョアン・マッコードも自分がこれだと信じたものを追求し続けた。彼女の研究者としての道のりもまた、ザックと同じように、一般的な研究者のそれとは大きく異なっていた。まず彼女は、自分の研究結果を発表する媒体を見つけるのに苦労した。彼女が害にしかならないと結論づけた家族支援プログラムには、80年近くたった今になっても推奨されているような、有益そうに見えるアプローチがふんだんに盛り込まれていたからだ。何度も発表しようとしたが、その度に拒絶を受けた。それでも最終的にはなんとか発表にこぎつけることができた。アメリカ心理学会の学術誌「アメリカンサイコロジスト」に掲載された彼女の論文「家族支援プログラムの効果に関する30年後の追跡調査」は大きな論争を巻き起こした。[12] だがこの論文の影響で、研究者たちが一見有益そうな善意の支援プログラムに慎重な目を向けるようになると、まもなくその他の支援プログラムからも同様の結果を示すデータが集まり始めた。その他のプログラムでもやはり、有益というよりはマイナスの結果が出ているほうが多く、かなり控えめに言っても、プログラムの高額な出費に見合うだけの効果は得られていないことがわかってきた。

マッコードはプログラムが悪影響を及ぼした要因として、カウンセラーの仲介が少年たちの中に依存傾向を生み出してしまった可能性や、支援に慣れた少年たちが、自分たちは人からの助けを必要とする類の人間なのだと思い込んでしまった可能性など、いくつかの仮説を述べている。

ジョアン・マッコードの息子のジェフ・セイヤー・マッコードは、母親と同じ学術研究の道を選んだ。現在彼はノースカロライナ大学チャペヒル校のモアヘッド・ケイン同窓会特別哲学教授であり、また、同校における哲学・政治・経済プログラムの責任者もつとめている。セイヤー・マッコードは私にこう話してくれた。「(上流中産階級の)規範やカウンセラーの価値観を何年にもわたって少年たちに教え込もうとしたのが、プログラムが機能しなかったいちばんの理由だったのではないかと母は考えていました。少年たちの生活や、少年たちが描く未来像には、それらがあまりそぐわなかったのではないかと思っていたようです[13]」

ジョアン・マッコードは、人の役に立つようにと善意で策定されたプログラムが、実際に対象者の支援につながっているのかどうかを検証しようとした最初の研究者だった。マッコードは、これまでの社会福祉プログラムには、その有効性を確実に査定できるような措置がほとんど盛り込まれたことがない点に気づいた。社会福祉に従事している人たちは、善意で運営しているプログラムだというだけでその有効性が保証されるように感じているらしく、彼らの運営するプログラムを誰かが査定しようとするだけで、必ずと言っていいほど嫌悪感を示すのだ[14]。プログラムを考案する際にも、その支援策の有効性を示す具体的な根拠となるはずのデータを集めないのが通例である。

道徳論、メタ倫理学、認識論についての多数の論文や著作があるセイヤー・マッコードは、彼の母親の研究結果をこんな言い方で補足している。「私が思うに、社会福祉プログラムの運営側の人たちは、自分の直感や、彼らのプログラムに参加した人たちの主観的な報告を、ほんの短期間のうちに信じきってしまいすぎなんです。ケンブリッジ・サマーヴィル青少年研究の例を見れば、人間の直感や主観などはまったく当てにならないとわかるはずなんですが、それでも、頭からそう信じ込んでいる人たちの考えはそう簡単に変わるものではありません。それに、（自分たちの支援活動の意義に確信を持っている）多くの人たちは、支援効果を比較対照するために意図的にケアを受けないグループを設けるのは、助けられる人をみすみす放っておくようなものだと思っています。すでに確信している支援の効果をわざわざ再確認するためだけの科学的な研究に使うお金があるなら、そのお金でもっとたくさんの人を助けるほうが有意義だというのが彼らの考えなんです」

マッコードは研究を続け、その後女性としてはじめて、アメリカ犯罪学会の会長に就任した。彼女は勇敢にも、定評ある各種支援団体や支援活動の有効性に疑問を投げかけた。ボーイズクラブ（訳注：主に貧困家庭の多い地域で少年向けの放課後プログラムを提供する非営利団体）やサマーキャンプ、少年刑務所訪問、ＤＡＲＥ（Drug Abuse Resistance Education＝薬物乱用防止教育）ほか、一般的によく知られたさまざまなプログラムが検証の対象となった。まだしっかりと根付いたとは言えないものの、社会福祉プログラムが、標榜している効果を実際に発揮できているかどうかをより慎重に査定するための評価プロセスを学術分野に導入したのもマッコードである。[15]

マッカーサー賞（訳注：並外れた独創性を持つ人に、将来への投資として送られる奨学金制度）の受賞者であるアンジェラ・ダックワースは、ライフワークのひとつとして「やり抜く力」の育て方の研究に取り組んでいる。あきらめずに粘り強く最後まで物事をやり抜く姿勢（＝やり抜く力）を持つことが人生での成功の秘訣だというのが彼女の説だ。[16] ダックワースは、ヒューストン大学の心理学者ロバート・アイゼンベルガーの「子供に簡単な課題を与えてほめてばかりいると、子供の勤勉さや根気強さは低下する」[17]という研究結果を例示し、やる気のある人間を育てるには、ほめるだけでなく、愛情をかけながらも厳しく接する関係を築くことが最良の方法だと述べている。周りからの過剰な支援を受けて物事を楽にこなすのが当たり前になってしまうと、本人のやる気は減退してしまうのだ。

社会福祉プログラムや施設を利用してみると、それらが目的として掲げているものと、実際にもたらされた結果の乖離に驚かされることも少なくない。[18] だが実は、「本当に役立つ社会福祉プログラム」と同じくらい、「良い教師を育成するプログラム」も、実体の伴わないものらしい。教育学のリン・フェンドラー教授は、注目すべき次のような所見を述べている。「授業の質の向上をうたう教員養成コースの中で、何らかの科学的な根拠をもって具体的に有効性が立証されているカリキュラムは、一切ないように見受けられる」[19]。私たちはつい、一般的な教育システムに従うことが人生で成功を手にするいちばんの方法だと思ってしまいがちだ。だが、そのシステムが万人に有効だとは限らない。教育については、まだわからないことがいくつもある。社会で最も先見性と創造性に富んだ人たちの素質の芽を、現在の教育システムがひょっとしたら摘んでしまっていることもあるかもしれないのだ。

思い込みを避ける

ジョアン・マッコードの研究結果が示しているように、人は、自分のアプローチが正しいと強く思い込んでしまうと、その他の選択肢には考えが及ばなくなってしまうものである。周りの人たちの意見に耳を傾ける姿勢を保ち、自分が間違っていないかどうかをきちんと判断できるような状況を意図的に作っておけば、学習の質も向上する。

ザックの人生の師

ザックのこれまでの人生で特に興味深いのは、中学の終わりという早い段階で、社会制度の基本中の基本である学校教育が自分に合っていないとザック本人が直感した点だ。結局ザックは、通常の学校教育にとどまって画一的なアドバイスや指導プログラムを受け続けるよりも、一風変わった独自の学習法を選んだが、ひょっとしたらこの選択も、ザックの成功の可能性を高めた一因だったのかもしれない。だからと言って、ザックの「学校の枠外」での学習が完璧だったわけではない。数学でも音楽でも語学でも、通常、教育の初期段階で行われるのは、その後の学習基盤となるスキルや能力の習得である。ザックのような立場にいながら日々学習を続け、それらを独力で身につけるのはたやすいことではない。それにもかかわらず、ザックの場合は独自の学習が非常に大きな成果につながった。

音楽を通して効率的な学習法が学べたせいもあるが、ザックは、自分が成功できたのは、良い人生の師に出会えたおかげだと思っている。最初のザックの師は、音楽の教授だった。「雑用は何でも引き受けていましたね。教授のオフィスの掃除もしました。大したことじゃないかもしれないけど、教授の知識を分けてもらっていることへの、僕なりのお礼のつもりでした」。NYUで勉強をしていたときには、歴史経済学者の手伝いとして記録保管所に行き、1970年代に起きたニューヨーク市の財政危機に関する何千ページもある退屈な政府の文書を読み込んでは、大事な部分のコピーをとった。「どちらの場合も、お互いにプラスになるような関係が築けていたと思います」とザックは言う。「相手から何かを受け取るだけじゃなくて、また相手にも何かを返せるような」

人生の師というのは、見返りも求めず誰かのために多くの時間を割いてくれるような人を指すのだと、ザックは思っている。だからザックも、人生の師と思える人に対しては、できるだけ役に立てる存在でいようと心がけるようになった。「どうすれば、何かを学ばせてもらっている人たちの力になれるか、いつも考えるようにしています。近くにいるだけでも、まるで浸透作用が起きるみたいに、その人たちの知識を吸収させてもらえるわけですから」

ケンブリッジ・サマーヴィル青少年研究のカウンセラーは、少年たちの人生に良い影響を与えることはできなかった。それに対して、ザックの人生の師からの教えは、彼の人生に大いにプラスに働いた。ザックは、彼の師の教えが活きたのは、自分たちの関係が制度の枠組みの外にあったからこそだと思っている。ザックは会員制のプログラムや組織に参加していたわけではないし、プロの指導員としてのトレーニングを受けたカウンセラーが彼についていたわけでもない。ザックの場合は、日常生活で求めた学びの機会から自然発生的に生じた関係の中での教えだった。

ザックは言う。「僕の場合は、学びたいことがはっきりしていたし、若い人たちに『好影響』を与えようという一般的な感覚から派生した関係じゃありませんでした。音楽や経済を学びたくて、自分から積極的に動いて築いた関係が人生の教えにもつながったんです。教えるほうも教わるほうも、自発的に相手のために何かをしようといていた点で、大勢の人に『好影響』を与えようとする指導プログラムとはまるきり性質が異なります。車でどこかに連れていってもらったり、人生のアドバイスをたくさんもらったりしたことはありません。ふたりとも、いつもこんな感じでした。『クラシック音楽はこうやって分析するんだ。家に帰ってこの曲を分析して、来週ここでどうやって分析したか見せてみなさい』『これが主観的価値論で、これがその理論が重要な理由だ。家に帰ってXYZという論文を読んできなさい。来週その論文について議論するから』。だから、友達とは全然違います。僕にとっては人生の師ですが、間柄としては、20世紀の善意のソーシャルワーカーとの交流というより、中世の鍛冶屋の見習いと親方と言ったほうが近かったんじゃないかな」

ジョアン・マッコードは研究を通して、社会福祉プログラムは万能ではないと示してみせた。ザックは自分自身の人生で、一般的な教育システムという大掛かりな「社会のプログラム」が合わない人間もいるのだと示してみせた。教育システムが機能しないのは、その学校のシステムが破綻していたり、当人がシステムの枠にはまりきれていなかったりすることが理由だが、その両方が当てはまる場合ももちろんある。しかしどんな場合でも、生きがいのある充実した人生を送るには、その人自身の自主的な努力もまた必要なのである。

ザックは人生の師からの教えと独自の学習経験を通して、自分にも、厳しい状況を乗り越える自分の能力にも自信が持てるようになった。ひと言で言えば「やり抜く力」を身につけたのだ。あなたのやり抜く力を伸ばしていけるのは、やはり何と言っても、あなた自身に他ならないのである。[20]

自分に適した学習法を見つける

ザックのこれまでの人生は、私たちに自分たちの学習について考えるよいきっかけを与えてくれる。すべての人に有効な教育システムや成功の法則は存在しないことを、私たちにあらためて認識させてくれるからだ。ザックは、非行に走って発散していた彼のエネルギーを学習に向けて、人生を前向きな方向に転換させた。自分に適した学習の仕方がわかれば、あなたもこれからの人生のチャンスをあらゆる意味で広げることができる。これを機会に、あなた自身の学習法と、学習してたどり着きたいあなたの目標について考えてみよう。あなたがたどり着きたい目標は何だろうか？　どうすればその目標にたどりつけるだろうか？「学習の目標」と見出しをつけ、あなたの考えを書き出してみよう。

第6章 シンガポール

未来を見据える国

パトリック・テイは、私が今までに会った人たちの中でも、とび抜けて陽気で親しみやすい人柄の持ち主である。だが、彼はただ明るいだけの人物ではない。

パトリックは弁護士資格を持ちながらも、重要な公職を2つ兼任している。ひとつは、ウエストコースト地区選出のシンガポール国会議員。もうひとつは、肩書きだけを見るとかなり仰々しいが、全国労働組合会議（NTUC）の事務次長補および法務・PME部長（PMEは「Professional＝専門職」「Management＝管理職」「Executive＝役員」の意）である。パトリックは、なんとか暮らしていくのがやっとの下流中産階級の家庭で育った。2002年にNTUCに入る前は、数年間、警察官として働いていたこともある。

シンガポールは非常に小さな国だが（全人口の550万人が、東西の長さが平均約30キロの小さな島に暮らしている）、この国の実情を把握するのはそう簡単なことではない。この小さな都市国家は、長さ約1300キロのマレー半島の突端に、まるで半島の終わりに打たれたピリオドのように、海峡をはさんで位置している。中国系、マレー系、インド系をはじめとするさまざまな人種を抱える多民族国家で、そうした多種多様な人たちが、自分たちはシンガポール人だという共通認識のもとにひとつにまとまっている。学校教育で使用されている言語は英語だが、ほとんどのシンガポール人は英語、標準中国語、数多くある中国語の方言のどれか、マレー語、ドラヴィダ語族に属するタミル語のうちの2、3種類の言語を話す。

天然資源が一切ないという点においても、シンガポールは異色である。シンガポールにあるのは、貿易のための大型貨物船が接岸できる喫水の深い港くらいのものだ。全人口分の需要を賄う水資源すらない。貴重な水の一部は、決して常に友好関係にあるとはいえないマレーシアから海峡の土手道を通して運ばれてくるが、国内でも、海水の淡水化技術を使って水を作り出している。シンガポールで開発されたこの優れた技術は、今では世界各地で利用されてい

シンガポールの国会議員であり、全国労働組合会議でも重職にあるパトリック・テイは、キャリアレジリエンス強化に向けてのシンガポール独自の斬新な取り組みに大いに貢献してきた。この写真はジムにいるパトリックを写したもの。パトリックはテコンドーの黒帯取得者でもある。

る。

1965年当時には、識字率や計算能力など、労働に必要なスキルの普及率はわずか57パーセントしかなく、シンガポールの失業率は2桁だった。[1] もしそのまま文化的・教養的に遅れた状況から抜け出せないでいたなら、シンガポールは第二次世界大戦後に大英帝国の植民地支配から独立した多くの国と同じように、その後の経済発展に苦慮していたかもしれない。

だがシンガポールはそうはならなかった。

目覚ましい発展を遂げ、シンガポールの失業率は現在ではわずか2パーセントしかない。今や世界で最も失業率の低い国のひとつとなっている。[2] ひとりあたりの国内総生産も世界平均を321パーセント上回る、驚くような数字が出ている。[3] また、シンガポールはPISA(15歳の学生を対象にした国際的な学習到達度調査。数学、読解力、科学の3分野で行われる)で世界トップクラスの成績をあげる常連国でもある。[4] 犯罪率も非常に低く、深夜になっても、親は特に心配もせずに10代の子供たちを街の中心部に遊びに行かせている。近所のレストランでの昼食の集まりに早く着きすぎてしまったシンガポール人女性は、トイレに行きたくなると、場所取りのためにわざわざハンドバッグをテーブルの上に置いたままにして席を立つ。シンガポール人も、他の国の人々同様、日々の忙しさや生活費の高さについて文句を言うが、それでも、彼らの生活は他国の人々が不満をもらす多くの社会的な害悪と無縁であることは間違いない。

シンガポール発展の鍵は、この国の学習習慣とキャリアレジリエンス(訳注:キャリアに関する挫折を経験しても、立ち直り成長していける逆境に強い能力)への取り組みにあるのではないかと思った私は、パトリックと話し、この点について確かめるために、NTUCセンタービルの20階にある彼のオフィスを訪ねた。32階建てで鏡張りのビルは、ビジネス街の中心地に位置していて、各部屋に専属バトラーがつくという格調の高すぎるラッフルズホテルの有名なコロニアル建築からも歩いてすぐの距離にある。シンガポール川の河口からも近く、入り江の向こうに、船の形の空中庭園をてっぺんに乗せた特徴的なマリーナベイサンズホテルを見渡せる眺めは壮観である。

パトリックは、肉体の健康は精神の健康にもつながると意識している人に特徴的な、まっすぐに伸びた背筋とがっしりとした体つきの持ち主である。彼の親しみのこもった満面の笑みを見て、私はすぐにリラックスする。彼はまず、結婚していて子供が3人いることから自分について話し始める。パトリックが大学に進学できたのは、政府の奨学金のおかげだった。シンガポール国立大学に進み、4年間の法学課程を終えた。卒業後は6年間、国のために働くことがその奨学金の支給条件だったため、その後パトリックは多くの学生が選ぶ検事職ではなく、あえて警察を選んで働き、働きながら法学の修士号を取得した。専門は国際法と国際ビジネスである。

だが、国際法を学びながらも社会貢献活動にも関心があったパトリックは、その間、常に人々の役に立てるような機会をうかがっては、地域の活動や法律関連のボランティアに積極的に参加していた。そのほとんどは、貧しい人たちのための法的支援活動である。

6年間の警察勤務を終えた後は、弁護士として活動を始めるつもりだった。だが、NTUCから採用のオファーがあった。パトリックの積極的な地域のボランティア活動への参加と、弁護士としての確かなスキルが評価されたのだ。

2002年に、パトリックはNTUCで働き始めた。彼は時間の流れの速さに、信じられないというように首を振る。「もう14年も前ですよ。こんなに長く働けているのは、ここでの仕事にやりがいが大きいからだと思います。自分が推奨したことが実現して誰かの役に立つ過程を実感できますからね。それも、5人や10人単位じゃなく、時には何千人や何十万人単位の人の役に立てることもある。それが嬉しくて今まで続けてこられた気がします」

パトリックはNTUCの仕事で、造船、保険、医療とこれまで実にさまざまな業種に関与してきた。現在は金融業界が彼の担当である。パトリックは言う。

「今までの自分の活動や仕事を振り返ると、煎じ詰めれば、いつも労働者の利益や福祉の向上につながることばかりしてきた気がします。私の経験上、働く人たちの最大の関心事は、自分が雇用状態にあること、そして今後も雇用され続けるための能力やスキルを身につけることです。私たちはシンガポールへの投資を促し、労働条件の良い雇用や高所得の雇用を国内に生み出さなければなりません。でも同時にそれらは、シンガポールの労働力に合った雇用である必要もあります。労働者の年齢層や所得レベルや職種など、国内の労働力の構成は常に変化し続けていますから」

シンガポールでは、雇用を取り巻く状況の変化に対応するために、世界の中でもかなり積極的な取り組みが行われている。世界の先進諸国の大半では、現在、同じような変化が起きている。教育に力を入れた結果、労働力は専門職や管理職もしくは役員レベルの職種に偏向し、全般的な人口構造の変化に伴い、労働力の高年齢化も進んでいる。技術革新による自動化で消滅する可能性のある仕事は増える一方で、努力して習得した技術も、テクノロジーも、対人スキルでさえも、技術の進歩や状況の変化とともにその価値が失われてしまうため、人々は常に、新しいソフトウェアや別種の装置の使い方や、新しいマネジメント法を習得していかなければならない。以前は、キャリア形成の過程というのは庭の踏み石の上を一歩一歩進んでいくようなもので、各段階でゆっくりと時間をかけることができた。だが現代では、ベルトコンベアーに乗せられているように状況が目まぐるしく変化してしまうため、キャリアのどの段階にいようが、常に学び続けていなければすぐに後れをとってしまう。

パトリックの言葉からは、彼の労働者に対する懸念がよく伝わってくる。「職務の再設計は必要でしょうし、労働者のスキルアップを図って再設計後の新しい仕事に就けるようにもしていかなければなりません。そのためには、全員の協力が必要です――労働者も、雇用主も、政府も、そして、長期的な見地から見れば、私たちひとりひとりの協力も」

労使間の協調をはかるため、シンガポールでは、政府と労働組合と使用者団体の三者が協力し、三者の合意のもとに労働政策を策定するという「三者主義」体制がとられている。「これがシンガポールの労働政策の基本であり、特徴でもあります」とパトリックは説明を続ける。「三者の合意のもとに物事を進める方法自体は新しいものではありません。国際労働機関もずいぶん前から政府、使用者、労働者の代表が協議をして労働政策を立案する『三者構成原則』を採用しています。でもシンガポールの三者主義の特徴は、三者間の関係性にあるんです。実は今朝ここに来る前、水曜恒例の三者間の朝食会に出席して、今ここであなたと話しているのと同じテーマについて議論してきたばかりなんです。使用者団体と政府と労働組合が同じ部屋で意見を交わし合う国というのは、あまり例がありません。私たちには、経済のパイを奪い合うのではなく、経済効率を上げてパイそのものを大きくするという共通の目標があります。三者間でパイの切り分け方を決めるような感覚で労働政策を論じるべきではないと思っています」

三者間の協調が肝なのだとパトリックは言う。ひとつの部屋に集まって冷静に議論を交わせば、労働関連の案件をさまざまな視点から検討することができる。労働者ひとりひとりは何をすべきだろうか？　職務の再設計や自動化、新技術の導入や生産性の向上に関して、企業はどう責任を負うべきだろうか？　労働者の可能性を引き出すために、政府には何かできるだろうか？　そして労働者の可能性を引き出せるような枠組みや政策を生み出せる社会にしていくために、私たちにはどんなことができるだろうか？　シンガポールではこれらの課題がきちんと認識され、ホワイトカラーが主流の高齢化しつつある労働力に対応するためのさまざまな試みがなされている。

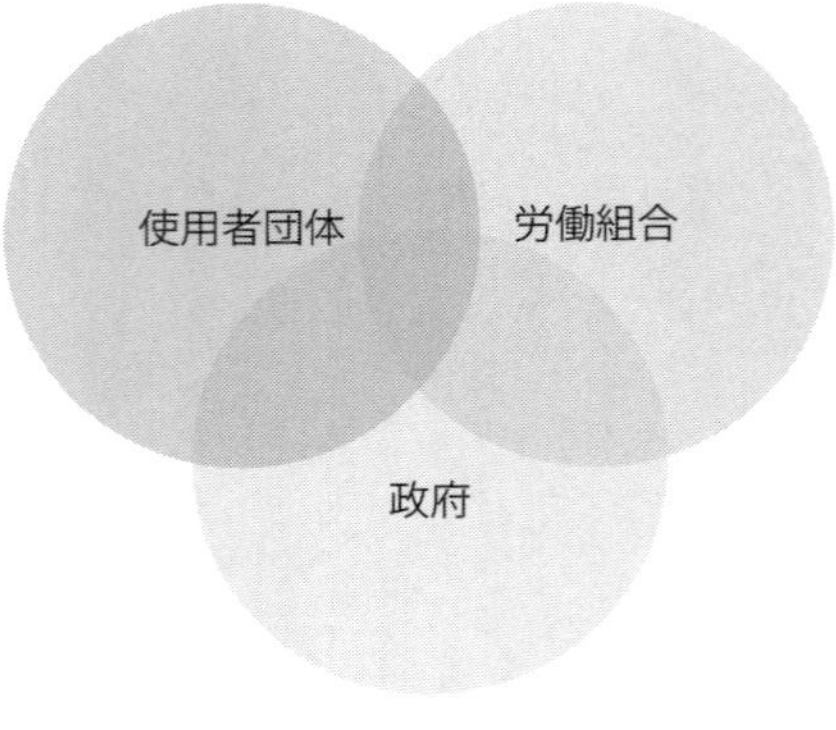

パトリック・テイの頭の中にはすでに、シンプルで、それでいて有効な解決策が用意されている。

使用者団体
労働組合
政府

シンガポールでは、政府と労働組合と使用者団体が協調する独自の「三者主義」アプローチで労働政策が策定される。定期的に開かれる会合でまったく立場の違う三者が顔を合わせ、個人的な関係を深めながら政策の合意点を探っている。

「T」対「π」――キャリア形成へのアプローチ法

これまで、キャリアはT字型のような形で発展すると考えられていた。まずはひとつの分野に特化した専門知識（会計や機械工学や20世紀のイギリス文学など）を身につけ、その深い知識に、あとから専門性の少ない多くの「水平」なスキル（コンピューターを使いこなす能力や、対人スキルや趣味の木工のスキルなど）が加わっていくという考え方である。だがパトリックは数年前から、キャリア形成への別のアプローチ法を提案している。2つの分野で専門知識を身につけ、そこに別の分野の知識やスキルを少し足すもので、パトリックはこれを「π型のアプローチ」と呼んでいる。

以前は、キャリア構築の過程というのは庭の踏み石の上を一歩一歩進んでいくようなもので、各段階でゆっくりと時間をかけることができた。だが現代では、ベルトコンベアーに乗せられているように状況が目まぐるしく変化してしまうため、キャリアのどの段階にいようが、常に学び続けていなければすぐに後れをとってしまう。

現在の雇用を取り巻く状況を考えれば、専門分野はひとつに絞るべきではないとパトリックは考えている。2つの専門分野を獲得するのはたやすいことではない上に、努力して2つの分野の知識を身につけたとしても、まだ世の中に無数にある分野の中のたった2つに過ぎないが、それでも専門分野は以前の倍になる。仕事の選択肢も適応できる職種の幅も、それまでよりはずっと大きくなるのだ。

そういった観点からも、「2つ目のスキル習得」はキャリアレジリエンスを高めるうえでは必須だとパトリックは認識している。もちろんあなたがすでに、かなり専門性が高く習得の難しい、たとえば医師としてのスキルを身につけている場合などは、ちょっと別の分野に手を出して、同じように習得の難しい弁護士などのスキルを身につけるわけにはいかないだろう。だが、あなたのひとつ目のスキルが何であれ、2つ目のスキルは自分を守る手段になる。ちょっと手を出すというよりは、ほんの少し深いくらいの別分野の知識を身につけられれば十分である。2つ目のスキルは、ひとつ目のスキルを補完するものとして、もしくは個人的な状況が変化したときの新たなキャリアの選択肢として利用できる。パトリックが勧めるアプローチには、私たちには自分で思っているよりももっと多くのことを学ぶ能力があるというメッセージも言外に込められている。

シンガポールのような先進国では、キャリアチェンジなど容易にできてしまうのではないかと思われがちだが、シンガポールの経済も、常に安定しているわけではない。パトリックが生まれて以降に限っても、他の先進諸国同様、景気変動は何度もあった。

π　T

シンガポールではこれまで、世界の他の国々同様、ひとつの「深い」専門分野の知識に、その他の多くの一般的な知識や趣味の知識が足されていく「T字型」のような過程をたどってキャリアが発展していくと考えられていた。だがパトリック・テイは、2つの分野で専門知識を身につけ、そこに別の分野の知識や能力を少し足す「π型」のキャリア形成へのアプローチを推奨している。「2つ目のスキル習得」とも呼ばれるこの方法を使えば、目まぐるしく成長し、変化し続ける社会の中でのレジリエンスを高めるだけでなく、適応できる職種の幅を広げることもできる。

1998年にはアジア通貨危機があり、2003年の重症急性呼吸器症候群（SARS）の流行時にはアジアの観光業は甚大な被害を受けた。そして2008年には、米サブプライム住宅ローン問題に端を発した世界金融危機も起きている。

「自動化による仕事の消滅だけに限って言えば、専門分野はひとつだけという人でも、その分野のしっかりとした知識があれば、あと2、3年は影響を受けずにすむかもしれません。でも、状況は急速に変わりつつあります」とパトリックは言う。「事業の縮小や人員削減、リストラ、海外委託などはすでに起きていますし、こんな状況でひとつの分野のスキルしか持たないのは危険です。将来に備えて、2つの分野で専門知識を身につけておくべきです。たとえば、銀行で働いていて、ある特定の業務や、ある特定のソフトウェアやその使い方に関するしっかりとした知識を習得していたとしても、その特定の金融商品や業務が消滅したり、業務が海外へ移されたりしてしまったら、その人は不要になってしまいます」

私は、毎日フルタイムで働いている人が2つ目のスキルを身につけることが可能なのかどうかを尋ねた。たとえば、銀行員が2つ目のスキルを身につけるにはどうすればいいのだろう？

銀行は特に2つ目のスキルが必要な職種だとパトリックは言う。金融業界は不安定で、たとえば、目標の数値を達成できなかった銀行の幹部などは、真っ先に解雇の対象になってしまう。二次的なスキルの習得は必須である。それに、フルタイムで働いていても、2つ目のスキルを驚くほどシンプルに作り上げる方法はある。すでに持っている初歩的なスキルを発展させればいいのだ。

たとえば銀行には、地域の取引先と長期間にわたって緊密な関係を築いて情報を蓄積し、取引先に適切な融資を行う「地域密着型金融」という業務がある。この業務を担当する銀行員には通常の銀行業務のスキルだけでなく、対人スキルも求められる。そして対人スキルは、別の分野でも十分応用が可能である。カウンセリングやソーシャルワークがその良い例で、人口の高齢化やその他の社会的な課題に対応するために、シンガポールでは需要の多い分野でもある。地域密着型金融担当の銀行員が、もし今の自分のスキルを発展させて、2つ目のスキルとしてカウンセリングを習得したとしたら、その人はいつでも需要の多い社会福祉業界に転身できることになる。経済危機が起こったときの予備のキャリアを用意できるのだ。

シンガポールでは、2つ目のスキル習得を奨励するために国民に学費が支給されている。支給は若い人にも年配の人にも一律だが、40歳以上の人がカウンセリングプログラムを受講して認定書を取得するときには、支給額は増加する。カウンセリングの資格が彼らの現在の仕事に関連しているかどうかは問われない。つまり、労働者が現在の仕事に関連したスキルを習得するときにだけ資金が提供されるような雇用主による支援プログラムとは違い、政府は現在の職業には直接関係のない、個人的な動機に基づくスキル習得のためにも学費を支給しているのだ。個人の選択による生涯学習を、国全体で後押ししている。

パトリックの政府への働きかけの甲斐もあり、シンガポールでは、支給される学費を簡単に利用できるシステムも構築されている。「スキルズ・フューチャー」と呼ばれるプログラムがそれで、25歳以上のシンガポール人には全員、このプログラムのオンライン口座に500シンガポールドルが支給される。雇用主の意思とは無関係に、自分たちが望むスキルの習得に使えるお金である。「500シンガポールドルは大した金額じゃないと思われるかもしれません」と言ってパトリックが補足する。「でも、スキル習得プログラムの多くは、費用の80パーセントから90パーセントがすでに助成されているんです。だから、支払わなきゃならないのはその差額分だけで、500ドルは、以前は自分で支払っていたその差額分に使うためのお金です」

雇用主ではなく個人を対象に2つ目のスキル習得を支援するのは、労働者ひとりひとりにスキル形成意識を高めてもらうためである。このプログラムを利用すれば、スキルアップをしたり、複数のスキルや再就職に向けての新しいスキルを習得したり、今の仕事を続けながら2つ目のスキルを習得したりと、労働者は自分の意思でキャリア構築のためのスキル形成方法を選択することができる。またその一方で雇用主に対しては、労働者のスキルアップに積極的に取り組めるよう、労働者に現在の仕事に関するトレーニングを受けさせる場合の費用を助成する枠組みが別途設けられている。

「以前働いていた会社で一度に大勢の人を採用することになったとき、選考過程で、ある記事を見せられたことを覚えています。同じ仕事を6カ月続けた人と6年続けた人を比べてみても、スキルにはあまり差がないことが多いそうです。2つ目のスキルを習得するのは、多くの人が考えるほど難しくないと思います。スキルは通常、直線ではなく対数的な成長曲線を描いて伸びていくものです。つまり、深い専門知識を身につけるまでには時間がかかるかもしれませんが、上達が緩やかになり始めるポイントまでなら、極めて短期間のうちに到達できるということです。そしてたいていは、その時点までの知識で新しい分野で働くための足がかりとしては十分なんです。僕個人は、いろいろなスキルを習得するのを楽しんでいます。最初の急速にスキルが身につく過程は毎回わくわくしますよ」――ブライアン・ブルックシャー（ブルックシャー・エンタープライズ、オンラインマーケティング・スペシャリスト）

第二のスキルの習得

急速に変化している今日の雇用を取り巻く状況を考えれば、2つ目のスキルは習得しておいたほうがいい。現在の仕事とは別の分野のスキルがあれば、あなたの仕事に予想外のことが起きたときにも、次の仕事が見つけやすくなる。

実用性、個人的な興味、それとも高収入？

パトリックは、習得する2つ目のスキルを選ぶ基準には2種類あると説明する。ひとつ目は、仕事関連の動機に基づくもの。現在の職業をもっと極めるために、もしくはキャリアアップのために必要な2つ目のスキルを習得したり、失業して職種を変える目的で別のスキルを習得したりするケースである。そしてもうひとつ、仕事とは無関係に、自分の興味や関心から2つ目のスキルを習得する場合もある。

たとえばパトリックには、ＩＴの仕事をしながらも、ビジュアルデザインとグラフィックデザインが好きでたまらない友人がいる。本業はバックオフィスのＩＴサポート技術者なのだが、彼は３Ｄデザインとグラフィックデザインのトレーニングを受け、今では、ＩＴの仕事を続けるかたわら、副業としてフリーランスで情報デザインの仕事を請け、かなりの収入を得ている。

「２つ目のスキルは、仕事の観点から選んでも、個人的な興味の観点から選んでもいいんです」とパトリックは言う。もちろん、そのどちらの条件も兼ね備えていれば理想的であることは言うまでもない。

仕事の観点から選ぶ場合は、雇用傾向や雇用予測を見て、需要の高そうな分野を選ぶのが最良の方法だ。シンガポールでこれからの5年から10年の間に成長が見込まれているのは、先進製造業、医療、航空宇宙産業だそうだ（単純な製造業は、シンガポールから製造コストの低い中国やその他の国々に移転される傾向にある）。人口の高齢化に伴い医療サービスの需要が上昇傾向にあることと、シンガポールでは現在、航空宇宙産業団地が建設されていることが理由らしい。

普通の技術者は？　技術者が習得できる２つ目のスキルには、どんなものがあるのだろう？

「技術者はプロセスを重視した論理的な考え方ができますから、需要が見込まれるこれらの分野のどのスキルでも習得できるんじ

個人的な興味

仕事関連

２つ目の
スキル

習得する２つ目のスキルは、仕事関連のニーズから選んでも、もしくは個人的な興味から選んでもよい。だが、どちらの条件も兼ね備えていれば理想的である。

ゃないでしょうか」とパトリックは答える。「トンネル技術者や坑内採掘技術者だったら、２つ目のスキル習得のトレーニングを少し受ければ、医療のサプライチェーンの効率化ができるかもしれません」

当然、家族を持とうとするタイミングで、２つ目のスキル習得について考え始める人も多いだろう。自由に使える自分の時間が限られていても、２つ目のスキルは習得できるのだろうか？　パトリックは、時間の余裕がなくても職種を変えたという彼のふたりの友人について教えてくれた。ふたりとも、きっかけは写真への興味だった。ひとり目の友人は、家族を趣味に引き入れた。彼が、動き回る子供たちの写真やビデオを撮ってはフェイスブックに投稿していたところ、その出来の良さを称賛するフィードバックが相次いだ。そこで自信をつけた彼は、15年間勤務していた警察を辞め、フリーランスのカメラマンとして活動を始めた。ＩＴの仕事をしていたもうひとりの友人も趣味として写真を撮りはじめ、その後、７年間と少し働いたコンピューター業界を後にした。元警官の友人と同じように彼もプロのカメラマンになり、イベントや結婚式の撮影を請け負ったり、静物や自然の写真を撮ったりしながら、今では世界各地への撮影旅行の手配もしている。

パトリックは言う。「ふたりとも、趣味で始めたことが、趣味の域を超えて仕事になりました。僕自身もそうです」。パトリックも今の仕事に就く前は、地域の大学で、純粋な趣味として、雇用法や労働法、労使関係を扱う大学生向けのワークショップを開いていた。パトリックはその他にも、水泳コーチとテコンドー指導者の資格も持っている。

私はパトリックに、彼のキャリア形成は、彼自身が勧めるπ型のアプローチをとっていないではないかとあえて指摘してみる。さまざまな分野にスキルがあって、πというよりはまるで櫛の歯のような形に見えるのだ。だがパトリックの答えを聞いて、私は納得する――時間的にも金銭的にも余裕がないときは特に、すでに知識のある分野から2つ目のスキルを形成すべきだ。人間は自分で思っているよりも多くの才能や能力を秘めている。2つ目のスキルを習得するのは、仕事のためだけではない。さまざまな得意分野が持てるという、人間の多角的な能力に敬意を払うことでもあるのだ。

きのこ型、積み重ね……

キャリア形成へのアプローチ法を考えるときには、何かの形になぞらえてみるとイメージがつかみやすい。T型とπ型以外の選択肢としては、太くしっかりした軸と幅広の傘の両方を備えるという、「きのこ型」のアプローチがある。たとえば、アメリカで販売業を営むロドニー・グリムは、本業として電子機器の販売を手がけながらも、その一方で機会を見つけては、ひとつのエリアからまた別のエリアへと業種を変えて本業に関連する多くのスキルを身につけている。まずは海軍の技術者から始まり、次に携帯電話の技術者として働いた後、携帯電話の販売をして、その後は製造業にも従事した。その結果、必要なスキルが充実しただけでなく、彼の会社の顧客もさまざまな業界に広がり、

「T型」と「π型」アプローチの他にも、キャリア形成への有効なアプローチ法はいくつかある。その中のひとつが、幅広い一般的なスキルを、しっかりとした専門知識の太い軸で支える「きのこ型」である。

その過程で身についたプログラミングのスキルもまた頻繁に役に立っている。

　同種の方法に、エンジニアを主人公にした人気風刺漫画『ディルバート』の作者スコット・アダムズが、自身の成功理由として説明してみせた「能力の積み重ね」というアプローチ法がある。[5] これは、決してアダムズが多くの才能に恵まれているから成功できたという意味ではない。アダムズにいろいろな能力はあっても、ほとんどは平凡なレベルのものに過ぎない。だがそれらが積み重なってひとつになると、結果的にすばらしい能力ができあがる。本人の言葉を借りれば、アダムズは平均的な文章力に、やはり平均的なビジネスとマーケティングとソーシャルメディアのスキルしか持たない二流のアーティストである。だがそれらの、凡庸なスキルをひとつに合わせてみると、アダムズが漫画家として成功した理由が明確に見えてくる。

　多くの人は、ある特定のプログラミング言語など、何かひとつの専門的なスキルの習得だけに気をとられてしまい、その他のスキルのことを忘れてしまいがちである。だが、たとえばユーモラスで効果的な話し方ができるといった専門性のないその他のスキルも、私たちの「能力の積み重ね」の一部としてすばらしい効果を発揮してくれるのだ。

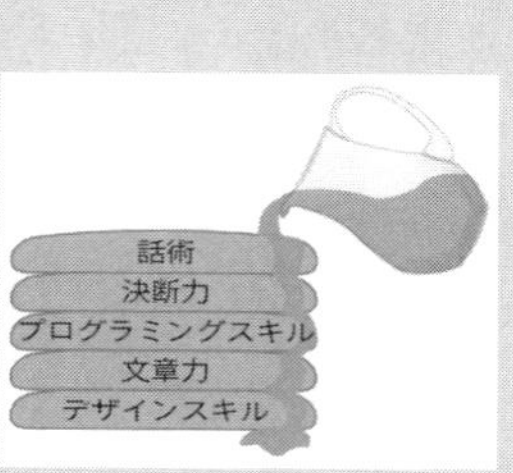

スコット・アダムズは、『ディルバート』の成功は「能力の積み重ね」でキャリアを構築してきた結果として得られたものだと説明している。私たちはつい忘れてしまいがちだが、ある特定の分野の専門知識を身につける以外にも、キャリアを成功させる方法はあるのだ。

快適に暮らせるだけの収入が得られることも仕事の大事な要素だと、パトリックは認識しているし理解もしている。だがパトリックには、収入の良さだけを基準に仕事を選ぶ人たちがどうしても腹立たしく思えるらしい。「銀行や金融の仕事を格好いいと思う人はたくさんいます。金融業界で働く人がフェラーリやランボルギーニみたいな大きな車を運転したり、飛行機で世界を飛び回ったりしているところばかりが目につくからでしょう」。それに銀行のオフィスはエアコンがきいているし（蒸し暑いシンガポールでは重要なポイントだ）、ゴルフや、高価なワインと食事が楽しめる機会も多いですしね、とパトリックは付け加える。

だが実際の金融業界は、多くの人が思うほど甘いものではない。「ランボルギーニやフェラーリに乗れるようになるのは、おそらく1000人に1人くらいでしょう」とパトリックは言う。毎週、毎月、そして3カ月ごとに、達成しなくてはならない業績目標の数値が設定されている。そのうえ「人が解雇されることはしょっちゅうです。かなり苛酷な仕事ですよ」。

その後、パトリックはこう続けた。「シンガポール国立大学の工学部を出た学生でも、半数は結局金融業界で快適で割のいい仕事が見つかるんですよ。工学部の知識はビッグデータの管理やデータ解析管理に活かせるので、エンジニアにはなりません。オフィスはしゃれているし、初任給もエンジニアになるよりずっといい。いわばちょっとしたセレブのような生活が送れると期待するわけです。彼らが思うほど、楽でうまみのある仕事じゃないんですけどね」

問題は、甘い期待と厳しい現実が真っ向からぶつかってしまうことである（キャリア構築の過程で起こりがちなことではあるが）。それに言うまでもなく、誰もが業界トップの2パーセントにまで出世できるわけでもない。仕事のやりがいは、業界のトップにいなくても十分感じられるものなのだが。

キャリア初期の失敗を防ぐ

人は、22歳の時点でその先の人生の方向性をきちんと決められるものだろうか？　キャリアの行き詰りの原因が、もとを正せば、ごく若いうちに職種を決めてしまったせいだったことはときどきある。しかしだからと言って、ある一定の年齢になるまでキャリアの選択を遅らせれば問題解決につながるものでもなく、それはそれでまた別の多くの問題を生み出してしまう。長期にわたるトレーニングが必要なキャリアの場合はなおさらだ。

この点に対処するために、シンガポールでは学生たちの生活に早い段階からキャリアカウンセリングを導入している。できるだけ早いうちからカウンセリングを始め、学生たちに憧れの職業の現実や、その職業に求められる能力などについて、できるだけ多くの情報を集める時間を持ってもらうことが狙いである。シンガポールの具体的な取り組み例としては、「ラーニングジャーニー」と呼ばれる社会科見学や、学生たちがインターンシップや職業教育に参加できる制度があるが、どれもかなり早い年齢から始められる。また、ＮＴＵＣ運営の「ｎＥｂＯ」のような、10代半ばから上の若者たちに特定の企業や業種の仕事について知ってもらうためのグループプログラムも複数用意されている。パトリックによれば、これらの取り組みによって「労働環境の厳しい業種を選んだ後で現実を知って驚かずにすむ」ようになるため、理想と現実のギャップが最小限に抑えられ、学生たちは社会人生活へとスムーズに移行できる。

しかしやり方はどうあれ、キャリア教育に妥協点はつきものである。たとえば、16歳のときにカウンセリングを通して自分の将来のキャリアを選択した学生がいたとする。だが16歳というのは、将来の職種をひとつに絞り込んでしまうにはまだまだ若すぎる年齢である。それでも、その仕事についての情報を集める時間はできるため、選んだ仕事の実態を知らずに就職するよりは、社会に出たときに不満を抱える可能性は少なくなるだろう。

そのプラス面とマイナス面の両方を踏まえたうえで、私は自分自身に尋ねてみた。学校にいるうちは、できるだけ長く学生たちに自由なキャリア選択の幅を持たせたほうがいいのだろうか？　それとも、学生たちに自分に向いていると思える特定の職種を選ばせてしまったほうがいいのだろうか（それも早いうちに）？

これらの答えを見つけるために、私はすぐ近くにあるシンガポールの官庁街へ足を向けた。

大局的な視点

スーン・ジョー・ゴク博士は、教育省の法定機関であるスキルズ・フューチャー・シンガポールの統括研究官兼グループディレクターである。ほっそりとした見た目にもかかわらず、エネルギーのかたまりのような女性で、学習とはどうあるべきか、またどのようにして学習するのが良いのかを、一個人としての視点からだけではなく、国の発展に結びつけるための政策という形でこれまでずっと真剣に考え続けてきた。また彼女は、シンガポールに住む多種多様な人たちに生涯学習習慣を根付かせようと熱心に取り組んできた人でもある。

総勢300万人というシンガポールの労働力は、ゴク博士と彼女のチームだけでは到底カバーしきれないため、彼女のチームは、雇用主、事業者団体、労働組合、大学や職業訓練施設などの教育・訓練機関と連携しながら、人々が学習を通して「変化できる能力」を身につけていけるような社会の実現に向けて取り組んでいる。

「変化できる能力は絶対に必要です」と彼女は言う。「これから未来に向けて、唯一不変なのは変化することだけですから。技術から経済、社会構造や政治機構に至るまで、変わらないものはありません。それに変化のスピードはどんどん上がっています。そうした変化に対応していくために、状況の変化に合わせて自分自身も変化できる能力を身につけておかなくてはなりません」

「私たちがどんなことに興味を持っているかは、選ぶ職種に端的に表れます。でも、自分の興味を基準に職種を選ぶだけではキャリアは成立しません。私たちの希望と機会がマッチしなければ、キャリアの構築はできないのです」――スーン・ジョー・ゴク

希望と機会をマッチさせる

「私たちがどんなことに興味を持っているかは、選ぶ職種に端的に表れます」とゴク博士は言う。だが、従来のやり方どおりに自分の興味を基準に職種を選ぶだけではキャリアは成立しないことも、彼

女は承知している。「私たちの希望と機会がマッチしなければ、キャリアの構築はできないのです」

教育機関や訓練機関と協力してゴク博士が行っている取り組みのひとつに、キャリア関連情報の提供がある。人々と雇用主をつなぎ、ある分野から別の分野へのキャリアチェンジを実現するための情報提供である。そのための措置としてスキルズ・フューチャー・エージェンシーは、労働省の外部機関であるワークフォース・シンガポール・エージェンシーと共同で、仕事に関する情報を入手し、求人情報や必要技能についての情報やコース一覧にアクセスできる、個人と雇用主のためのガイダンスシステムを構築した。キャリアのどの段階にいる人でも、学習の機会や次の仕事の機会を見つけるために利用できるシステムである。キャリアアップやキャリアチェンジを考えているとき、あるいは失業時には、政府運営の機関e2i（雇用と雇用され続けるための能力研究所）や、やはり政府運営の「カリバーリンク」といったプログラムを使って専門のコーチにコンタクトを取り、キャリアカウンセリングを受けることができる。「ジョブズ・バンク」は、雇用主が適切な人材を探したいときに利用できる。

ゴク博士と私がこれまでの自分たちのキャリアを振り返っているうちに、目の前ではポット入りのお茶が口をつけないまますっかり冷たくなっている。私たちのキャリアはどちらも、偶然のめぐり合わせによって生じたようなものだった。私たちがキャリアについて考えていたときに、偶然どんな人と知り合い、私たちの周りにあった限られた本や雑誌の中から偶然何を読んだかに左右されるところが大きかった。だがインターネットの登場で、キャリア選択の方法はすっかり様変わりしてしまった。

ゴク博士は、今の求職者が入手できる情報量が以前と比べてどのくらい多いかを調べて驚いた。音楽に興味があれば、作曲家や演奏家や、音響技術者の仕事がどんなものかをあっという間に調べることができる。偶然にまかせてキャリアを選ぶ必要はほとんどない。マウスをクリックするだけで手に入る、他の人たちの体験談から判断できるのだ。

ゴク博士の推測では、今や学校教育から社会人生活へとシフトする人たちの80パーセント強が、必要な情報を自分自身で入手している。しかし、解雇されたり人員削減の対象になったりしてキャリアの曲がり角に差しかかると、なかには精神的に大きな打撃を受けてしまう人もいる。そこから先の道がすべて絶たれてしまったように感じるのだ。そう感じる理由は、彼ら自身の考え方にもあるとゴク博士は言う。「過去に経験のある仕事以外はできないと思い込んでいる人が多いんです。でも、仕事の選択肢は他にもまだたくさんあるのだと気づけば、そこまで無力感や怒りを抱くことはないはずです」

キャリア資本とレジリエンスの強化に重点を置くシンガポールの就職支援策は、雇用のセーフティネットというよりは、雇

ゴク博士は、小柄で若々しい見た目からは想像もできないほど大きな知性の持ち主である。スキルズ・フューチャー・シンガポール・エージェンシーの統括研究官兼グループディレクターとして、彼女は、ひとりひとりが自主的にスキルを習得していける生涯学習社会の実現に向けた継続的な取り組みの陣頭指揮を取っている。人々の生涯学習への理解を深めることもこの取り組みの一部である。ゴク博士の後ろに見える新しい生涯学習センターでは、小売、幼児教育、情報通信技術など、フロアごとにまったく異なる職業訓練コースが提供されている。シンガポールでは生涯学習促進とキャリアレジリエンス強化のために巨額の予算が投入されている。

用の跳躍台と言ったほうがいいのかもしれない。ゴク博士の同僚のメイ・メイ・ウンは、こんなふうに言っている。「セーフティネットも就職支援のひとつの方法なのは確かですが、そこから抜け出せなくなる危険性もはらんでいます。私たちの支援の仕方は、たとえるならトランポリンのようなものだと思っています。精神的に立ち直って次の準備をしている間は、いったん下に沈み込むかもしれませんが、最後には自分の力で高く飛び上がることができるんです」

小国であるシンガポールでは、高成長産業に重点を置く方針が取られている。薬学研究や医薬開発、物流、運輸、情報通信技術が重点産業として位置づけられているほか、ネットワークセキュリティやソフトウェアコーディング、観光、医療、社会福祉、教育の分野にも力を入れている。

統計上の数字だけを見れば、シンガポールで職を変えるのは簡単そうに思える。何と言っても、失業率は常に2パーセント前後を維持しているのだ。だが、すべての職種で新しい仕事が見つけやすいわけではない。小売業やレストランのテーブル係など、最小限のスキルでできる低賃金の仕事では、転職は確かに容易である。だが専門知識が必要な職業になればなるほど、新しい仕事を見つけるのは難しくなる。たとえば、特定分野の技術職の場合は、雇用主は同じ分野の職歴を持った人材を探そうとするため、応募できる労働者は限られてしまう。

「セーフティネットも就職支援のひとつの方法なのは確かですが、そこから抜け出せなくなる危険性もはらんでいます。私たちの支援の仕方は、たとえるならトランポリンのようなものだと思っています」――メイ・メイ・ウン（スキルズ・フューチャー・シンガポール・エージェンシー、マネー

ジャー）

シンガポールの労働市場へのアプローチ法は、経済の活性化だけを目的としたものではない。良い雇用がある状態にすること、そして良い雇用を創出できる状態にすることも、その意図には含まれているのだという。ゴク博士は言う。「良い雇用は、賃金の額だけを指すのではありません。自分で仕事を改善していける自主性と、スキルアップの機会が持てることも良い雇用の条件です。要は、きちんとした職業意識を持てる環境であることが大事なのです」

経済学者のヨーゼフ・シュンペーターは、経済的な発展には「創造的破壊」が不可欠だと説いた。イノベーションによって絶えず古い経済体制を破壊しなければ持続的な経済発展は望めないとする理論だが、「創造的破壊」によって周囲の状況が目まぐるしく変化しても、シンガポールの人々は、国の職業スキル開発システムを利用して柔軟に対応してくれるのではないかと、ゴク博士は期待している。「社会のシステム全体を進化させていくことが、私たちの機関の仕事です。職業教育システムや大学だけに限らず、人々が変化に対応できるスキルや能力を身につけられるような生涯学習社会を実現し、発展させていくことが目標なのです」

つまり、目指しているのは人々の「キャリア資本」を充実させるシステム作りである。ジョージタウン大学のコンピューターサイエンスの教授、カル・ニューポートは、著書『So Good They Can't Ignore You: Why Skills Trump Passion in the Quest You Love（誰もが無視できなくなるほどスキルを高めよう――「好きなこと」よりスキルアップが適職探しに役立つわけ）』の中で、キャリア資本をこう定義している。「キャリア資本というのは、キャリア構築の強力な手段となる、その人独自の貴重なスキルのことである」[6]

ゴク博士はキャリア資本という言葉をもう少し広義にとらえ、仕事目的以外でも、身につけたスキルはすべてキャリアに役立つ資本になると考えている。「何かを学習するときは、それが仕事のためなのか、楽しみとしてなのか、はっきりと言い切れるものではないと思います。それが将来思ってもみないところで役に立つことがあるからです。カリグラフィーや活版印刷術を学んでいたときのスティーブ・ジョブズが良い例です。彼も、そのときの知識が、のちにフォントの美しさというアップル社の優れた特色のひとつとして活きるとは思ってもみなかったでしょう」

人は大きく変われる

過去に経験のあること以外はできないと思い込んでいる人は多い。だが、型にはまった思考法から抜け出し、自分の可能性に目を向けてみれば、大きな変化や成長を遂げることは誰にでもできる。

機会の平等に向けた能力開発

シンガポールで個人のスキルや能力開発に比重が置かれているのは、誰もが成功をおさめる機会を平等に持てる社会を作り出すためでもある。ただの理想論に聞こえるかもしれないが、シンガポールのような小さな国では、学校から両親、地域社会、雇用主、産業界に至るまで、主な関係者が一体となって、同じ目標に向けて効率よく動くことができるのだ。

ゴク博士は、笑みを浮かべながら少し前に彼女の息子が学校で行ったというプロジェクトについて話し、こう説明を加える。「シンガポールの子供たちがＰＩＳＡで良い成績をあげるのは、単に丸暗記学習の結果だと誤解する人がいます。でもＰＩＳＡは実際には、問題の解決能力を見るためのテストで、丸暗記の学習で結果が出せるようなものではありません。それにシンガポールでは、目の前の学習素材を子供たちにただ覚えさせるような教え方はしていないんです。教育のどの段階でも、深く考えるスキルが身につくようカリキュラムが組まれています。たとえば、文章の読解で必要なのは分析力です。書かれている内容と状況を分析しなければなりません。子供たちは、物語が何を言おうとしているのかを深く理解し、説明するよう求められます。数学では、基礎的な問題解決能力に重点が置かれています。子供たちは論理的な思考法や、課題を解析する方法を学びます。文章読解も数学も科学も、ただの学校の教科ではありません。もっと深いレベルでは、それらの学習を通して人生とのかかわり方まで教えているつもりです」

学校だけが学習の場だと考えるのではなく、もっと大きな視点で学習をとらえるべきなのだとゴク博士は説明を続ける。学習には、家族や地域社会の関与も必要である。ただし、学習のあり方は国や文化によって異なるうえ、家庭生活習慣も国によってまちまちなため、親が子供の学習に関与する度合いは国ごとに差が出てくるだろう。

スキルは、シンガポールでは国家戦略的に重要な位置を占めている。そのため、将来的に企業の成長を促し支えるために、学生たちにどんなスキルセットを習得させ、どんなカリキュラムや指導法をとるかを、教育機関が独自に決定することはない。シンガポールの教育システムは固定ではなく、絶えず更新され続けている。大学などの高等教育機関は、ほとんどが企業と提携し、需要が伸びるスキルセットを特定しているため、学生たちは常にその時点で最も将来性のある重要なスキルを獲得できる。だからと言って、シンガポールでは芸術や文系の分野が軽視されているわけではない。多言語文化が根付いたシンガポールでは、もっと民族構成が単純な国の多くでは想像もできないほど、学生の間に多角的な物の見方が浸透している。

シンガポールでは初等教育は無料で、大学レベルでは、学費の75パーセントが助成されているうえ、多種多様な奨学金制度も用意されている。だが経済的負担の軽減は、学習を促す要因のほんの一部にすぎない。ゴク博士は、教育熱心な親が多いことが、学習習慣づくりの最も大きな要因だと考えている。勤勉さを善しとする社会的風土の影響もある。

ゴク博士は他のシステムについても言及する。「アメリカでは事情がかなり違います。州や自治体にかなりの発言力がありますし、教育システムも全国一律ではありません。非常に学力の高い地区もあれば、そうでない地区もあります。学力の低い学校を変えようとしても、そのためには地域全体を変えなければならないため、そう簡単にはいきません」

シンガポールでは、重い病気や両親の死や学習障害など、大きな困難を抱える一部の生徒に対する支援法もシステム化されている。ノースライトスクールがそのひとつで、シンガポール中のさまざまな学校から、小学校卒業試験に2回以上落ちた生徒たちが集まってくる。ノースライトの教師たちは、教え方に工夫をこらしながら、生徒たちの自信とやる気を育てることに力を注いでいる。たとえばある教室では、教師は生徒に、わからないときは目の前にあるカードを緑から赤に変えるようにと指導している。学校側の励ましや積極的な支援を受けて、両親も子供たちに対するサポート姿勢を強めていく。ノースライトではその他、障害者の就労支援を行うジョブコーチとの体験学習プログラムを導入し、学習障害のある生徒が職業訓練を受けたり、学校から職場へと環境が変化したりする際の負担の軽減にもつとめている。

「教育は学校内だけで行われるものではありません。生涯学習を続けていける環境を社会全体で作り上げていくことが大切なんです」とゴク博士は言う。「誰もが自分の能力を伸ばしていけるような社会を作ることが私たちの目標です」

学習習慣を育てる

学習習慣とは、地域社会や国が一丸となって学習を奨励する文化をつくり、伸ばしていくものである。

社会全体が学習の場

学習習慣を根付かせるには関係者が一体となって取り組まなければならないというのは、口先だけの言葉ではない。スキルズ・フューチャーは、実際に協力機関や地域社会との緊密な連携のもと、生涯学習を生活の一部として習慣化するための試みを行っている。私がゴク博士を訪ねたすぐ後の週末には、生涯学習フェスティバルが開かれていた。楽しみのためでも仕事のためでも、人はいつでもどこででも学べるという思想をはぐくむための催しである。

だが他の多くの国々同様、シンガポールの教育システムも完璧なわけではない。聞いた話では、一部のシンガポール人は、彼らが西洋人ほど創造力が豊かでないのは国の教育システムのせいでもあると指摘しているらしい。また、シンガポール人は試験で良い成績をとったり、何かを記憶したり問題を解決したりするのは得意だが、既成概念にとらわれない考え方をして新しい解決法を見つけるのは苦手だと見る向きもあるようだ。[7] シンガポールの教育システムが、やはりテスト重視の教育を採用している世界の他の国々と同じように、学生の創造力を抑えてしまっている可能性はある。独創的な発想力は、時には学習の障壁になることがある。その障壁を克服するための追加のスキルを、おそらくすばらしい創造力を持つ学生たちは与えられる機会がないのだろう。

ただ、シンガポールが重要な課題に対して果敢な取り組みを行っていることは疑いようのない事実である。早い段階で学生たちの人生の方向性とキャリアを見極める試験的な試みがその良い例だ。少し前、シンガポールでは、国内トップの有識者たちが指揮をとる新しい未来経済委員会の設立が発表された。変化しやすく（volatile）、不確実で（uncertain）、複雑かつ曖昧な（complex and ambiguous）な来たるべき「VUCA」の時代に向けてシンガポールを率いるための戦略を策定するのが目的である。[8] ゴク博士は言う。「シンガポールは常に進化し続けています。私たちがゴールにたどり着いたと考えることはありません。常に進化し続けようという意志があるからこそ、現状をもっと良くしようと絶えず努力を重ねています。シンガポールは、学び続ける国なんです」

学習手段の幅を広げる

シンガポールでは、生涯学習と2つ目のスキル習得を奨励する独自の方法がとられている。学習を続けていく姿勢を維持するために、シンガポールの方法から何かを取り入れるとしたら、あなたにはどんなことができるだろうか？　あなたにはすでに2つ目のスキルがあるだろうか？もしない場合、どんな分野であなたは2つ目のスキルを身につけられるだろうか？　学習手段の幅を広げるためにあなたにはどんなことができるだろうか？「スキルの幅を広げる」と見出しを書き、あなたの考えを書きとめてみよう。

第7章
学習のハンデを克服する

9歳のとき、アダム・クーは喧嘩が原因で小学校を退学になった。中学校では、成績は常に最下位レベルだった。アダムはとにかく授業に集中していることができなかった。

学校の成績が芳しくなかった人たちの中には、本当は頭がいいはずなのに、教材がつまらないとか自分に合っていないと言って、自分以外のところにその原因を求める人がいる。だがアダムはそうではない。アダムは、勉強がとにかくつらくてたまらなかった。教科書を読むのは、授業を聞いているよりもっと始末が悪かった。文字を目で追っていると眠くなってしまうのだ。

アダムが10代の頃に両親が離婚すると、事態はもっと悪化した。突然、優秀な学生向けのコースに通う義理の姉妹ができたのだ。彼女はシンガポールでもトップクラスの学校に通っていたが、アダムの通っていた学校は最下位レベルだった。アダムは嫌になるほどこう言われる羽目になった。「どうしてバネッサみたいになれないんだ?　どうしてバネッサみたいにトップの成績をとれないんだ?」

それから実にいろいろな変化が起きた。41歳になったアダム・クーと私は、シンガポール中心部にある彼のオフィスで会った。アダムは「アダム・クー・ラーニングテクノロジーグループ」を創業して東南アジア最大の教育トレーニング会社に育てあげ、今では同社の経営執行役会長をつとめる億万長者になっている。業界の大物と評される彼だが、自分が若い頃に勉強で苦労した経験を通して得た知識や、自分の人生を変えたきっかけを他の人たちに役立ててもらいたいと願う好人物でもある。

シンガポールへの旅行は楽しい。共通語が英語なおかげで、西洋人にとってはとても動きまわりやすい場所なのだ。アダムの母語も英語である。彼は標準中国語を学ぶのにかなり手こずったらしいが、そのハードルの高さは私たちにもよくわかる。

だがシンガポールには、西洋人にとっては理解しがたい面もある。競争の激しさがそのひとつだ。シンガポールやアジア各地の人口密度の高い地域では、何をするにも何十万人、時には何百万人ものライバルがいるばかりか、ほとんどの場合は目指すゴールまで同じなのである。

アジアでの成功も、世界の多くの地域同様、世間的な価値基準を目安に測られる場合が多い。重視されるのは、職業の社会的な地位、収入の良さ、教育である。そのため親は、子供たちに医師や弁護士になるよう多大なプレッシャーをかける。実際には、誰もがそれらの職業に適しているわけでもなければ、世の中に必要な職業も医師や弁護士だけではないのだが。

アダム・クーは13歳のとき、物事をポジティブにとらえる思考法と新しい効果的な学習法を身につけ、手に負えない劣等生からすばらしい成功者へと変貌を遂げた。彼は今では、人々が成功へ向けて同様の変化を遂げるためのサポートを目的とした事業を運営している。

長期的な成功をおさめるには数学と科学が特に重要だと見なされていて、トップの大学に入り、輝かしいキャリアを手に入れられるように数学で良い成績をとりなさいと、親は子供に発破をかける。シンガポールでは、こうした社会的風潮を変え、芸術家やスポーツ選手も、たとえばエンジニアと同じくらい価値のある職業だという認識を広めようと、さまざまな試みがなされてきた。だが、古い考えはそう簡単に変わるものではない。収入面を考慮すればなおさらである。作家やミュージシャンのような「楽しそう」に見える仕事では、生計を立てることが難しい場合が多いからだ。

学校での成績争いは特に厳しい。進路を決めるための学力テストは、いわば数十万人もの生徒をいっせいにスタート地点に並ばせ、スタート合図のピストルを空に向けて鳴らし、他の生徒たちを振りきってなんとか10億分の1秒早くゴールにたどり着いた数人の生徒にメダルを授与するようなものだ。そのため、差をつけるための競争は入学前の学習準備段階からすでに始まるようになり、子供たちが勉強を教え込まれる年齢は早くなる一方だ。以前は、ケンブリッジAレベル試験（どの大学に入れるかが決まる重要な試験）でAが4つとれれば、上位成績者に入るには十分だった。だが今では、7つAをとらなければ上位には入れなくなっている。

シンガポールではこうした学力テストで生徒たちが受けるプレッシャーを減らそうと、考えて答えを導き出すような柔軟なものにテスト形態を変えていこうとしているが、それでも、生徒たちの進路がテストでまったく容赦なく振り分けられてしまうことに変わりはない。シンガポールほどシステムの変化の必要性を認識していない他のアジア諸国では、進路の別れ方はもっと極端だ。数百万人もの生徒たちがトップクラスの大学の狭き門をくぐるために熾烈な競争を繰り広げ、最終的に点数が足りなかった生徒は、もう少し格下の地方の大学や職業訓練校に追いやられる。しかしその一方では、学力的に中学卒業後は進学できない生徒もまた大勢いるのだ。

シンガポールでは「優秀」な生徒は、アジアの他の国々同様、低学年のうちに高速コースに振り分けられる。理に適った方法である。もっと彼らに合った速いペースで勉強を進めることができるからだ。だが体裁を重んじるアジアでは、自分の子供がどの学力のグループに振り分けられるかは、親にとってても重要な意味を持つ。子供が抱えるプレッシャーは、そのためもっと大きくなる。テストの成績が悪くて落胆するのは本人だけではない。家族もまた落胆させることになるのだ。他人の前で、家族に恥をかかせたも同然だからである。それだけではない。最も学力の低いグループに振り分けられると、周りにいるのは、騒々しく、あまり勉強に対してやる気のない子供たちばかりになる。そうすると、子供たちは授業にもっと集中できなくなるばかりか、自分はできの悪い人間だという思い込みを強くする。良い教師に恵まれるチャンスもない。そうして結局は「自分は、上のクラスの優秀な子供たちみたいには絶対なれないんだ」というマイナス思考のループに陥ってしまう。

一度、学力の低いグループに入ってしまうと、そこから抜け出すのは不可能に思える。周りには負の要素しか見当たらないからだ。

だが、そんな状況からでも巻きかえしはできるのだ——たとえあなたが「あまり聡明とは言えない」子供のひとりだったとしても。

成功するための思考法

あなたはこれまで、激しい競争に取り残されてしまったと感じたことはあるだろうか？　この章では、いったん取り残されてしまっても、また競争に復活するための思考法をいくつか紹介している。それらがどんなものか予想して、「思考法」と見出しつけ、紙に書き出してみよう。

アダム・クー――人生の再起動

アダム・クーは鍵っ子だった。数万人も鍵っ子のいるシンガポールでは珍しいことではない。アダムが学校から帰ってきても、彼の様子をチェックする大人は誰もいなかった。アダムにとっては理想的な環境である。アダムはコンピューターゲームで遊ぶことしか頭になかったからだ。アダムは学校の勉強にはまったく興味を示さず、家庭教師を雇うなどして教育のために多額の出費をしていた彼の両親をやきもきさせていた。

家庭教師が何人来ても、アダムは勉強を教えようとする彼らを無視したり、あたりを走りまわったりしては、追い払ってしまうのが常だった。学校で落第点とることなど、まったく気にしていなかった。コンピューターゲームをする以外は（漫画やテレビもゲームと同じくらい大事だったが）、友達とつるんでは喧嘩に明け暮れてばかりいた。アダムは人の注目を集めるのが大好きで、いつも目立っていたかった。目立つためには手段を選ばず、いい意味で目立てないときは、口喧嘩をふっかけたり、やはり同じように身勝手な少年たちの乱暴なグループに加わったりして人目を引こうとした。

実業家の父親は息子を愛していたが、どうすれば息子をやる気にさせられるのかわからず途方に暮れていた。母親もアダムを愛してくれているには違いなかったが、別の意味であまり助けにはならなかった。母親はシンガポールでトップクラスのジャーナリストで、非常に成功したキャリアウーマンだったが、アダムが数学でつまずいても、いつも首を振りながらこう言うだけだった。「私に似たのね」「私は『馬鹿で怠け者』っていうレッテルを貼られていましたからね」とアダムは言う。そのレッテルは、あながち間違いとも言えなかった。アダムも自分の呑み込みの悪さはちゃんと自覚していて、勉強することを嫌がっていたのも、その呑み込みの悪さが原因だったからだ。その頃のアダムは、理解力が「標準レベルではない」ために生じる弱点を克服する学習法や思考法があることにまだ気づいていなかった。現在の彼の成功が示しているように、一度弱点を克服してしまえば、彼の脳には実はいくつもの強みも秘められていたのだが。

今では、青少年向けの自己啓発セミナーを受講させても、子供たちの人生に大した影響は与えられないという見方が主流になっているが、アダムにとってはそうしたセミナーのひとつが転機になった。1987年、13歳のときに受講した「スーパーティーン・キャンプ」というプログラムがそれである。青少年を対象としたアジアで最初の自己啓発プログラムだった。

「そこで、人間性回復運動（訳注：1960年代のアメリカで起きた、人間の潜在能力を回復させることを目的としたムーブメント）の考え方を知ったんです。人間には皆、生まれもっての才能がある。

失敗に思えるものも、実は学習過程のひとつに過ぎないというやつです。人生を巻きかえした人たちの体験談に刺激を受けました」

椅子に座って話しながらも、アダムは体を弾むように前後に揺らし、そのたびに指で目の前にある机を軽く打つ。その様子から、彼の注意があちこちに飛んでいることが見てとれる。アダムはどうやら段階を踏んで合理的に思考するタイプではないらしい。型にはまった学校教育から、彼が締め出されそうになったのも無理はない。

「スーパーティーンのプログラムでは、記憶術を学びました。対象を視覚的にイメージして、何かと関連付けて覚える方法を習ったんです。それができるようになってからは、友達によく『単語を50個言ってみてよ。5分で全部覚えてみせるから。2ドル賭けようぜ』と持ちかけていました。そうしたら、そのうち天才だって言われるようになりましたよ。実は全部習ったテクニックのおかげなんですけどね」

アダムは、創造性を発揮できることは得意だった。自由に空想をめぐらせたり、絵や漫画を描いたり、音楽にかかわったりすることは大好きだったが、本のページをただ見つめているのは退屈でたまらなかった。けれどもキャンプで学んだ「マインドマップ」というテクニックを使って、教科書に書かれている内容を、アダムの頭に入りやすい漫画風の絵を使ってわかりやすく視覚化してみると、アダムにも教科書の内容が理解できるようになった。

プログラムでアダムが学んだのは学習法だけではなかった。プログラムに参加して、アダムは夢を大きく持つようにもなった。インストラクターがアダムをやる気にさせようと、こんな質問をしたのだ。「君は月並みな人間になりたいと思う？　それとも何かに秀でた人間になりたい？」

「何かに秀でた人」

「もし何かに秀でた人になりたかったら」とインストラクターは言葉を続けた。「今の君じゃたどり着けないような高い目標を持たなきゃだめだ。その目標に向けて自分を伸ばしていけるようにね」

アダムは膝を打つ思いがした。そうして彼は目標を高く持った――とても、とても高く。13歳だったその年にアダムは、中学卒業後はビクトリア・ジュニアカレッジに行こうと決めた。シンガポールでトップクラスのジュニアカレッジ（訳注：中学卒業後に行く大学前教育機関のひとつ）である。アダムが通っている中学校のレベルは高いとは言えず、その学校からビクトリア・ジュニアカレッジに入った生徒はそれまでひとりもいなかった。教師たちは、アダムの目標を非現実的だと言った。

「周りの反応は、それは辛辣でした」とアダムは言う。アダムの目標を聞くと、周りの人々はあきれたようにこう言った。「何を考えているんだ。そんなところに入れるわけがないだろう」。その後はシ

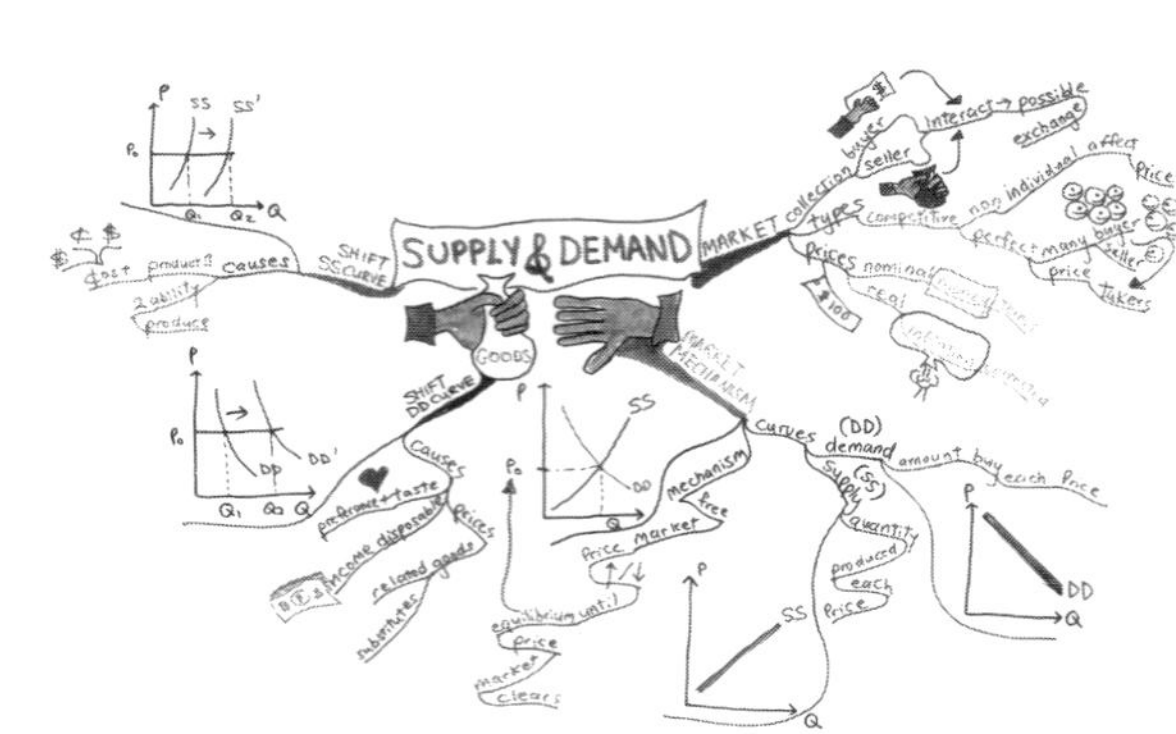

アダムがカレッジ在学中に描いたマインドマップのひとつ。鍵となる概念をまとめあげて学習内容を記憶し、理解していた。描かれている内容に注目してほしい――こうしたスケッチを使えば、学習能力の引き上げと、関連する概念の記憶に役立つことは研究でも証明されている[1]。

ンガポール国立大学に入りたいという夢を語ると、父親にも「まず無理だな」と言われた。だが、もともと意地っ張りなアダムは、人から無理だと言われれば言われるほど、絶対に目標を達成してやろうと決意を固めた。それに、アダムの夢にはまだ先があった。自分で事業を始めることだ。アダムは頭の中にこの夢のイメージを具体的に思い描いた。まだ中学にいるうちから、自分の名刺も描いてみた。「アダム・クー、取締役会長」。努力すれば自分も何者かになれるはずだという夢が頭の中で形を成した。そして、その夢を思うとやる気がわいた。アダムは自分の目標を部屋中に貼りつけた。「ジュニアカレッジ、目標達成！　シンガポール国立大学、目標達成！」。なかには、「勝つのは俺だ！」という貼り紙まであった。

アダムはクラスでトップの成績をとるようになった。彼の地理の教師は、さんざん手こずらされた以前の問題児に何が起きているのかはわからないながらも、良い変化は有効に活用したほうがいいと考えた。彼女はアダムに、授業時間を使って、クラスメートたちに彼が何をしているのかを教えてくれるよう頼んだ。アダムは自分の勉強法を文章にまとめ、印刷して友人たちに配布し始めた。目標の立て方、時間管理の仕方、やる気を維持する方法などである。他の生徒たちの彼を見る目が変わり、アダムは尊敬を集めるようになった。クラスの中での新しい立場を、アダムは楽しんだ。自分は人を励まし、意欲を起こさせることにやりがいを感じるのだと、アダムが自覚したのはこのときだ。

いつも授業で後れをとってしまう呑み込みの悪さを克服するために、アダムは教師たちに次の日の授業内容を尋ね始めた。アダムはその部分の予習をし、マインドマップを作った。そうすると、次の日に教師が説明する内容は二度目に学ぶことなので、よく理解できた。彼は授業中もたくさんの質問をし、それもマインドマップに加えた。もっとよく記憶できるよう、漫画風の絵も付け足した。

アダムは勉強に打ち込んだ。もともと苦手だった数学には特に集中的に取り組んだ。数学が苦手なことはのちにジュニアカレッジに入学してからも変わらなかったが、アダムはジュニアカレッジでの専門科目には数学を選んでいる。苦手だからこそ専門科目として学んだほうがいいような気がしたからだ。標準中国語にも手こずった。当時、標準中国語は事実上、進学に欠かせない科目だった。アダムは勉強している時間の半分は、ほとんど理解不能に思える中国語の発音や文字の勉強に費やしたが、それでも最初の数カ月間は、大事なテストで幾度となく落第点をとった。だがそのうち、なんとか中国語でDがとれるようになった。「やっと目の前に希望の光が見えてきたと思いました!」とアダムは歯を見せて大きく笑いながら言う。「その後も勉強を続けて、同じテストをもう一度受けて、今度はCをとりました。結局ちゃんとジュニアカレッジには入れましたよ!」

だがこれだけ勉強に集中して取り組みながらも、アダムはそのかたわらDJをしたり、マジシャンの仕事をしたりもしていた。アダムは、非常に効率のよい時間の使い方ができるようになっていた。人々が普段無駄にしている合間の時間というのは、実はかなり多い。バスに乗っている時間や、教師が教室に来るのを待っている時間、トイレに座っている時間をはじめ、その他にもいろいろある。こうした合間の数分間を利用するようになって、アダムの使える時間は1日あたり2、3時間は増えた。どこへ行くにも教科書を持ち歩き、勉強に使える合間の時間はすべて利用した。授業と授業の間に教師を待っている時間には、前の授業で習ったことをノートに整理するようにした。

「頭の中はトップの成績をとることでいっぱいで、家族で出かけた休暇先でも、父が足を止めて店で買い物するたびに、ベンチを探してマインドマップを描いてました。おまけに、その頃には彼女までいたんですけど、それはもう言いましたっけ？」

メモを取っていたノートから顔を上げ、私は思わずふき出してしまう。「じゃあ、あなたは学習法をいくつかと目標に向けた前向きな思考法を身につけて、効率のいい時間の使い方ができるようになって、それで物事が良い方向に転がりだしたってことですね？　それで間違いないかしら」

「ええ。でもかなり大変でしたよ。中学に入ったばかりのときには、数学の教師が母にわざわざ電話してきて、こう言ったくらいでしたから。『あなたの息子さんはまだ小学校を卒業するべきじゃなかったですね。中学で勉強するには、息子さんの数学の学力は低すぎます』って」。しかしアダムは中学では絶対にAの成績をとろうと決めていたため、数学の基礎をきちんと身につけようと、小学校の教科書に戻って一問一問、復習を始めた。これには大変な労力を要した。奇跡は、簡単に起こったわけではないのだ。数学の新しい単元に入っても、アダムの義理の姉妹は教科書を読めばすぐに内容が理解できたが、アダムは何度も何度も読み返さなくては、学ぼうとしている内容を理解できるようにはならなかった。

アダムは、解き方がわかっていると思っている問題でも、試験になると忘れていたり、ちょっとしたミスをしたりすることが多いと自分でよくわかっていた。「だから、問題の解き方がわかっていても、答えの部分を隠してもう一度同じ問題をやり直すようにしてました」。アダムはほとんど考えなくてもすらすらと解けるようになるまで、同じ問題の練習を繰り返した。

学習効率をあげる5つのポイント

1　学習素材に命を吹き込むような、鮮やかなマインドマップを描こう。
2　覚えたいことを視覚的にイメージし、何かと関連付けて記憶しよう。
3　バスに乗っている時間など、普段無駄にしている合間の時間を利用しよう。
4　難しい問題を簡単に解けるようになるまで何度も練習を重ねよう。
5　学習している内容が何であれ、その学習によって成功した未来を視覚的にイメージしよう。

効率のよい学習の根拠

アダムの「考えなくてもすらすらできるようになるまで練習する」というアプローチの仕方には、きちんとした神経科学の裏付けがある。『米国科学アカデミー紀要』に掲載された心理学者アサエル・スクラーと数名の研究者たちによる論文「無意識下での数字の認識および計算」では、人間は手間を要する多段階の演算を意識下のレベルで解くことができるという事実が発表され、多くの人々に衝撃を与えた。[2]

フラッシュ暗算と呼ばれる計算方法の練習をすれば、子供たちは頭の中のそろばんを使って、とても速く足し算ができるようになる。正確に言えば、ただ「速く」ではなく、「異様に速く」数字を足せるようになる。なにしろ、足し算の対象の3桁や4桁の数字は、コンピューター画面にほんの一瞬表示されるだけなのだ。「3492」という数字が現れたかと思うと、すぐに「9647」に変わり、それから「1758」になり……というように画面上の数字は目まぐるしく変わっていき、子供たちはそれを見ながら暗算でどんどん数を足していく。[3] 子供たちにはこの練習が楽しいようで、最初のうちはそろばんが目の前にあるかのように机の上で指をはじきながら計算をする。[4] そして徐々に、頭を急速に回転させられるようになってくると、子供たちは手を動かさずに計算し始める。

この計算方法の練習をしたことのない人には、画面に表示される15種類の3桁の数字を、2秒足らずのうちに認識するだけでも難しいのに（そう、表示時間は2秒程度しかない）、それらの数字を次々に足せる人間がいるのは驚きである。しかし練習を積めば、この計算は誰にでも確実にできるようになる。そしてこの計算方法には大きな利点もある。この方法を練習すれば、紙と鉛筆を使った通常の計算方法とはまったく異なる思考プロセスをたどる、脳の視覚野と運動野を使った計算ができるようになるのだ。[5] 頭の中のそろばんを使う練習をした子供たちは、考えなくてもすらすらと暗算ができるようになり、フラッシュ暗算をしながら同時にしりとりまでできるようになってくる。言葉を使って遊ぶしりとりと、フラッシュ暗算の計算では、どうやら使う脳の領域が異なるらしいのだ。[6]

考えなくてもスムーズに物事がこなせるようになるには、練習の繰り返しが必要である。このことは、すいすいと車をバックさせたり（はじめてのときにはそう簡単にはいかない！）、バレエの回転ができるようになったり、完璧に早口言葉を繰り返したり、ピアノ協奏曲を弾いたりできるようになるまでの過程を考えてみると、よくわかる。数学の分野では、簡単に2つの数を足せたり、もっと高いレベルで言えば微積分での関数の計算ができたりするようになる過程が、それに当たる。

練習をすれば、自動的に物事をこなすために必要な強固な神経ネットワークが形成できる。練習をして「チャンク」を作り、その後も練習を繰り返してチャンクをすぐに呼び出せるような強固な神経ネットワークを構築しておけば、難しい課題をこなすときにも、そのチャンクを即座に利用することができる。[7] 解き方のパターンを、意識せずとも即座にワーキングメモリに引き出せる無意識のうちの思考ができるのは、部分的に、あるいは時には完全に、頭の中にしっかりと定着したチャンクのおかげなのである。神経系においてチャンクが果たす役割は、コンピューターにおけるサブルーチンの役割と少し似ている——必要なときには呼び出せるが、それが具体的にどんな働きをしているかは意識しなくてもよいのだ。

心理学者のアンダース・エリクソンは、数十年来、専門技能の開発過程についての研究をしている。[8] 彼の研究によれば、新しい何かを習得したり、すでに持っているスキルを向上させたりしたい場合には、「限界的練習」（身につけたい技術の最も習得が困難だと思える点を集中的に練習すること）をするのが、技術の習熟を早めるいちばんの近道だという。

たとえば、靴紐を結ぶという簡単な作業を例にとって考えてみよう。最初に靴紐の結び方を覚えるときには、ワーキングメモリを使って集中して作業にあたらなくてはならない。だが、何度も繰り返しているうちに、特に意識しなくても簡単に靴紐が結べるようになり、そのうち複雑なジョークを言っている間にも手が勝手に動くようになる。考えなければならないのは、「靴紐を結ぶ」ことだけで脳の潜在意識の部分が靴紐を結ぶ作業を引き受けている間に、ワーキングメモリはそれとは別の、ジョークを言うほうに集中できるのである。こうして練習を繰り返して作られたチャンクは、私たちの生活のさまざまな面で役に立っている。もしあなたがこれまで、編み物の得意な人がセーターに手際よく複雑な模様を入れながら、気軽におしゃべりを楽しんでいる様子を見たことがあるとしたら、それはまさに、チャンク化した技術の効果である。

１９８０年代後半に提唱され始めた認知的負荷理論では、ワーキングメモリの容量には限界があり、負荷をかけすぎると脳はそれ以上の情報を処理できないと考えられている。脳画像研究の進展に伴い、近年では徐々にこの理論の科学的な裏付けもとれてきており[9]、人が何らかのテーマや分野で専門的なスキルを身につけたり、知識を増やしたりしていく過程では、ワーキングメモリに関連する脳の領域は沈静化し、不活発になることが確認されている[10]。つまり、チャンクを作る過程というのは（練習によって一連の作業をスムーズにできる、しっかりとした強固な神経パターンを構築する過程でもある）、ワーキングメモリにかかわる領域（基盤となる部位は前頭前皮質である）から脳の他の領域へ情報を移行させている期間にあたるようなのだ。そして、情報の移行によってワーキングメモリの負荷が軽くなれば、容量にも余裕ができ、新しい思考や概念に対処するスペースをまたワーキングメモリに生じさせることができる。

一連の作業を考えなくてもスムーズにできるまで練習し、チャンクを作成する作業は、ワーキングメモリの容量の少ない人には特に有益である。チャンクを作成して潜在意識に負荷を移せば移すほど、問題解決やジョークを言うために使えるワーキングメモリのスペースが増えていくからだ。

限界的練習でチャンクを作る

難しいテーマやスキルを新しく学ぼうとするときは、習得対象のいちばん難しい部分に集中して取り組む「限界的練習」を活用しよう。習得対象を小さなチャンクに分け（ピアノ曲の一部、スペイン語の単語や動詞の活用、テコンドーの横蹴り、宿題の三角法の解き方など）、必要なときにすぐにそれらを呼び出して使えるような強固な神経ネットワークが構築できるまで、練習を繰り返すのだ。だが、簡単で満足感も得られるからと言って、すでにチャンクができあがっている部分の練習ばかりを繰り返してはならない。集中力を維持して、難しく思えるその他の部分の練習を続けよう。

幸運をつくり出す

18歳のとき、ビクトリア・ジュニアカレッジでのアダムの「準備期間」の終わりには、大学に進学できるかどうかが決まるAレベルの試験を受けなければならなかった。アダムの夢はもちろん、シンガポール国立大学への入学である。だがここでも、アダムの目の前には標準中国語の大きな壁が立ちはだかった。Aレベルの試験でもまた、標準中国語で落第点をとってしまったのである。だが奇跡的に、その他の科目の成績がすばらしかったという理由で、アダムには特別な仮入学の許可がおりた。彼の家族は唖然としていた。アダムは有頂天だった。

そしてまた、勉強に励む日々が始まった。それまでに学んだり身につけたりした難しい概念の理解の仕方や覚え方のテクニックを使いながら、最終的にアダムは経営学の学位を取得し、優秀な成績で大学を卒業した。10年と少し前の、できの悪い生徒だった彼からは考えられないような結果である。

私は、アダムの成功はどのくらいが運によるものなのかが知りたかった。

アダムは私に、幸運には2種類あると言った。[11] ひとつ目は、棚ぼた式の幸運である――「シンガポールではアッシュ・ラック、つまり『馬鹿が手に入れる幸運』っていう言い方をする運の良さです」。そしてもうひとつが、自ら作り出す幸運だ。アダムの発想の根本には、ひょっとしたら星占いがあるのかもしれない。アジアでは、星占いが大きな位置を占めている。「恵まれた星の下」に生まれたと思っている人もいれば、もともと運に恵まれていないと思っている人もいる。

アダムはこう回想する。「以前、生まれ持った強運の持ち主なんだろうと思える社員がいたことがあります。彼はシンガポールで抽選に2回応募して、車を2台当てたんです。たったの2回で車が2台ですよ！　毎週発売される宝くじでも何度も当てていて、とにかく当たる確率が普通じゃなかった。運だという以外に説明がつかないんですよ。それはともかく、私は若い頃に遊び半分で占い師に見てもらったことがあるんですが、その占い師は私の星のめぐりを見て、『君は運がないね』と言っていました。そこで言われたことに影響されたのかどうかわかりませんが、なぜかこれまでの人生で私は、ポーカーやブラックジャックみたいな運で勝ち負けが決まるようなゲームに一度も勝てたことがないんです」。アダムは途方に暮れたように頭を振る。「必ず負けるんですよ。理由はわかりません。ゲームはその人の運ではなくて、棚ぼた式の運で結果が決まるのかもしれませんが、どっちにしても私には運がないんです。でも運なんか必要ありません」

アダムは古代ローマの哲学者セネカの「幸運とは、準備と機会が出会った結果、生じるものである」という言葉を引用し、幸運を手に入れるには、3つのものが必要だと思っていると言う。

まず必要なのは機会である。アダムが思うに、機会は最初から機会に見える形で訪れることはない。一見すると、問題にしか見えないのが常だという。私たちは皆、日々何かしらの問題に直面するものだが、それらの問題も、見方を変えれば機会になる。「幸運」な人たちは、他の人たちには問題にしか見えないものを、機会だととらえられる人たちなのだ。アダムは豪快に笑う。「私は問題にぶつかってばかりいるから、人よりたくさんの機会に恵まれているってわけですよ！」

2つ目は準備である。「機会があっても、必要なスキルと知識を準備しておかなければ、その機会を活かせません。ボーイスカウトがモットーにしているみたいに『備えよ、常に』です。常日頃スキルの習得や向上に励むようにして、機会が訪れたときに、それをちゃんと活かせるような準備を整えておかなきゃなりません」

3つ目は、行動である。「何もせずに考えてばかりいたら、行動を起こせなくなってしまいます。思い切って新しいことに挑戦しなければ、幸運は決して手に入りません」

アダムは、兵役義務を終えるとすぐに新しい挑戦を始めていた。それまでも請けていた出張ＤＪの仕事を、とても頭の切れる大学の友人、パトリック・チェオと組んで行うようになったのだ。パトリックがオペレーションマネージャー、アダムがＤＪ兼マジシャンである。だがアダムは自分でビジネスを切り盛りするだけでなく、何らかの形で社会貢献もしたかった。ある日、アダムは母校のビクトリア・ジュニアカレッジに行き、劣等性だった自分が成績をあげた経緯を校長に話して、この学校の生徒に彼が学んだテクニックを教えさせてもらえないだろうかと頼んだ。

校長は同意し、アダムは生徒たちに学習法を教授し始めた。「最初は、お金はとっていませんでした。自分の好きなことを、楽しみながらやっていただけだったからです。でもそのうち、楽しいだけではなくて、これを仕事にできるじゃないか！　と気づいたんです。1日だけで終わるコースと、2日間、3日間コースの3種類のトレーニングプログラムを運営するところから始めました」

その頃、アダムは『I Am Gifted, So Are You!（誰でもすばらしい才能を秘めている！）』という本も出版した。「あの本がすべての始まりでした」。本を出せたのは運がよかったからだと思われるかもしれないが、本を書こうと思ったもともとのきっかけは「問題」だったとアダムは言う。「私が呑み込みの悪い劣等生だったというのが、その『問題』です」。その問題が、機会になったのだ。アダムには、自らの経験が「自分のような劣等生にもできたんだから、君たちにもできるよ」というメッセージを伝えるにはぴったりだとよくわかっていた。自己啓発書を書ける準備も整っていた。自分の弱点を克服して、本の題材として使える「機会」を手に入れただけでなく、自分でもまた多くの自己啓発書を読んでいたからだ。アダムにはなじみのあるジャンルだった。そして、3つ目の段階に進むことにもアダムは躊躇しなかった。アダムは行動を起こした。

当時周りの人々は、本当に彼に本など書けるのかといぶかった。だがアダムは周りの懸念など意に介さず、原稿を書きあげた。全部で400ページの厚さになった。アダムは言う。「手書き原稿を持って、出版社を10社以上まわりました。サイモン&シュスター、プレンティスホール、アディソン・ウェズリー。でもすべて断られました」。アダムはそれでも原稿の持ち込みを続けた。そんなある日、オックスフォード大学出版局のシンガポールオフィスから電話があった。話をしたいのでオフィスまで来てもらえないだろうかという内容だった。編集者はアダムの原稿に興味を持ってくれているようだったが（「見込みがある」という言い方をしていた）、アダムの英語が「出版には不向き」なのだと言った。アダムは笑いながら言う。「つまり、文章がなっていなかったということです」。編集者に書き直す気があるかどうかを尋ねられたアダムは、もう一度原稿を書いた。次に、編集者が内容を編集した。アダムは２００ページほどカットし、その後も原稿を改良しようと努力を重ねた。母親も手伝ってくれた。

本が出版されたのは、アダムがシンガポール国立大学の2年生のときだった。「そりゃあ嬉しかったですよ！」。けれども、アダムの本は本屋には並んでいなかった。マーケティングのための予算がなかったのだ。出版社も、無名の新人の本に多額の資金をつぎ込むわけにはいかなかったらしい。「じゃあ自分で宣伝してやろうと思いました」。アダムはいろいろな学校や本屋に出向いて、自分の本について話してまわった。そうしているうちに、人前での話し方も必然的に身についた。6カ月後、アダムの本はシンガポールのベストセラーにランクインし、その後も何年にもわたってベストセラーランキングにとどまり続けた。

キャリアレジリエンスを強化するためのアダム・クーからのアドバイス

アダムは、キャリアにどんな紆余曲折があっても対処できるよう、本を読み、講座やセミナーを受講して準備しておくことを勧めている。「持っているスキルが時代遅れになることを防ぐには、学び続けるしかありません」

自分の専門分野のスキルを充実させるだけでなく、それ以外のスキルも学んでおいたほうがいい。アダムがマジックやＤＪのスキルを身につけたように、学術的でないスキルも積極的に習得しよう。アダムのこの２つのスキルは、彼がジュニアカレッジで専門科目にしていた数学とは何の関係もなかったが、効果的な聴衆の注意の引きつけ方が身につき、のちに彼のキャリアに大いに役立った。

弱みを強みに転換させる

アダム・クーに非常に好感が持てるのは、かつては誤解されていた天才が、自身の類いまれな能力を分け与えるために山頂から降りてきたというような特別なイメージを、彼が人々に植え付けようとしていないせいだろう。だが、もしアダムに特別なところがあるとしたら（私は、彼は十分特別だと思うが）、頭脳明晰とは言えないおかげで時折自分が乗り越えなければならなかった問題への対処法を、人々にも役立ててもらおうとする彼の意欲は、間違いなくそのひとつと言える。

翌週、私がまだ東南アジアに滞在している間に、アダムと私はいくつかの同じイベントで話をする予定になっていた。私たちがジャカルタの会場の控え室で、２０００人の聴衆を前に話す順番を待っている間、私は緊張でそわそわしながら、アダムに人前で話すときにあがってしまったことがあるかどうかを尋ねてみた。すると彼は落ち着いた口調で、以前はあがっていたが、聴衆と、彼らの要望に応えられる話をすることに意識を集中させれば自分の感情にまで気がまわらなくなることに気づき、それからは緊張しなくなったと言った。その答えを聞いて私は、自分の欠点に対してもオープンなアダムに、では彼の最大の弱みは何かと、どうしても訊いてみたくなる。

アダムは率直に、「あまり頭が良くないこと」だと答える――そして、それを人に話すことにまったく抵抗はない、と。アダムがそう言うと、自分の話の効果を上げようとしているだけだと思われてしまうらしいが、彼は実際、心の底からそう思っているのだ。

「私は物事をシンプルにしないと理解できないんです」。アダムはそう説明を加える。だが、これは必ずしも弱みとは言えないかもしれない。アダムが物事をシンプルにできたからこそ、彼の本は大勢の人に支持されたのだ。

「その他の弱みは?」

「頑固だってことですね。それにとんでもなく間が抜けているし、意地っ張りだし、単純です。私の妻とパトリック(彼の親友であり会社のCEOでもある)にはいつも、私は人に言いくるめられてばかりだって言われています。だから何かの交渉の場には、ふたりとも私を同席させないんですよ。私は会社を手放しかねないからって。パトリックは数字に強くて、私はものをつくり出すのが得意です。だからお互い補完し合えるんですよ。彼は私とは正反対で、とても細かいところまで気が回ります。私は大まかな枠組みを考えるのが好きな夢想家です。パトリックはいつも『アダム、夢みたいなことを言うのは止めろ』って口癖のように言っていますよ」

「その他には？」

「極端な心配性でもあります」。アダムは心配ばかりしていることが好きなわけではないのだが、同時にその心配性が彼の役に立っているとも感じている。もしあまり心配しなくなったら、今よりもっといろいろなことに頭が回らなくなるのではないかと思うのだ。アダムはいつも考えられる最悪の事態を想像してしまうため、万全の準備が整ったと思えるまで徹底的に準備を重ねるのだという。

私はあえて訊いてみる。「でも細かいことが気になって仕方がない人は、何かひとつでもうまくいかなくなると、それが頭から離れなくなってしまいますよね。ネガティブ思考に陥りがちだと思うんですが」

アダムは「前はそうでした」とうなずく。だがここでも、アダムはそれに対処するための思考法を身につけていた。物事を意識的にポジティブにとらえ直すという認知の「再構成」を行い、その物事に対する感情を変化させている。何かを気にしたままでいいときと、そこから頭を切り離すときを区別するための頭の切り替え方のコツを、アダムはちゃんとつかんでいるのだ。

アダムはその他にも、彼自身や彼の生徒たちが各自の目標を達成するために使える思考法や学習法を豊富に持っている。たとえば、アダムは彼の生徒たちに、やる気を維持することは、体を清潔に保つようなものだと言っているという。努力しなければ、その状態を保つことはできないからだ。

「一度体を洗ったからといって、残りの人生をずっと清潔なままで過ごせるわけではありません。どれだけ入浴に時間をかけても、またそのうち汚くなって、臭うようにもなって、結局また体を洗わなきゃならなくなります。それと同じように、どれだけやる気になっていても、世の中にはやる気をくじかれるようなことはたくさんあります。思うように事が進まなかったり、批判されたりして、また『汚く』なってしまいます。だから、体を洗うのと同じように、毎日やる気を維持するコツを身につける必要があるんです」

アダムが子供向けのプログラムで教えるときには、愛情を持ちながらも厳しく接しようと、子供たちにこう言っている。「僕がここにいるのは、君たちの体を洗うためじゃない。体を洗うための石鹸とブラシを渡すためだよ。体の洗い方は、自分たちで覚えなきゃだめだ」

アダムの思考法の中でも特に実効性の高いもののひとつが、物事に対する認知の「再構成」である。彼は問題をチャンスとしてとらえたり、不利な点を利点に転換させてとらえたりするための練習をしているのだ。アップル社を解雇されたスティーブ・ジョブズが、解雇という出来事を前向きな視点で認知し、再構成してみせたときの言葉に、アダムは非常に感銘を受けている。当時のことをジョブズはこんなふうに表現している。「アップルを解雇されたのは人生で最高の出来事でした。成功者としての重責から解放されて、また身軽な初心者に戻れたからです」[12]

アダムはまた、世の中の出来事はすべて起こるべくして起こるものだと思うようにしている。どんなに悪いことに見えても、必ずそこから学べる何かはあるはずなのだ。そう思っていれば、途中で挫折を経験してもやる気を維持することができる。

たとえば、出版社に何度も繰り返し拒絶されたときは、自分自身に毎回こう言い聞かせた。「だったら、もっとインパクトや説得力が出るように原稿を書き直せばいいんだ。この本がベストセラーになったときの、いいエピソードができるじゃないか」。学力の低い学校に振り分けられたときも、アダムは同じように、これで学校でトップの成績をとりやすくなると自分に言い聞かせた。

アダムは言う。「昔も今も、頭の中にはずっとなりたい自分のイメージの映像があります。ステージに立って、マジックを披露したり、人々のやる気を引き出すために話をしたりしている自分の姿です。そのイメージをしょっちゅう頭に思い浮かべていると、必ずそれを実現してやろうという意欲が高まるんです」

アダムは夢想家には違いないかもしれないが、実に建設的な夢想家である。生活面でもビジネス面でも、かなりの物事をこうした視覚的なイメージを活用しながら実現させてきた。自分の目標を思い浮かべるときは、できるだけ具体的に生き生きとした像を描いたほうがいいこともわかってきた。それも自分のしたいことだけでなく、なぜ自分がそれをしたいのかも含めて、毎日頭の中で理想のイメージを繰り返したほうが効果が大きいと感じている。そして実際にアダムは毎日、成功して人の役に立ちたいと自分の目標を頭の中で再確認している。もちろん、そのうちの70パーセントは計画どおりには運ばず、いらいらさせられることも多いのだが、そんなときは、やる気を維持するためにユーチューブで大きな困難を克服した人たちの動画を見るようにしている。伝記を読むのも好きだ。「そうするとたいていは、彼らに比べて私の問題など取るに足らないものだと思えてきます」

万人に有効な方法は存在しない。しかしアダムの場合は、自分が積極的に学びたいと思っている知識（たとえば現在はヘッジファンドの知識を習得中）をしっかりと身につけるための方法と、物事のとらえ方を変え、困難な出来事を前向きな出来事へと再構成し直す方法を探し続ける努力が、彼の知力を形成している要素の一部であることは間違いなさそうである。

物事のとらえ方を変えてみる

アダム・クーが目標達成のための思考法やアプローチ法を選んだ際の直感にも、やはり神経科学のしっかりとした裏付けがある。近年、「感情の認知的再評価」と呼ばれるものに対する脳画像研究のメタ分析がさかんに行われているが、この「感情の認知的再評価」こそが、アダムが行っている「認知の再構成（リフレーミング）」なのである。[13] 感情の認知的再評価とは、ネガティブな出来事をポジティブにとらえ直す「認知の再構成」を行い、その出来事から引き起こされるネガティブな感情を制御する行為のことを指している。恐怖や不安をつかさどり、戦うか逃げるかの反応を引き起こすのは扁桃体という脳の部位だが、研究によると、この扁桃体から生じるネガティブな感情は、ネガティブな出来事をポジティブに再構成し直せば消滅させられる。たとえば、誰かが血を流している映像を見て動揺を感じたときには、「これは映画だから、あそこで使われているのはただのケチャップだろう」と認知の再構成をすればいい。あるいは、病気にまつわるネガティブな感情なら、その病気を治すほうに意識を集中させれば、事態をもう少しポジティブに再構成できる。この方法でもたらされる効果は非常に大きく、うつや不安障害やその他の精神疾患の治療に使われる認知行動療法でも、認知の再構成が治療の軸として位置づけられている。認知の再構成については、次章でもう少し深いところまで踏み込み、私たちが世界と世界に存在するものすべてをどのようにとらえ、状況をどのように認識しているかについても見ていこうと思う（ただし、ヘビに注意すること！）。

だが、どんなにポジティブな見方をしようとしても、どうしてもうまくいかない場合もあるのではないかと思う人もいるかもしれない。人生には容赦のない出来事が起こることもある。たとえば、近しい関係の人が不治の病に侵されていて、まったく手の施しようがないとしたらどうすればいいだろう？　そういう場合は、残された時間の長さではなく、残された人生の質に意識を集中させるなどして、別の再構成の仕方を試みたほうがいい（ホスピスで働く人たちには特にこの種の再構成が必要である）。経験している出来事のどこに重点を置くかを意識的に変えるのだ。扁桃体は不安を感じると即座にストレス反応を起こすが、意識の重点をつらい出来事からそらせば、ストレス関連の神経伝達物質の放出量は減少すると考えられている。自然な感情をごまかすためのトリックのように思えるかもしれないが、この方法を使えば、ストレス反応を起こして衝動的な感情に支配されてしまうよりも、結果的にはずっと真摯に目の前の真実に向き合うことができる。

「私はフリーランスでITの仕事をしているのですが、3年前になかなか仕事が見つからなくて困った時期がありました。でも、仕事がないというのは悪いことばかりではないと不意に気づいたんです。知識の幅を広げたり、知識をもっと深めたりして、スキルの充実をはかれる時間が持てることでもありますから。今では私は50歳を超えていますが、同年代の同業者と違って、仕事を見つける苦労はせずにすんでいます」――ロニー・デ・ビンター（ベルギー在住のフリーランス・ソフトウエアエンジニア）

幸運をつくり出す

「幸運」な人たちは、普通は問題にしか見えないものを機会だととらえられるようになった人たちでもある。アダム・クーは問題にぶつかったとき、「起きた出来事からは必ず何かを学べるものだ」と考える習慣をつけ、頭の中で問題を再構成できるようになった。

生活の中であなたが経験する大きな困難を思い返して、機会として再構成する練習をしよう。「幸運になる」と見出しをつけ、その出来事を現在、または将来に向けて活かせる機会として利用するにはどうすればよいか、もしくはその出来事を何かの形で役立てるにはどうすればよいか、具体的な手順を書きとめてみてほしい。書きとめるのは普通の紙でも構わないが、日記の最後の数ページならもっといい。日記に再構成の進み具合やあなたの感情の変化を書き込んでいけば、機会として再構成するまでの記録と、さまざまな困難をポジティブにとらえ直すときに使える思考法のリストをつくることができる。

創造力

第3章で、マーケティングのエキスパートであるアリ・ナクヴィが示唆したように、脳には根本的に異なる2つの動作モードがある。「集中モード」と「拡散モード」である。研究によれば、人が何かに注意を向けると脳はすぐに「集中モード」の状態になる。一方、特に何も考えていないときには「拡散モード」が現われる。たとえば、シャワーを浴びているときや、バスに乗って窓の外を眺めているとき、もしくは走っている最中などがそうである。私たちが同時に両方の状態でいることは、通常はありえない。脳はどちらか片方のモードにしかエネルギーを注げないからである。[14]

私たちがひとつのことに意識を集中させていない拡散モードのときは、脳の神経は「安静状態」にあり、私たちの思考はとりとめなく脳内の広い範囲をめぐっている。[15]創造的な新しいアイデアが生まれるのは、脳がリラックスしている、こうした拡散モードのときである。[16]私たちは空想にふけりながら、数分間、あるいは数時間も拡散モードに入り込んでいるときもあるが、ほんの一瞬だけ拡散モードが現われるときもある。まばたきも、拡散モードが活性化する瞬間だと考えられている[17]（賢い武道の達人は、対戦相手のまばたきを待ち構えるものだ。注意がそれるごくわずかの瞬間は、相手の隙を突いて動く絶好の機会である[18]）。

研究が進むにつれ、学習には2つの段階があることがわかってきた。まず、学習対象に注意を集中させ、目的ある行動をするときの脳内ネットワーク「タスクポジティブ・ネットワーク」が活性化するのが最初の段階である。この段階では、人間は学習していることを意識している。次に、学習対象から注意をそらすと、脳は拡散モ

左の風船は集中モードにある脳の状態を表している。エネルギーのほとんどは一点に集中することに注がれている。右の風船が表しているのは拡散モードにある脳の状態である。エネルギーはほとんど、反対側のリラックスした拡散モードのネットワークに注がれている。

ードに切り替わる。この部分が2つ目の学習段階なのだが、人間に学習しているという意識はない。周囲から見ても、何もしていないようにしか見えない。脳がたった今学習した内容の理解を独自に進めているのが、2つ目の学習段階なのだ。[19] つまり脳は、はじめは目の前にある学習素材を拾い上げることだけに集中し、その後あなたがリラックスして気をそらしてからはじめて、拾い上げた素材を貪欲に吸収し始めるのである。これがポモドーロテクニックで、集中して学習したセッションの後にとる短い休憩が重要な意味を持つ理由である。この休憩中に、脳はあなたが学習した内容を独自に吸収し始めるのだ。

この点を踏まえれば、学習対象に注意を集中させるだけの教育システムでは、意図したわけではなくても、拡散モードのネットワークが育たないことは想像に難くないだろう。[20] 脳には休息が必要なのだ。[21] だがある種の瞑想など、注意力を高めるリラクゼーションの効果が社会で強調されすぎると、一点に注意を集中させる時間は長いほどいいという誤解は、今よりもっと強まってしまうかもしれない。

しかし瞑想によってもたらされる効果は、実は注意力の向上だけではない。効果は種類によってかなりばらつきがある。瞑想のうちの圧倒的多数は、ひとつの対象物を決めて意識を一点集中させる「フォーカス・アテンション」で、主に注意力を高める効果がある。[22] その一方で、ヴィパッサナー瞑想やマインドフルネス瞑想のような、対象物を決めずに、大局的に物を俯瞰することに気持ちを集中させる「オープンモニタリング瞑想」は、拡散した自由な発想力を高める効果があると見られている。オープンモニタリングの瞑想方法にはさまざまなものがあるが、どの方法でも精神的な集中が瞑想をマスターするための要素か、少なくともマスターするための足がかりになるようだ。

注意力を高めるトレーニングが学習にプラスになるのは事実である。しかし、日々の生活の中で、心を落ち着けて自由に思考をめぐらせる時間を持つのも、特に創造力を高めたいときには大事なのだ。すでに瞑想法をマスターしている人は、瞑想中以外にとりとめのない思考が浮かんでいることに気づいたとしても、瞑想中のようにその思想に意識を集中させるのはやめておこう。そのほうが、創造力を高めるには効果的だ。

ポモドーロテクニックを使うと創造的な活動の生産性向上に非常に効果があるのも、同様の理由からだと思われる。注意を集中させる力を高めるための方法ではあるが、セッションが終わった後には、報酬として自由に思考をめぐらせることができる。つまりこのテクニックは、まず頭の中のジムで集中したワークアウトを行い、その後やはり頭の中にあるスパに向かうような作用の仕方をするのだ――全体を通して、とても実り多いプロセスということになる。

話をアダムに戻そう。アダムの心配事に対する認知の再構成の仕方は、実に興味深い。アダムは過度に何かの心配するときには、これから起こるかもしれない悪い出来事についてあれこれ思いをめぐらせるようだが、神経言語学者のジュリー・セディビーによれば、あれこれと思いをめぐらせる人には「神経症的傾向があると考えられる」という。[23] それでもアダムは、少なくとも準備万端だと自分で納得できるまでは、あれこれと考えることを完全に止めようとはしない。アダムは適切なときが来るのを待って、それからようやく、考えを再構成し始めるのだ。

ワーキングメモリと注意力のなさ

ワーキングメモリの強弱によって、頭の中に一時的に保持しておける情報量は違ってくる。たとえば、一度にたくさんの人を紹介されても、名前は5人までしか覚えられないように（ちょっと待って。最初の人の名前はジャックでよかったっけ？）。しかしどうやらワーキングメモリの強さは、知性や創造力とは反比例の関係にあるらしい。

知性は、ワーキングメモリの強さと同一視されがちだ。[24] ワーキングメモリが強く呑み込みの速い人は、多くの場合、問題の多くの側面を頭の中に一度に保持しておけるうらやましい能力を持っていて、問題を素早く解くことができるからだ。だがその一方で、ワーキングメモリの容量の少ない人が複雑なテーマに取り組もうと思えば、まず物事をどうにかして単純化しなければならない。単純化するまでのプロセスは、煩雑で時間がかかることもある。だが驚くことに、ワーキングメモリの弱さには、隠れた利点があるとの研究結果が出ている。ワーキングメモリの容量が少ない人のほうが、容量の多い人に比べて、解決への近道や概念の新しい切り口を見つける可能性が高いという。ワーキングメモリの容量が大きく、多くの情報を保持できる「頭の良い」人は、問題を単純化した新しい方法でとらえる必要性をあまり感じないことが理由だと思われる。[25]

呑み込みの速い人には、また別の不利な点もある。一度に10段階の手順を簡単に頭の中に保持できるような理解力の高い人は、他の人に説明するときも、同じように10段階の手順を頭に保持しなければわからないような方法で説明をしようとする――説明を受けているほうは、3段階目ですでについていけなくなってしまっているというのに。つまり呑み込みの速い人は、他の人にものを教えるのは不得手なのだ。その人が「物分かりの悪さを容認できない」気質の持ち主であれば、その傾向は特に強まる。反対にアダムは、ものを教えることが得意だ。アダム自身も言っているように、彼が何かを理解できるようになったときには、誰もがわかるようにやさしく説明することができるからだ。

ワーキングメモリの容量の少ない人の強みは他にもいくつかある。ワーキングメモリにとどめておける情報が少ないと、いくら努力をしても物事が頭の中に定着せず、ふわふわと離れていってしまい、頭の中はとりとめのない思いつきや考えや感情でいっぱいになってしまうことがある。あまり理想的とは言えないように思えるかもしれないが、とりとめのない思想は、創造力の源でもある。[26] ワーキングメモリの弱さは注意欠陥障害と関連している場合も多いが、もしあなたに注意欠陥障害があって、快適とは言えない学校生活を送っているようなら、その障害はあなたに他人にはない強みももたらしてくれているのだということを頭に入れておこう。[27]

それでもあなたは、ワーキングメモリが強ければ苦労しなくても問題が解けるし、良い成績だってとりやすくなるではないかと反論したくなるかもしれない。だが研究によると、学校の成績と創造力は反比例するらしい。[28] つまり成績のいい人ほど、創造力は低い傾向にあるのだ。反対に、人に意見を合わせようとしない強情さと創造力は相関関係にあるようだ。[29] おそらく強情な人のほうが、従順で礼儀正しい周りの人たちに同調せず、自分の意見を押し通そうとすることが多いからだろう。アダムが子供だった頃の悪童ぶりも、今から思えば彼の創造力に端を発していたのかもしれない。

ワーキングメモリを鍛えるのは簡単なことではない。ワーキングメモリを鍛えるとされるエクササイズはいろいろあるが、ある特定の課題をこなす能力は強化できても、それらを使ってワーキングメモリそのものの容量が増えた例はほとんど認められていない。[30] 唯一、ワーキングメモリを増やす確実な効果が確認されているのが「ブレインHQ」というプログラムである。[31] このプログラムを使えば天才になれるわけではないが、記憶力や脳の処理速度や一般的な認知機能に緩やかな改善が見られ、加齢によるそれらの機能低下を止めたり、反転させたりする効果も認められている。ブレインHQについては、第8章でも取り上げる予定である。

そして、人によって効果の大きさに違いはあるようだが、こうした脳のエクササイズには意外な副次的作用も確認されている。怒りや、うつや、倦怠感を抑え、気分を向上させる効果があるようなのだ。[32] これらのエクササイズは、即座に怒りの感情を発生させる扁桃体の活動を鈍らせるのではなく、島皮質が持つ怒りの調整機能に積極的に働きかけ、怒りの感情を抑制すると見られている。島皮質は、痛みや怒り、不安、嫌悪や幸福といった数々の基本的な感情に関与している脳の領域であり、ワーキングメモリ関連のエクササイズによって、感情的な刺激を管理する精神的な「筋力」が鍛えられ、気分の向上につながるのではないかと考えられている。生活に学習習慣を取り入れれば気分がよくなるのも、学習の際にはこうしたワーキングメモリ強化のエクササイズに似た練習を多くこなさなければならないことを考えれば、説明がつけられる。

ワーキングメモリの弱さの隠れた利点

何かを理解しようとするときに、複雑なことを頭にとどめておくのが難しいと感じるようなら、その原因はあなたの創造性にあるのかもしれないことを覚えておこう。何かを学ぶときに、人より少し時間がかかる場合があったとしても、あなたはきっとその創造性をなくしたいとは思わないはずだ。

アダム・クーの役に立った「短所」

13歳でのマインドシフト前までは、アダムには興味のあることなら何でも試してみるだけの十分な時間があった。学校の成績など、気にしていなかったからである。のちに学習意欲を持たせるための短期集中トレーニングを受講してからは、学校での勉強に熱心に取り組むようになったが、それでもアダムはＤＪ業やマジックは継続し、平行して学習法の指導も行っていた。つまりアダムは、従来の学校教育での机に向かう勉強以外の場でも、常に学習し、成長し続けていたことになる。

学習に役立つ重要な要素について考えるとき、私たちはつい、記憶力の良さや集中力など、わかりやすい長所に注目してしまいがちだ。だが、私たちの短所も実は驚くほど役に立つときがある。ここに、アダムの学習に非常に役立った彼の「短所」についてまとめておこう。

■アダムは、あまり頭の良いほうではない。そして、あまり知的だとは言えない多くの人たち同様、アダムのワーキングメモリも強くはないようである。アダムはいかなる場合でも、学習対象の概念を単純化し、そのテーマの要点に焦点をしぼって学習しなければ理解ができない。そのため、理解するまでに人より時間はかかるが、最終的にはすっきりとした形で、はっきりと深く理解することができる。ワーキングメモリが弱いおかげで、頭の良さそうな人たちが見過ごしがちな、概念を理解するためのシンプルな方法を見つけられるのだ。目標達成までに回り道をすることに慣れたアダムは、さまざまな面で役立つ思考法や学習法を探すことにも抵抗がなく、結果的に学習でも人生でも成功をおさめている。

■アダムは心配性である。けれどもアダムは不安感をうまく活かすことを覚え、それを、入念に準備を整えるためのチェック機能代わりに使っている。十分に準備ができたと思えば、対象となる物事のとらえ方を意識的にポジティブに変え、扁桃体を落ち着かせて不安感を抑えている。「ニーバーの祈り」（訳注：アメリカの神学者ニーバーが書いたとされる祈りの言葉。「変えられないことはそれをそのまま受け入れる平静さを、変えられることは変える勇気を与えたまえ」という1節がある）に似たアプローチの方法である。アダムは変えられることは変え、変えられないことは受け入れることを学んだのだ。

■アダムは意地っ張りである。生来の頑固な気質から、ネガティブなコメントを聞くと目標達成に向けての決意は弱まるどころか、かえって強くなる。

■アダムは夢想家である。夢を大きく持って、アダムは事業を成功させてきた。実用的な能力のある人たちとパートナーを組み、彼らの意見に耳を傾けながら、夢を現実的に形あるものにしている。

成功のための思考法を見直してみる

章のはじめに、この章で扱う成功のための思考法を予想してもらったことを覚えているだろうか。もう一度自分の書いたことに目を通し、この章で新たに学んだ思考法もそこに追加してみよう。そうすれば、将来必要なときに参照できる、実用的な思考法のリストができあがる。

アダムが教えてくれること

私が、アダムや彼の会社の人たちと一緒にいることを心地よく感じるのには、おそらく理由があるのだろう。創造力豊かな人たちの中には、自身が創造的でいるために、創造力のある人たちと一緒にいることを心がけていると言う人がいる。アダムとパトリックはふたりともとても創造力が豊かだが、彼らも、自分たちのチームにはやはり同じように創造力豊かな、意欲あふれる人材を集めるようにしている。徐々にわかってきたのだが、彼らのチームのメンバーには、学生時代に学力テストの成績はあまり良くなかったが、今では作家やマジシャンや、世界クラスのコンピューターゲーマーなどになっている人が実に多い。

高い学力を求めるテスト重視の厳格なシンガポールの教育制度は（テスト重視の制度は他のアジア諸国でも同様だが）、体系的にワーキングメモリの強い生徒を選び出し、報いるシステムとして機能してしまっているのかもしれない。だが、創造力の高い人たちのワーキングメモリは往々にして弱いものだ。シンガポールの教育システムは、必ずしも創造力の抑制を目的に構築されているわけではない。だが、創造力豊かな人たちが、一見すると非効率的な脳の働き方のせいで不利をこうむるシステムは、実質、積極的に創造性を排除しているようなものである。結果として創造的な人たちは、システムから落ちこぼれてしまうだけでなく、精神的にも絶望感や劣等感を抱えてしまうことになる。

アダムが会社を通して行っているのは、創造性に伴う学習の困難を効率的に克服できる思考法や学習法を広めるための取り組みである。創造的な人たちの学習のハンデがなくなれば、彼らが失意に陥ることもなく、独創的な発想も育ちやすくなる。つまりアダムの取り組みは、学習を支援するだけでなく、創造力の向上にもつながっているのである。

アダム・クーが奨励しているような教育系のワークショップは、受験戦争を激化させるだけだと考える人もいる。しかしアダムの取り組みには別の見方もできる。アダムは、多くの学生たちに学習法や思考法を広めながら、教育の民主化にいそしんでいるのだ。とりわけ教育システムから排除され、従来の学習法が彼らに合わないと気づかない善意の教師や友人や家族に意欲をそがれてしまいがちな、創造力あふれる学生たちのために。もしアダムが、落ちこぼれたちの中に自分の居場所を見つけた劣等生という以前の彼のままだったとしたら（そして彼のリーダーとしての高い資質と目立ちたがり屋な性格を考えれば）、彼の人生はひょっとしたら悪い方向に向かっていたかもしれない。だがアダムはそうなる代わりに前向きな方向に進み、他の人たちも彼の後に続けるような道を切り開いた。

もちろん学校での成績は、どんな学生にとっても最も重要なものでもなければ最も大切なものでもないし、またそうであってはならない。だがそれでも、学校での優劣も、そして言うまでもなく全般的な人生での成功も、生まれ持った条件で決まるようなものであるべきではないだろう。人々の大半がきちんとした教育を受け、そのうえで創造力も兼ね備えていれば、社会全体のプラスにもなるのだ。どちらも、ずば抜けたレベルである必要はない。ある程度の読解力と文章力と計算力という中学卒業レベルの「教育」と、新しいアプローチ法を柔軟に考えられるだけの「創造力」を持ってさえいれば、社会に貢献するには十分なのである。[33]

アダム・クーは幸運だったと言える。現実主義だが愛情にあふれた裕福な家庭に育ち、アダムに合う方法が見つかるまで、家族はさまざまな学習支援のアプローチを試みてくれた。そしてアダム自身も、頑固で、神経質で、純真で、楽観的で、創造的という、一度新しい思考法のコツがつかめてしまえば自ら率先して困難を乗り越えていくのに理想的な性質を備えていた。

効果が100パーセント保証できる教授法は存在しない。だが、世界に何億人もいる注意力に欠ける生徒の中には、裕福な家庭の出身でない者もいれば、さまざまな理由から劣等生というレッテルをはがせない者もいる。多くの場合、そうした生徒たちは教育システムから取り残されてしまうため、彼らが持つ創造力が開花する機会はない。結果的に彼らは失望し、自分には価値などないと思い込んでしまうことにもなりかねない。

ひょっとしたらアダム・クーの思考法や学習法は、世界的に教育システムに取り入れられるべきなのかもしれない。そうすれば、標準的な学生も型にはまりきらない学生も、新しいテクニックを学んで学習成果を上げ、幸せな実り多い人生を送ることができるだろう。

だが、それが実現するまでは、私たちはアダムが経験から得た見識を、有意義に活用させてもらうことにしよう。

あなたのマインドシフトの根拠を考える

もしあなたの両親が上昇志向のある人たちだったとしたら、あなたがキャリアについて考えはじめた頃に、たとえば医師のような、社会的な成功と昔からみなされている職業に就くよう勧められたことがあるかもしれない。そうした親の気持ちはわからなくもない。病気の人を治すのはとても重宝なスキルだし、それに高収入で、人々からも尊敬される。そして言うまでもなく、子供が社会的に成功すれば、親の株もあがる。世界の一部の文化圏では、社会的な位置づけが昔から高い職業が非常に重視される傾向にあり、子供は親の夢をかなえるために、かなりのプレッシャーを感じることもある。

誰もが医師になれるわけでもなければ、なりたいわけでもないのだが。

ところが相手が友人となると、あなたの仕事選びに対するスタンスも変わってくる。友人たちはたいてい、目の前のあなたを喜ばせようとするため、現実的なことは考えない。あなたが映画スターや一流のバスケットボール選手になりたいと言えば、ほとんどの友人たちは、あなたの味方になって応援してくれるだろう。あなたの夢がどんなに非現実的であろうと関係ないのだ。学校の発表会などを見に行くと、はじめて友人以外に歌を披露して、聴衆の冷たい反応にショックを受ける歌い手を目にするときがあるのも、それが理由である。友人たちが必ずしも常に協力的だとは限らないことも、頭に入れておいたほうがいいだろう。友人たちはあなたを彼らの世界の一部だと思っているため、あなたが努力して手の届かないところに行ってしまうのを阻止しようという意識が働くことがある。そしてあなたが成功すれば、今度は嫉妬が頭をもたげることもある。

教師や教授はキャリアについての有意義なアドバイスはできるだろうが、親や友人同様、やはり彼ら自身の事情が絡んだアドバイスになる可能性は否めない。たとえば、バイオエンジニアリングの教授だったら、彼の学部にあなたを勧誘しようと（学生が増えれば彼の学部が活気づく）、バイオエンジニアリングはエンジニアリングの中でも最も成長の著しい領域なのだとアピールするかもしれない。だがその教授は、バイオエンジニアリングが急速に伸びているのはもともとの規模が小さかったからだという事実や、バイオエンジニアの職は限られているという事実には触れないかもしれないのだ。

また、あなたが結婚していれば配偶者の意見も無視できないだろうし、子供がいたり、子供を作ろうと思っていたりすれば、考えなければならない要素はもっと増えるだろう。

職業適性診断をすればマインドシフトの方向が見えてくると思うかもしれないが、そうしたテストからは多くの場合、あなたの今の強みや興味の方向性についての機械的なフィードバックが返ってくるだけで、あなたのこれからの可能性が考慮されることはまずないと言っていい。

私たちはまた、自分の興味に従ってキャリアを選ぶよう言われることも多い。だがそんなことをしたら、世界はずいぶんいびつなものになってしまう。誰もが自分の興味だけで仕事を選んでいたら、車や家をつくったり、食料品店の仕入れをしたりする人はいなくなってしまうだろう。

仕事にできなかった自分の興味と現実的な制約との組み合わせが、マインドシフトの成功につながった例もある。脳科学者のサンティアゴ・ラモン・イ・カハールは、父親に無理に強要されて、画家になることをあきらめ、嫌々ながら医師になった。だが研究の際には、絵を描ける彼のスキルが役に立ち、彼は最終的には医師としてノーベル賞を受賞している。

これらのさまざまな要素を踏まえたうえで、あなた自身はキャリア選びにおいて何を重視するだろうか？「マインドシフトに向けての考え方と、マインドシフトに影響を与えるもの」と見出しをつけ、時間をかけて以下の問いについて考え、その答えを書き出してみよう。

■人は誰でも、周りの人が何があろうと支援すべき「真の可能性」を秘めているものだろうか？

■思い切ったマインドシフトをしようとしているとき、他の人々の意見は考慮に入れるべきだろうか？　そう思う場合は、どの程度考慮に入れるのが適切だろうか？

■マインドシフトをする際、新しい仕事の労働環境や条件など、現実的な要素は考慮すべきだろうか？　そう思う場合は、どの程度まで考慮に入れるのが適切だろうか？

■あなたには強みに転換できる弱みがあるだろうか？　ある場合は、どうすれば強みに転換できるだろうか？

第8章 キャリアのマンネリ化と行き詰まりを回避する

テレンス・セジュノウスキーは、額が広く、いかつい笑顔で、いつも当意即妙の答えを返す。引き締まったたくましい体つきのせいで、とても60代後半には見えない。[1] 彼がヤシの木の並木道を歩いているところや、カリフォルニアのラホヤ近くのビーチをジョッギングしているところをもしあなたが見かけたとしても、おそらく彼が著名な科学者だとは思わないだろう。彼がアメリカトップの３つの学術機関、全米科学アカデミー、米国医学研究所、全米技術アカデミーのすべてから同時にメンバーに選ばれている数少ない科学者のひとりだという事実は、彼の近所の住人にさえあまり知られていない。神経科学の世界には一流の科学者が大勢いるが、その中でもテリーはちょっとした伝説的な存在になっている。

けれどもサイケデリックな１９６０年代当時、テリーが20代だった頃は、彼もまだ一介の学生に過ぎなかった。頭脳明晰な彼はもちろん優秀な学生だったが、あいにく彼がいくら賢いといっても、のちに生物の講義を受けて恋人に振られることになるとは、当時は予想できていなかった。

オハイオ州のクリーブランドで育ったテリーは、小学生のときにはもう科学に夢中で、高校生になる頃にはアマチュア無線クラブの会長をつとめていた。クラブの顧問だったマイク・スティマックは、プロジェクトを考案するときには視野を広く持つよう生徒たちに指導していたため、クラブでは、高校の屋上に業務用の無線送信機とアンテナをいくつか設置して、月まで信号を往復させる「ムーン・バウンス」という手法を試したこともある。テリーの人生に多大な影響を与えた師でもあるスティマックは、飛行クラブの顧問も兼任していて、テリーはそこでは飛行の原理を学んだ。

今から思うと、とテリーは話し始める。「優秀な学生だったり、賢かったりするのは成功するためにどうしても必要な要素ではないんだよ。私が物の作り方や、目標の立て方や、長期プロジェクトの計画の仕方を学んだのはアマチュア無線クラブだったし、クラブの会長もしていたから、組織の運営の仕方や、目標に向けて他の人たちと協力して事を運ぶ方法もそこで身についた。学校での勉強の積み重ねが私の将来のキャリアにつながったわけじゃない。学んだ知識を他のことにどう活かしていくかが、キャリアの

おそらく1976年前後の写真。プリンストンで物理を専攻していた大学院生だった頃のテリー・セジュノウスキーが、ウラジミール・ナボコフの『アーダ』を読んでいるところ。当時のプリンストンでは一般的な学生の服装だったネクタイとスラックス姿にご注目いただきたい——のちに彼は、この服装のせいでちょっとした面倒に巻き込まれることになる。

成功には大事なんだ」[2]

１９６８年にケース・ウエスタン・リザーブ大学で物理の学位を取得した後、テリーはアメリカ国立科学財団の研究奨励金を受けられることになり、理論物理学を学ぶためにプリンストン大学に進んだ。指導教官として修士課程のテリーを受け入れてくれたのは、有名なマンハッタン計画（訳注：第二次世界大戦中に行われたアメリカの原爆製造計画）に参加した、物理学者のジョン・ホイーラーだった。一般相対性理論研究を牽引した人物でもあり、「ブラックホール」の名付け親でもある。

ホイーラーもテリーにとってはすばらしい師であり、テリーはやはり広い視野でものを考えるよう彼に指導を受けた。ある日、テリーがホイーラーにこう尋ねたことがあった。「もしブラックホールが豆粒ほどの大きさだったらどうなるんでしょうね？」。ホイーラーはこう答えた。「それはまた突飛な発想だね、テリー。でもまだ突飛すぎるとは言えないな」。太陽系と同じくらいの大きさの物をティースプーンの４分の１の大きさに押し込めてみても、まだホイーラーにとっては十分に風変わりなアイデアとは言えなかったのだ。

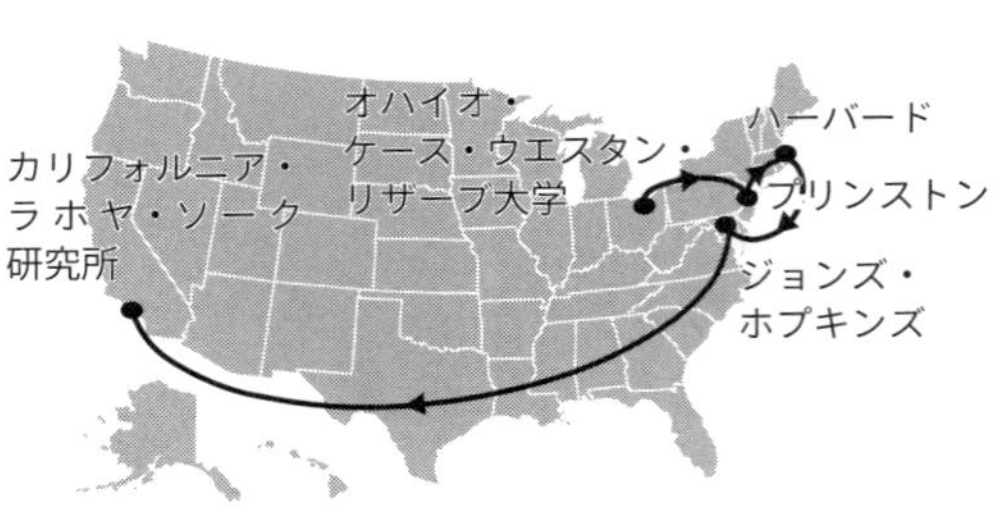

テリーは全米有数の研究機関で研究に携わってきた。今では、会議や同じ領域の研究者たちとの共同研究のために世界じゅうを飛び回っている。

料金受取人払

新宿局承認

767

差出有効期間
平成32年3月
31日まで

郵便はがき

1 6 0 - 8 7 9 0

6 1 1

東京都新宿区
西新宿7-9-18 6F
フェニックスシリーズ
編集部 行

フリガナ お名前	年齢	性別　男・女
		職業
住所 〒		
電話番号　(　　　)		
E-mail		

愛 読 者 カ ー ド

ご購入いただいた
本のタイトル

ご購入いただいた書店名（所在地）

●本書を何でお知りになりましたか？

1. 書店で実物を見て（店名　　　　　　　　　　　　　　　　　　　　　　　　　　　　　）
2. HPまたはブログを見て（サイト名　　　　　　　　　　　　　　　　　　　　　　　　　）
3. 書評・紹介記事を見て（新聞・雑誌・サイト名　　　　　　　　　　　　　　　　　　）
4. 友人・知人からの紹介
5. その他（　　　　　　　　　　　　　　　　　　　　　　　　　　　　　　　　　　　　）

●復刊・翻訳をしてほしい書籍がありましたら、教えてください。

●本書についてのご感想をお聞かせください。

ご協力ありがとうございました。

●書評として採用させていただいた方には、**図書カード500円分**を差し上げます。

こちらからもお送りいただけます。

FAX 03-5386-7393　E-mail info@panrolling.com

知性の限界を回避する

テリーは物理の勉強しか目に入っていなかったわけではない。彼は周りの人々も実によく見ていた。プリンストンで学んでいれば、世界にはたくさんの聡明な人々がいることがよくわかる。知性は研究職では必須だ。だが、テリーは知的なだけではどうやら十分ではないらしいことにも気づき始めた。「知性というのは、マイナスに作用することもあるんだよ」とテリーは言う。「知性があればいろいろな選択肢は見えるが、同時に限界も見えてしまう。つまり、頭のいい人ほど物事に見切りをつけるのも早いんだ」。プリンストンで学び始めて間もない頃、テリーが研究しようとしたテーマは、彼の周囲の教授数名に却下された（それは、銀河の真ん中にある巨大なブラックホールはどのような見た目をしているのか？　というものだった）。だが同じテーマの論文がのちに他の研究者によって発表されると、学界からは高評価で迎え入れられた。「つまり、粘り強さも大事だってことだ」

ホイーラーのもとで学んでいる間に、テリーは物理学の中でも最も難しい課題への理解をどんどん深めていった。だがホイーラーがテリーに教えてくれたのは、物理に関してだけではなかった。「テリー、誰でもミスはするものだ。だから君が何かのミスを犯しても、それにこだわらないようにしなさい。その道からは外れて、一刻も早くそのミスを過去のものにしてしまったほうがいい」

このアドバイスは、のちにテリーのキャリアに大きな恩恵をもたらすことになる。

テリーはそれまでもかなり熱心に物理の勉強に取り組んでいたが、修士課程の締めくくりの時期には、彼の意識は実質、完全に物理だけに占領されていると言っていいくらいの状態になった。当時プリンストンでは、古典力学から量子物理学、電磁気学、熱力学、統計力学、凝縮系物理学、素粒子物理学、一般相対性理論にいたるまで、それまでに学習した物理学の全分野の知識を1週間で立証しなければならない、という過酷な博士候補生認定試験が行われていたからだ。

この種の認定試験は世界各地の博士課程プログラムで行われているが、プリンストンの試験には他とは異なる点があった。日頃から飛びきり聡明な学生たちと密に交流していたせいか、プリンストンの世界的な物理学の教授たちが作る試験問題は、年々難しくなっていたのだ。[3] どの教授も毎年、それぞれの専門エリアの最も熟考を要する複雑な部分を、前年以上にさらに深く掘り下げる問題を考案し続けた。しかし、大掛かりな認定試験にそうした問題ばかりが出題されれば、試験はただ過酷なだけでなく、ほとんど合格するのが不可能に近いくらいの、限界を超えた難しさになってしまう。やがて、優秀な学生たちの中にも博士課程に進めない者が出始めた。そのうち、全試験問題を物理学の教授たち自身に受けさせてみる名案を思いついた者がいた。すると非常に頭脳明晰なはずの教授たちの中にも不合格者が出てしまい、その後、試験の負担は軽減されるようになったという。

だがテリーが試験を受けたのは、負担が軽減される以前のことだ。テリーはひどく難しい試験を受け、そして楽々と合格してみせた。

客観的にキャリアの全体像を考える

テリーが修士課程で主に研究していたのは、一般相対性理論だった。相対性理論は素粒子物理学においても宇宙論においても重要な理論で、研究を進めるうちにテリーには、それらの研究分野の実情が徐々に見えてくるようになった。素粒子理論学者にとってはひも理論が最も重要なテーマになりつつあり、理論の内容もどんどん複雑化していた。しかし少しでも理論を実証するための実験的な研究には、宇宙での大爆発か大型の加速器が必要で、また大型の加速器を稼動させるには、膨大なエネルギーも必要だった。そのうち物理学者たちは、研究を大きく前進させられるだけの大型素粒子加速器を建設するには、アメリカの年間予算と同じくらいの費用がかかると気づき始めた。宇宙論の分野でもやはり、同様の問題があった。研究を進めるには、ひどく高額な人工衛星と巨大な干渉計が必要だった。

けれども、自分の研究分野にかかわりがあるとはいえ、こうした問題は当初、テリーの日常からは遠い、はるか彼方の出来事にすぎなかった。数学の中からどうやって物理のアイデアをひねり出そうかと考えることに日々苦心していたし、新しい発見や理論が頭の中でひらめき、活気づき出すときの感覚も、次々にいろいろな発見をすることも楽しくてしかたがなかったからだ。時にはオリジナルの理論では言及されていなかった新しい結びつきを見つけられることまであった。

けれども博士候補生認定試験に無事合格した後は、テリーは研究ばかりにいそしんでいたわけではなかった。社交的な彼は、友人たちと楽しんだり、映画に行ったり、食事に出かけたりもしていた。頭が良く快活で、美しい自慢の恋人もいた。テリーは、知識欲旺盛な家族にとっては完璧な結婚相手の条件を備えていたのだから当然かもしれない。世界的に有名な指導教官に教えを受けながら、プリンストンで相対性理論を研究する学生よりすばらしい学歴の持ち主はそういるものではない。テリーのキャリアは前途洋々に見えた。

だがそのうち、テリーの中に疑念の雲が広がり始めた。このまま物理の研究を続けていいものかどうか、迷いが生じてきたのだ。もし自分のキャリアを通してずっと「あなたの研究に必要な装置は高すぎてつくれません」と言われ続けるとしたら、相対性理論の基礎研究でどんな結果が残せるのだろう？　子供の頃から好きだった物理の勉強にこれまで注いできた労力を考えると、そう簡単にキャリアを変える気にはなれなかった。だがテリーはどうしても「別の分野でのキャリアを見つけたほうがいいのだろうか？」との疑問を消すことができなかった。多額の研究費用に常に悩まされずにすむ分野はあっただろうか？　相対性理論の知識を深めることが至高の目標のようになっている物理の名門のプリンストンで、そのようなことを考えるのはほとんど罪深い行為のような気がした。

特に強い興味を感じていたのは物理だったが（あるいは他の自然科学分野との親和性が高いからこそ物理に興味があったのかもしれないが）、テリーはありとあらゆるものに興味があった。生物を専攻している友人がいたため、テリーは著名な神経生物学者のマーク・コニシの神経動物行動学コースをとることにした。[4] ふくろうが音から獲物の場所を突き止める方法や、ひな鳥が何百種類の鳥の鳴き声から自分の仲間の声を聞き分ける方法など、物理の知識を動物の自然な行動の研究に適用できる分野である。

しかしテリーは、物理との関連性から生物に興味を持ったわけではなかった。エール大学の客員教授チャック・スティーブンスの講義でテリーは、情報伝達にかかわる神経細胞の接合部であるシナプスは、実は信頼性に欠ける部位だと知った。「脳は、どうやってそんなに信頼性の低い部位と折り合いをつけているんだろう?」と疑問に思ったテリーが北米神経科学学会の研究会に出かけてみると、参加人数は驚くほど多く、また参加者は皆、非常に熱心だった。

2つのまったく異なる世界が存在するのだと、テリーは気づき始めた。ひとつは、脳の外の世界だ。何十億光年もの距離のある広大な宇宙も、1000兆分の1の大きさしかない原子もここに含まれる。そしてこのマクロとミクロのすばらしいコレクションはどちらも物理学の研究対象内にある。

だがもうひとつ、脳の中にも世界があるのだ。まだ謎が多いために神秘的なイメージのある、私たちの思考や感情や意識そのものを生み出している場所である。当時は、ちょうどこの分野の研究が「神経科学」という新しい名前で呼ばれ始めた頃だった。しかし神経科学は、少なくとも1970年代後半には、相対性理論研究ほど重要視されていなかった。それどころか科学の世界ではまだよちよち歩きの幼児のような存在にすぎず、一般的には、神経科学の分野でキャリアを築くのは難しいと思われていた。また、生物学という分野そのものが、過度に賞賛されている物理学の研究とは良い関係にあるとは言えなかった。

キャリアの方向性に迷っているテリーに、恋人の両親はあきれ返っていた。優秀な物理専攻の学生のはずのテリーが、畑違いの生物にも興味を示してこそこそと動き回っているのだ。彼らから見れば、テリーは学術の世界で遊んでいるだけで、真剣に世界クラスのキャリアを築こうとしているようには思えなかった。数週間の緊張状態が続いた後、恋人は彼のもとを去った。

精神的には大きな痛手だったが、学術界とその中での自分の居場所を見直すいいきっかけにはなった。テリーはプリンストンにいたふたりの神経科学の教授、チャールズ・グロスとアラン・ゲルパーリンの研究室に出入りするようになった。そして最終的にテリーは、ジョン・ホイーラーと相対性理論を研究する代わりに、自身も物理から神経科学に専攻を変えた経験を持つすばらしい研究者、ジョン・ホップフィールドを担当教官として博士課程の研究をすることになった。ホップフィールドは1950年代後半に、電子と周辺の物質とのカップリングによって生じるポラリトンという一種の「素粒子のようなもの」に関する画期的な研究を発表した科学者である。その他にもさまざまな業績をあげているが、記憶に関する神経回路の理解を深めることに寄与した「ホップフィールド・ネットワーク」の発明者として特によく知られている。

テリーが相対性理論から神経科学へ専攻を変えるには数年かかった。その間は、昼間は生物の講義を受け、夜になると物理の論文を書くという二重生活を送った。ジョン・ホップフィールドからの励ましには大いに勇気づけられた。その後テリーは、ノーベル賞を受賞したデイビッド・ヒューベルとトルステン・ウィーセルの視覚野に関する画期的な研究に発想を得て、神経ネットワークモデルについての論文を複数発表した。それらは最終的に「非線型神経細胞応答の確率論的モデル」としてまとめられ、テリーの博士論文となっている。

マンネリ化に注意

科学の分野では、研究者が特定の課題に取り組むための、ある種の画像化の方法や、統計的にデータを分析するための方法といったテクニックを何年もかかって習得するのは珍しいことではない。そしてほとんどの場合、その後の研究者たちのキャリアは、それらのテクニックにバリエーションをきかせながらの研究で構築されていく。

「同じテーマのバリエーションだけでキャリアが出来上がっていく過程は、別に科学の世界に特有というわけじゃない」とテリーは言う。「何かひとつのスキルを身につけるとする。だがそれを何度も繰り返し使っていると、そのうちマンネリ化して、結局はあきてしまう。そうでなくとも、ひとつのスキルだけに依存しているうちに働いている業界が変化して、新しいスキルが必要だと気づき始めたときにはもう、自分が行きたい方向にキャリアを進めるタイミングを逃してしまっている場合もあるかもしれない。科学の分野では、こういうキャリアの行き詰まりを避けるのは特に難しい。10年努力を続けて博士号を取ったとしても、それはひとつの狭い領域に限った話で、他の領域ではまったくのアマチュアなんだから」

物理から生物へと専門を変えても生物の分野で業績をあげられることは、テリーの博士課程の担当教官ジョン・ホップフィールドを見れば明らかだった。そしてテリーには、物理の数理モデリングの手法を使えば、生物の分野の、特に神経細胞についての理解をもっと深められるはずだとの確信があった。しかし神経科学のエキスパートになるには生物の詳細な知識がまだ足りないという自覚もあった。彼の師だったアラン・ゲルパーリンがのちに言ったように、テリーには「神経細胞についての知識をしっかりと自分のものにする」必要があった。

だが、神経科学の研究に必要な知識を身につけられたとしても、テリーはどうやってその領域でのキャリアの糸口をつかむことができたのだろう？　研究者の関心が高まりつつある領域だったとはいえ、当時はまだ、国内に神経科学が学科として創設されているところはそう多くはなかったはずだ。職を見つけるのは、そう簡単ではなかっただろう。

適切な場所を見つけるための人脈づくり

当時、神経生物学の研究をするのに最適な場所といえばハーバードだった。だがテリーは数百キロも離れたプリンストンにいて、物理の博士号取得に向けて勉強中だった。テリーは間違った場所で間違った分野に携わっていたわけだが、それでも、物理の範疇を出ないように気をつけながら、ひそかに神経細胞への興味を取り入れ、自分の研究対象の幅を広げていた。

１９７８年の夏には、偶然にも、コッド岬の一角にあるウッズホール研究センターで神経生物学の講座が開かれることを知り、テリーは受講の申し込みをした。ウッズホールは形式張らない場所だとの噂を聞いていたため、講義には白シャツにスーツの上着をはおる、プリンストンの標準的な正装で出席することにした。「形式張らない」場の雰囲気に合わせるため、ネクタイは結ばなかった。だがこの服装は他の受講者たちや教授陣におもしろがられ、テリーはあっという間に悪意のないからかいの対象になってしまった。続けざまにからかわれる様子を見かねた神経生物学者のストーリー・ランディスが、テリーにはじめてのジーンズを買ってくれたほどである。ランディスは、のちにアメリカ国立神経疾患・脳卒中研究所の所長になった女性で、テリーのワードローブを増やしてくれただけでなく、学習にも力を貸してくれた。彼女や、その他の受講者たちのサポートを得て、魔法のような

1978年の夏が始まり、テリーは新たな研究分野へと、頭から勢いよく飛び込んでいった。講座内容は難しく、テリーはそれまでの人生でいちばんと言っていいほど勉強に打ち込まねばならなかった。だが同時に、世界でも有数の神経科学者たちのもとで学ぶことは、ぞくぞくするほど楽しかった。講座の開催期間は6月から8月までだったが、9月になっても、テリーはまだウッズホールに残っていた。ガンギエイの電気受容器のプロジェクトを完成させたかったのだ。この研究でテリーはその後、生物での最初の論文を書き上げた。

ある日、テリーがウッズホールの研究室に座っていると電話が鳴り、テリーが受話器をとった。ハーバードの神経生物学者、スティーブ・クフラーからだった。博士研究員として、クフラーと共にハーバードで研究をしてみないかという誘いの電話だった。テリーにしてみれば、神様から直接電話をもらったようなものである。なにしろクフラーは「現代神経生物学の父」と称されることの多い人物で、早くに亡くなってしまったため受賞には至らなかったが、ノーベル賞受賞は確実と目されるような研究者だったのだ（ノーベル賞は存命者のみが対象）。

クフラーからの電話で未来が開けた。テリーは、神経生物学の中心地に行けることになったのだ。だがそのためには、やらなければならないことも多かった。博士論文を仕上げながら慌ただしく必要な手続きをすませ、その後、テリーはクフラーのもとで研究をするために、ハーバードへ向かった。

能力が鍵

テリーがハーバードに行けたのは、自分が取り組みたいと思う研究に必要な専門知識を得るのに最適な、非常に専門性の高い分野の研究に進んで関与したことがきっかけだった。つまり、目指すキャリアを手に入れるには、そのキャリアにはどんな能力が必要かを知ることが鍵なのだ。たとえば、レストラン経営を目指す人に必要な能力はハーバードでは身につかない。目指すキャリアに必要なのは、ウエイターからマネージャーまで経験してみて、レストラン経営のあらゆる面について知ることである。

あなたがすでに専門にしている分野、もしくはあなたが専門にしたいと思っている分野について考えてみよう。「能力が鍵」と見出しをつけ、あなたの目指すキャリアに必要な能力を身につけるために、あなたがこれまでにしてきたこと、もしくはこれからする必要のあることについて書き出してみよう。

選択的な無視の有用性

テリーがこれまで身につけてきた技術に関する強固な知識は、彼にとっては大きなマイナスにもなりうることはよくわかっていた。一人前の生物学者になる前に、技術者のように便利に使われてしまうかもしれないからである（新しく来たテリーっていうやつはコンピューターに詳しいらしいぞ。ちょっとここに来てプログラムを書いてもらおうか、というように）。そのため、テリーは博士研究員として研究に携わる3年間は、コンピューターに触らないと誓いを立てた。テリーは、神経生物学の研究に一心に打ち込んだ。

新しい分野の核心をつかもうとするテリーの徹底した努力は実を結んだ。ハーバードで神経科学を修めたトップクラスの博士研究員ではなかったにもかかわらず、テリーは一緒に働いていた他の研究員たちと同じくらい優秀だった。だが、テリーには他の研究員たちとは異なる点もあった。新しく習得した多くの神経科学のツールの下には、世界をさまざまな方法でモデル化できる物理の包括的な知識が隠されていたのだ。テリー自身でさえ、まだ彼の中に秘められた可能性の大きさには気づいていなかった。

ハーバードでは博士研究員に、専門家だけでなく、専門的な知識のない人たちも対象に含めた話し方のコツを教授していた。テリーはハーバードで、初心者から専門家まで、誰の興味をも引きつける話し方を身につけた。実は、このことは私がテリーと知り合ったきっかけに関係がある。彼とはじめて会ったのは、私が人の興味を引きつける話の工夫などほとんど出来ないままに、米国科学アカデミーで自分の研究についてのプレゼンテーションをしたときだったのだ。カリフォルニア州アーバインのベックマンセンターで、サックラー学会の一部として開かれたイベントだったのだが、世界的な研究者たちを前にして、私はライオンの群れの中にいる動物の子供にでもなったような気がしていた。司会をつとめていたテリーは、すぐに私を落ち着かせてくれた。学んで変化できる人間の可能性に大いに興味があるという共通項もあり、私たちはすぐに親しくなった。

「私は以前の上司に、会社の業務をすべて学びたいと言ったことがあります。すると彼女はこう言いました。『やめておきなさい。〝選択的な無視〟をして、不必要な情報は意識的に遮断しておいたほうがいいわ。何でも出来るようになったら、みんなからいいように使われるだけよ』。いいアドバイスをもらったと思います。選択的な無視をしていたおかげで、結果的に興味のないプロジェクトに引き込まれたり、時間がないときに何かのプロジェクトに参加させられたりせずにすみました」
――ブライアン・ブルックシャー（ブルックシャー・エンタープライズ、オンラインマーケティングスペシャリスト）

選択的な無視

人間の認知エネルギーには限りがある。専門知識を身につける分野は、意識的に選ぶようにしよう。時間を費やしたくない分野の専門家として人から見られるのは、あなたも本意ではないはずだ。

物事をオープンに受け止める

米国科学アカデミーでプレゼンテーションをした1年半後のよく晴れた7月のある日、夫と私はソーク研究所近くのハンググライダーの名所で、テリーと医師をしている彼のすばらしい奥様、ビアトリス・ゴロムと一緒に時間を過ごした（私の顔は日焼けのせいで、ゆでた皮むきトマトみたいになってしまった）。ハンググライダーやパラグライダーが崖から飛び立ち、海面から１００メートルほどの高さまでぐんぐん上昇していくのを眺めながら、テリーは創造性やキャリアチェンジについて思いをめぐらせていた。

「ひとつの分野にすっかりなじんでしまうのは、ある意味でマイナスでもあるんだ」とテリーは言った。「どの分野にもその分野独自の文化がある。ひとつの文化になじみすぎてしまうと、他の文化にシフトするのが難しくなってしまう」

大発見をする余地のある神経科学は、多くの人にとってキャリアチェンジの格好のターゲットになった。テリーは学んで変化していく人々を何度も目の当たりにした。「キャリアを変えるのは、新しい恋人と付き合い始めるようなものだよ」とテリーは言う。「何年もかかるプロセスではあるんだが、わくわくするし、気持ちがリフレッシュする。分野を変えなくても、たとえば医学の分野の中で専門を変えるだけでもリフレッシュできるしね」

気持ちがリフレッシュされれば、キャリアの躍進につながる新たな展開も期待できる。それに物事を新しい視点で見られるのは、ほとんどの場合、それを学び始めて間もない頃だけである。学習対象をすっかり呑み込んでしまった後では、その対象を新しい視点から見直すことはできなくなってしまう。「実際の年齢とはまったく関係がないんだ」とテリーは言葉を続ける。「同じ分野に何年もかかわっていれば、新しい視点では物事は見られなくなる」。だが、常に科学的な研究の第一線で活躍し続けるのはたやすいことではない。テリーの言葉を借りれば「先駆者の背中には、後ろから追い上げようとする者が放った矢がたくさん刺さっている」からだ。

新しい視点で物事を見るには、あなたが目の前にある事実から何を読み取りたいか、皆がその事実が示すことに納得するかどうかにこだわらず、示されている事実をオープンに受け止めることも大切なのは言うまでもない。ビアトリスは、コレステロール低下薬で延命効果も期待できるスタチンには、筋肉の痛みや記憶障害を併発する副作用がある事実を発表した最初の研究者だった。[6]だがこの事実を彼女はすんなりと発表できたわけではない。研究結果を発表しようとした学術誌の論文査読者たちが、スタチンは良薬だという一般的な認識に反する発見を承認することに難色を示したからである。

謙虚であることの重要性

テリーは、長年の間に自分が関与してきた分野の特徴について話し始めた。テリーによれば、物理は学術界のウォール街のような分野で、尊大さが染みついた「超空の覇者」のような存在だ（それでも、私が彼を好きなのは尊大なところがないからでもあるのだが。非常に頭の切れる人にはありがちだが、テリーも間違った結論にすぐ飛びついてしまうことがときどきある。だが多くの人々と違い、テリーは一度自分の間違いに気づくと、躊躇せずに持論を撤回し方針を変える。彼は自分の考えに執着しない稀有な人なのだ。その意味では、テリーは多くの研究者たちとは大きく異なっていると言える）。物理学者には、物理は最も習得が難しい学問であり、研究者のうちで最も聡明なのは物理学者だと思い込んでいる人が多い。もちろん、物理の分野には知性の高い研究者が大勢いることは事実なのだが、しかしその思い込みゆえに、彼らが普通では考えられないような壮大なへまをやらかす様子を見るのは非常に興味深い。

テリーの知り合いで、神経科学に研究分野を変えたカリフォルニア工科大学の著名なある素粒子理論学者がいた。その研究者は物理学者としては一流でも、神経科学の知識は十分とは言えなかったのだが、研究室をつくって才能ある博士研究員を雇い、彼にあれこれと指図した。だが、結局うまくはいかなかった。研究室は無秩序状態に陥り、最終的には廃止になってしまった。理由は簡単である。Aという分野に熟知しているからといって、Bという分野の知識もすぐに身につくとは限らないからだ。そして新しい分野の知識が十分でない場合には、自分の研究アイデアが実行不可能だったり、すでに他の誰かによって研究済みだったりすることに気づかず、画期的な成果をあげられると信じ込んでしまいがちなのである。

別の方法で神経科学に専門を変えたのが、素粒子実験学者だったジェリー・パインだ。ジェリーはカリフォルニア工科大学の正教授だったが、キャリアの頂点にいたときに専門を変えようと思い立ち、テリーと同じウッズホールの神経生物学講座を受講した（彼は最初からジーンズをはいていたよ、とテリーは決まり悪そうに教えてくれた）。受講生の中で物理を専門にしていたのはジェリーとテリーだけで、他の学生は皆、生物専攻だった。その後、ジェリーは家族と共に転居し、セントルイスにあるワシントン大学の下っ端の博士研究員として3年間働くところから、神経科学でのキャリアをスタートさせた。その後ジェリーは、神経細胞がネットワークを形成する様子を記録できる電子チップをつくりあげ、神経細胞間の情報伝達方法の解明に貢献している。

テリーやジェリーがそうだったように、２つ目の分野を習得するには時間がかかる。それも、２つ目が最初とまったく異なる分野だった場合は、特に長い時間が必要になるだろう。新しい仕事のコツを覚えられるだけでなく、他の人々からも学べるような場所を見つける必要もある。学びの過程では挫折感を味わうこともあるだろうし、最初のうちは、１歩進むごとに２歩下がるようなもどかしさを覚えるかもしれない。だが運がよければ、それまでに身につけたスキルの一部を、新しいスキルと組み合わせて使える場合もあるだろう。

仕事のマンネリ化を避けるには、ジェリー・パインのように変化に対してオープンであらねばならない。そして学びの過程で重要なのは、謙虚さと粘り強さである。これら２つを心がければ、新しい状況での成功の可能性も高くなる。詳しくは次項で触れるが、他分野にうまくシフトできるかどうかは、周りの状況とあなたの気の持ちようにかかっているのだ。

新しい分野の習得には時間がかかる

新しく難しい何かを学ぼうとするときは、集中トレーニングを受けるようなつもりで積極的にいろいろな経験を積み、新しい関係を構築し、知識を吸収しよう。あなたがどんなに頭が良くても、新しい分野をきちんと習得するには時間がかかるものである。

状況が果たす役割

同じことを知覚するにも、状況によって私たちの反応の仕方は大きく異なるものだ。たとえばあなたから数十センチしか離れていない距離に毒ヘビがいたとしても、その毒ヘビがテーブルの上を身をくねらせながら近づいてくるときと、水槽の中で今にも襲いかかってきそうな構えをとっているときとでは、あなたのとる行動は違ってくるはずである。[7] 私たちの物事に対する反応の仕方は、周囲から、そして私たち自身の考えや感情から、多大な影響を受けているのだ。

プラセボ効果（訳注：偽薬を服用したにもかかわらず病気が快方に向かう効果）が強力な作用を及ぼすことがあるのも、そうした理由からだ。前頭前皮質で生み出される私たちの意識的な思考は、体のいかなる部分で起きる変化にも拍車をかける。たとえば何かの治療を受けるとき、看護師からこの処置は痛いですよ、と説明を受けると、数秒もしないうちに私たちのストレスホルモンのレベルは上昇し、実際に感じる痛みは増加する。ノセボ効果（訳注：思い込みよって悪い結果が出てしまう効果）によって、痛みを増幅するコレシストキニンシステムが活性化するためである。[8]

同様に、私たちがある物質で痛みが緩和されると信じ込んでしまうと、たとえそれがただの砂糖や食塩水にすぎなかったとしても、脳内麻薬様物質が分泌され、痛みはやわらぐ。[9] プラセボ効果の威力は絶大で、ほんの数日間偽薬を投与しただけでも、効果はその後も持続する――その薬が本当の薬ではないとわかった後でも。[10]

変化するのは、痛みの感じ方だけではない。1杯目のミルクシェイクが2杯目のミルクシェイクより飲みごたえがあると信じ込むと、1杯目のミルクシェイクを飲むときには食欲増進ホルモンのグレリンの分泌が減少する。[11] 免疫抑制剤入りの変わった味の飲み物を飲むと、次は薬が入っていなくても同じ味を味わっただけで免疫抑制作用が働く。[12] 動揺や恐怖をかき立てるような光景を見たときの不快な反応を抑える抗不安薬は、服用途中で偽薬に変えても効果は続く。[13]

良くも悪くも、これから起きることに対する予測とそれまでの状況が、精神的な反応にも肉体的な反応にも大きく影響を及ぼすのだ。クローディア・メドウズがうつを克服できたのも、彼女の状況や気持ちの変化が精神や肉体に影響を与えた結果である。認知行動療法が患者に大きな治療効果をもたらすのも同様の理由からだ。

このことは、キャリアに関しても当てはまる。あなたが何を学び、何を目指している場合でも、あなた自身が成功できるかどうかは、周りの状況やあなたの気の持ちようで変わってくるのだ。

没頭

テリーとビアトリスの友人だったフランシス・クリックは、キャリアチェンジにおける状況の変化の重要性をはっきりと認識していた。暗号化された体の設計図、ＤＮＡの共同発見者として知られるクリックは、科学の世界では突出した存在だった。クリックは30代前半ですでに一度、専門分野を変えた経験がある。後年、ノーベル賞受賞の大発見につながったキャリアチェンジである。第二次世界大戦中、彼の研究室の上にドイツ軍の爆弾が落とされ、研究機材が破壊されてしまうまでは、クリックはユニバーシティ・カレッジ・ロンドンで物理学を専攻する、将来を嘱望された学生だった。

その後、戦争が終わるまでの数年間は、ドイツの掃海艇に対抗するための機雷の設計に携わり、クリックがようやく生物の勉強を始めたのは、31歳という遅い年齢（少なくとも科学の勉強を始めるには）になってからだった。テリー同様、クリックにとっても物理から生物へ専攻を変えるのは簡単なことではなかった。クリックはその当時のことをのちに「もう一度、人生を一からやり直すようなものだった」と述懐している。[14]

けれども「簡潔で非常にすっきりした」物理学から、生き物の進化のメカニズムを研究する複雑な生物学への転向がそれほど難しかったにもかかわらず、クリックは奇妙なことに、これまで身につけた物理の知識は、生物の研究にとても有利に働くのではないかとも感じていた――諸刃の剣になりうる物理特有の尊大さゆえかもしれないが。誇り高い超空の覇者たち（彼の物理時代の仲間たち）は、すでに飛躍的な発見をいくつも成し遂げていた。彼らが物理でそれだけの成果をあげられたなら、自分だって生物で同じことができるはずだと考えたのだ。

そして実際に物理から生物へのキャリアチェンジによって、クリックはＤＮＡの構造を発見するという重要な役割を果たすことになった。しかし、結果的にノーベル賞の受賞にもつながった大胆なキャリアチェンジだけでは、クリックは満足しなかったようだ。多くの人たちが仕事のペースを落とし始める年齢の60歳も間近になって、クリックは人間の意識の源とその働きという、科学の分野でも最大の難問のひとつに興味を持つようになった。当時の多くの科学者とは違い、クリックは解明の鍵は神経解剖学にあるのではないかと直感していた。意識を理解するために、クリックは神経科学の知識を徹底的に習得し始めた。

しかしそれまでに残したすばらしい業績が、クリックにとっては壁となった。DNAという極めて重要な発見と、その発見によって受賞したノーベル賞のおかげで、クリックには分子生物学研究室トップの特別待遇が与えられていて、まるでケンブリッジという世界有数の研究空間に閉じ込められた受刑者のように、その場から身動きがとれなくなっていたのだ。

そこから抜け出すために、クリックはイギリスからサンディエゴのソーク研究所へ移ることにした。クリックは自らの状況を変えたのだ。太陽のさんさんと輝く新しい環境で彼が日々交流を持ったのは、分子生物学者たちではなく、神経科学者たちだった。「いつも、数日にわたって話をしていたよ」。テリーはそう回想する。「彼は神経科学者たちに、自分のところへ来て議論をしながら知識を授けてくれるよう頼んでいたんだ」。クリックは新しい知識の吸収に没頭した。最終的に意識を解明するにはいたらなかったが（そう簡単に解ける問題ではない）、クリックは意識についての研究を学問の一分野として確立する重要な役割を果たした。そして88歳で亡くなるほんの数日前まで、神経生物学に関する彼の最新論文の改訂にいそしんでいた。

若い頃のテリーや、人生も後半に差しかかってからのクリックを見ればわかるように、新しい何かを学び、変化するのは、年齢を問わず可能なのだ。学習し、変化する能力を高めるための具体的なヒントを示す研究結果も出されている。どうやら人間は、年を重ねてからでも能力を高めていくことができるらしい。

学び、変化するのに遅すぎることはない

私たちが自分のキャリアや学習について振り返ったときに、後悔の念を覚えることは驚くほど多い。20代のときには「もし子供のときにギターを始めていたら、一流のギタリストになれていたかもしれないのに！」と歯噛みをし、60歳になれば今度は物憂げに、30代の頃にはもっといろいろなことができたはずだと思いをはせる。実際に30代だった頃には、選択肢は今と同じくらい限られて見えていたことを、ほとんどの人は忘れてしまう。大学に入りたての新入生たちでさえ、高校のときからフランス語や物理や哲学を学び始めた学生たちには羨望のまなざしを向ける。年齢にかかわらず、どうやら私たちはいつも、新しい何かを学び始めるには遅すぎると感じてしまうものらしい。

選ばなかった道は常に魅力的に見え、これまで自分がたどってきた道のメリットは見えにくいことに、人はなかなか気づかない。だが過去を振り返って後悔などしなくても、何かを学び始めるのに遅すぎることはない。大人になってから脳を鍛えなおして新しい何かを習得しても、得られるものは実は非常に大きいのだ。あなた自身にも、そしてあなたの周りの人や社会全体にも、大きなメリットがもたらされる。そのメリットの大きさに、すでにキャリアにおいて大きな成功をおさめている人たちでさえ、積極的にキャリアチェンジの機会をうかがうほどなのだ。なかには定期的なキャリアチェンジを前もって計画している人たちすらいる。イリノイ州ロックフォード大学の哲学者、ステファン・ヒックスは、自身のキャリア形成について次のようなことを述べている。

哲学の研究を仕事にしようと真剣に考え始めていた大学院生の頃、私は物理学者のスブラマニアン・チャンドラセカールの仕事の仕方について読んで、感銘を受けました。チャンドラセカールは、数年間、物理のひとつの分野だけに関するものを集中的に読んで考え、それから論文をいくつかと、それまでに考えたアイデアをまとめる包括的な本を1冊書いて、その後、物理の別の分野に移ってまた同じ作業をすることを繰り返していたらしいのです。扱うテーマは分野を移る前後でかなり異なることが多く、何十年もの間、彼はその方法で思考のマンネリ化を避け、結果的にたくさんの分野で数々の独創的な業績を残しました。

哲学は扱う対象がとても広範囲な学問です。私が哲学に惹かれたのも、哲学がさまざまな学術分野の基礎となっていることが理由のひとつだったため、私はチャンドラセカールのやり方を真似ることにしました。大学院を終えてからずっと、私は6年サイクルで仕事をしています。最初の4年間は文献を読み、考え、短い論文をいくつかまとめ、次の2年で本を書き上げ、それが終わると、それまでとはまったく違う別の分野に移るようにしています。

6年ごとのパターンは、頭で考えて計画したわけではなく、感覚にしたがっているうちに自然に出来てきたものです。そうして今までいくつかの異なる分野の研究に携わってきましたが、それでも、それらの分野同士は哲学の範囲内ですから、まったくの無関係というわけではありません。目標は、研究生活を終える頃までに、哲学全般を網羅するような実績が残すことですが、実際にその目標は達成できるのではないかと思っています。

学習に最適な状況をつくり出す

あなたの持つ可能性を伸ばしていくために、あなた自身の気持ちを変化させようとしても、なかなかうまくいかない場合は多い。あなたに今のままでいてほしいと願う周りの人たちが、あなたが目標へ向かって動くのを妨げようとすることがあるからだ。周りに流されずに自分の可能性を伸ばしていくには、以下のようないくつかの方法がある。

■その場所を離れる――周りからの悪影響が大きいようなら、思い切ってその場から離れてみよう。ザック・カサレスはこの方法を選び、学習環境の悪い高校を退学した。

■二重生活を送る――しばらくの間、同じ生活を続け、興味の方向性も変わっていないようなふりをしながら、新しい興味の対象の知識を身につける二重生活を送ろう。グレアム・キアとテリー・セジュノウスキーは、この方法でキャリアチェンジを成功させた。この方法を使えば、キャリアチェンジに反対する周りからの雑音を気にせずにすむ。

■意地を張る――意地っ張りであることに誇りを持とう。あなたが失敗すると言う人の数が多ければ多いほど、あなたの内なる決意は固くなる。意地っ張りのアダム・クーは、有名なジュニアカレッジへの入学をはじめとする人生の中間目標をいくつか設定し、その目標を達成して、彼自身にも周りの人にも彼の持つ可能性を証明してみせた。しかしこの方法を使う場合は、達成できそうな現実的な中間目標やチェックポイントを設定し、途中であなたの進み具合を確認することも大切だ。たとえば、一生懸命努力して何度か医科大学入学試験を受けてみても、極端に低い点数しかとれない場合は、医学部入学の夢をもう一度検討しなおしてみたほうがいいかもしれない。

運がよければ、周りの人は変わろうとするあなたを後押ししてくれるかもしれない。その場合は幸運に感謝し、その機会を大いに活用して学習過程をできるだけ充実させるようにしよう。その幸運にめぐまれた物理学者のジェリー・パインは、カリフォルニア工科大学の正教授の職を投げうって家族と共にセントルイスに移り、下っ端の博士研究員から彼の新しいキャリアをスタートさせた。学習の過程では、壁にぶつかったとしても、それを大げさにとらえすぎて新しい目標へのやる気を損なわないようにしなければならないが、その一方で、少なくとも成功の下地となるような基本的なスキルが身についているかなど、考慮すべき重要な点を過小評価するのも避けなくてはならない。音痴だという自覚もなく下手なカラオケを響かせるような人には、あなたもなりたくないはずだ。

加齢による脳機能の低下を改善する

テリーはこれまでに、記憶や思考や感情など、私たちの頭の中で起こる複雑な現象の理解に役立つ、実用的なコンピューターモデリングの手法を開発している。そのためテリーは、神経科学研究のさまざまな面に関する極めて広範な知識を持っている。「人生も後半に差しかかると、新しい何かを学ぶのは難しくなるし、習得までにかかる時間も長くなる。それでも、学ぶことはできる。脳はまだ新しい知識を吸収できる状態にあるからね。でも、それだけじゃないんだ。近い将来、加齢による認知機能の低下を防ぐ方法が確立される兆しも見え始めているんだよ」

年齢を重ねるにつれ、私たちのシナプスの数は減少する。シナプスだけではない。神経細胞そのものが、まるでダムから水が少しずつこぼれ出るかのように減少してしまう。だが、私たちが適切な措置を施しさえすれば、この現象を食い止めることは可能なのだ。エクササイズをし、学習をし、新しい刺激を受けるような生活をこころがけていれば、新しい神経細胞とシナプスが生成され、またそれらの成長も促進できる。これらの行為は、いわば神経のダムに水を継ぎ足す認知力の雨のように作用するのだ。エクササイズや学習で新しい刺激を脳に与えていれば、「予備のシナプス貯蔵庫」も形成しておける。加齢とともに失われていく、神経細胞とシナプスのネットワークを補完する役割を担ってくれる貯蔵庫の有無は、年齢を重ねつつある脳には特に重要な意味を持っている。

私はテリーに、加齢による認知機能低下の改善を研究している科学者の中で、特に優れているのは誰だと思うかを尋ねた。「ダフネ・バヴェリアだね」。テリーは即座にそう答えた。

認知神経科学者のバヴェリアは、スイスのジュネーブ大学でテレビゲームの研究をしている。より正確に言えば、敵を撃ちまくるようなアクション系ゲームの研究である。彼女はこれまでの研究結果によって、テレビゲームは人間に悪影響を与えるという先入観をくつがえし、老後も脳を最高の状態に保つための将来的な治療のあり方の方向性を示した。[15]

一般的には、テレビゲームの画面を長く見続けると視力が落ちるということが共通認識になっている。だが、アクションゲームをする習慣のある人の視力を数値化してみると、彼らの視力は平均を上回ることがわかり、バヴェリアは驚いた。平均を上回ったのは、些細なことに見えても実は重要な次の2点だった。アクションゲームをする人は、雑多なものから細部を見分ける能力と、灰色の濃淡を区別する能力が高かったのだ。どういうことはない能力のように思えるかもしれないが、現実の生活に当てはめてみると、アクションゲームをする人は霧が出ていても運転に支障が出ず、年をとっても拡大鏡を使わずに薬の瓶の小さな文字が読めることになる。つまり、テレビゲームをすると、加齢に伴って危険度が増したり、難しくなったりする特定の行為に改善が見られるのだ。

だが、バヴェリアと彼女の共同研究者たちが発見したのはそれだけではなかった。

多くの人々が、テレビゲームをすると注意が散漫になり、集中できなくなると思い込んでいる。だがアクション系のゲームに限って言えば、どうやら逆のことが起きるようなのだ。バヴェリアと共同研究者たちが普段からアクションゲームをする人たちを調べたところ、彼らの脳の注意力にかかわるエリアは非常に効率のよい働き方をし、そのうえ、彼らはあまり意識しなくても注意を向ける対象を素早く切り替えられることもわかってきた。要するに、アクションゲームをする人たちは注意力が高いのだ。そのため彼らは、運転中に道路わきから犬が飛び出してきた場合なども、目の前の道路から犬へ素早く注意を移すことができる。

このように、アクション系のテレビゲームには、加齢とともに低下する機能の多くを改善させる効果が認められている。バヴェリアは「アクション系ゲームのように、多方面に注意を払わねばならないトレーニングには、脳の可塑性と学習能力を高める効果があるのではないかと考えられる」[16]と見解を述べている。視力と注意力と学習能力を上げるアクション系ゲームの効果は持続期間も長く、数カ月たってもなお効果が続いていることが確認されている（ちなみに、物体の図を頭の中で回転させるメンタルローテーション能力は芸術でも工学でも大事なスキルだが、これを高めたければテトリスがいいらしい）。

脳の神経を発達させられるゲームソフトという観点から「メダル・オブ・オナー」と「ザ・シムズ」を比べるならば、残虐だが熱中できる「メダル・オブ・オナー」の圧勝だ。おそらく「ザ・シムズ」では、注意を向ける対象をあまり変える必要がないせいだろう。それに対して「メダル・オブ・オナー」のほうは、周囲に新しい敵がいないかどうかを把握するために画面全体に注意を向けたり、正確に狙いを定めるためにある一点に集中したりと、画面上のさまざまなエリアに注意を向けなければならない。「メダル・オブ・オナー」はまた、意識していないところでも、バックグラウンドミュージックや、画面上の予想もしない変化や、目の前に急に何かが現われるような動きが脳のさまざまなレベルに働きかけ、プレーヤーの注意を引きつける。[17]プレーヤーを引き込むためのこうした演出も、脳の可塑性を促進させる重要な役割を果たしているのではないかと考えられている。

これだけのことがわかっていながら、加齢による機能低下の防止をうたった効果的なテレビゲームがまだ存在していないのはなぜだろう？　バヴェリアはその理由を、おいしいチョコレート（テレビゲーム）を健康的なブロッコリー（認知能力改善）と組み合わせるようなものだからだと説明している。[18]食欲をそそるような形でチョコレートとブロッコリーを組み合わせるのは、一流シェフにとっても簡単なことではない。それでも、ゲーム制作におけるアート関係者たちやゲーム業界と協力しながら、脳科学者たちは開発を進めている。

もちろん、テレビゲームをする際には常識的な限度も働かせなければならない。研究者たちも度を越したテレビゲームの使用は健康的ではないと認めている。しかしどのみち、認知機能改善には、度を越してまでゲームをする必要はなさそうだ。機能改善効果が認められたのは、短期間ゲームで遊んだ人たちだけだった。数カ月にわたって、定期的に1日30分前後プレーするのが適切なようである。

大人になってもなお学び変化する能力を維持するには、さまざまな面での努力が必要となる。テレビゲームをしたり、本を読んだり、同じことを学んでいる仲間たちや教師と交流したりするだけでは十分とは言えない。まず、体を動かすエクササイズは、すでに述べたとおり極めて重要である。リタリンやアデロールなどの薬剤でも学習能力が向上することはあるが、余計な副作用も多い。まるでリビングの壁のちっぽけな汚れを隠すために、バケツ1杯分の鉛系塗料をぶちまけるようなものだ。優秀な栄養士も助けにはなるだろうが、ある時点を境に栄養面からの認知機能の改善は困難になる。さまざまな説が飛び交う変化の激しい栄養論をあなた自身が学び始めたとしても、結果は変わるものではない。

けれどもアクション系のテレビゲームは、その広範囲にわたるインパクトの大きさから、一流の研究者たちの注目を集めつつある。何しろテレビゲームを使えば、目に入るものや、動き、音、自分から何かに参加する行為が、注意配分や気を散らすものへの抵抗性、ワーキングメモリ、セットシフティング（訳注：無意識のうちに注意を向ける対象を切り替える能力）といった学習の重要な要素にどのような変化を与えるかを簡単に把握することができるのだ。すでにこれまでの研究を通して、ゲームをする人たちの中でも脳を効率的に使い、神経資源をあまり使わずに難しい課題に対応できるのはどのようなタイプの人かが明らかになっているばかりか、ゲームをする人は、無関係な情報を抑え込む能力も高いこともわかっている。

ダフネ・バヴェリアの10年強にわたる研究をさらに発展させる形で、カリフォルニア大学サンフランシスコ校の研究者アダム・ガザレイ（優秀な研究者としてテリーが名前を挙げたもうひとりの人物）もまた、テレビゲームの研究に携わっている。神経科学者であり、神経科医でもあるガザレイは、テレビゲームは最も強力なメディアのひとつだと指摘している。送り手が情報を送信するだけでなく受け手のほうからも応答でき（まさに教師が学生たちに求めているものだ！）、そのうえ楽しめる。ガザレイが目指しているのは認知機能の治療効果を発揮できるゲームの開発だが、すでにかなり完成に近づいていて、ガザレイの研究は「ゲームチェンジャー」という見出しで、世界で最も権威のある科学雑誌のひとつ「ネイチャー」の表紙にもとりあげられた[19]。

ガザレイが考案した新しい治療法は、確かにゲームチェンジャーそのものである。彼が開発した「ニューロレーサー」は、道路に沿ってレースカーを高速で走らせながら不定期に現われる標識に対応するだけという、一見非常にシンプルなゲーム[20]なのだが、ガザレイの実験では、1カ月間にわたって週3日、1回につき1時間ずつ合計12時間、ニューロレーサーをプレーした高齢者たちには集中力に大幅な改善が見られたばかりか、その効果はその後も持続することが確認されている。このゲームは現在、アメリカ食品医薬品局の承認審査を受けている最中で、ガザレイはこのゲームが医師から処方される世界初のテレビゲームとなることを心待ちにしている。

集中力、ワーキングメモリに情報を保持する能力、不要な思考を遮断する能力は前頭正中線シータ波と呼ばれるものに関連があることがわかっている。脳の前頭部から発せられる脳波の一種で、何かに注意を向けているときにはこのシータ波が現われる。[21] だが、集中したいときに重要なのは脳の前頭部だけではなく、前頭部は信号を送って脳の後頭部とも連携する必要がある。シータ波の「長距離同期」と呼ばれる現象である。年を重ねるにつれ、脳のエリア間をつなぐ脳波の力は弱まり、同期性は低くなる。高齢になると、キッチンに来たのはいいが、何のために来たのか理由がわからず立ちつくすことがあるが、その原因のひとつも、前頭正中線シータ波やシータ波の長距離同期性の衰えにある。運転時のリアクションが遅くなるのも同様の理由からだ。

ニューロレーサーを使えば、集中力を高めるための訓練ができる。それも楽しみながらの訓練だ。だが、何と言っても最も注目すべきなのは、なぜこのゲームで集中力を向上させられるのかがはっきりしている点だろう。ニューロレーサーを使うと、シータ波のリズムの周波数が変化するのだ。ガザレイの研究によれば、このゲームを使用した60歳の人は、20歳の若者を上回る集中力を示したのである！　ニューロレーサーには、ワーキングメモリや警戒機能など、多くの主要な認知機能の中心的な役割を果たす神経マーカーを特定し、強化する働きがあると見られており、このゲームの治療対象ではないその他の認知機能にまで改善効果が及んでいることが認められている。

私たちは、認知機能の改善につながるゲームシステムの要素を把握できつつあるのだ。ゲームのアート面の工夫や、音楽や物語が、脳の可塑性を高めるのに理想的な集中状態を生み出すのである。良いゲームは、いわば脳の機能を一新できる道具箱のようなもので、認知能力を整え、形成しなおす役割を果たしてくれる。その他にも、テレビゲームはＡＤＨＤやうつ、認知症、自閉症の治療に役立つと見られるデータも示されている。

ガザレイの最終目標は、リアルタイムのフィードバックができるゲームの作成である。ゲームの最中に使用者の脳機能の弱い点を検出し、その情報をゲームの展開に反映できるようなシステムの開発を目指している。そうしたシステムが完成すれば、弱くなった脳の信号を、楽しみながら手軽に強化することができる。ガザレイは、このシステムの機能の仕方をこんなふうに説明している。「たとえて言えば、問題点を見つけて改善するために自分自身の脳の中に入り、脳が情報を処理する過程を適宜修正していくようなものです[22]」

またその一方で、神経科学者のマイケル・メルゼニッチとポーラ・タラルは、ディスレクシア（読み書き障害）を抱える人たちが、コンピューターを使って特定の音を聞き分ける能力を伸ばせるエクササイズを完成させている。このエクササイズを行うと、ディスレクシアの人々は読解力を著しく向上させることができる。「サイエンス」誌にこの画期的な研究結果が掲載されると、この障害を持つ子供たちの学習能力を上げたいと切に願う親たちからの電話が殺到し、その数は

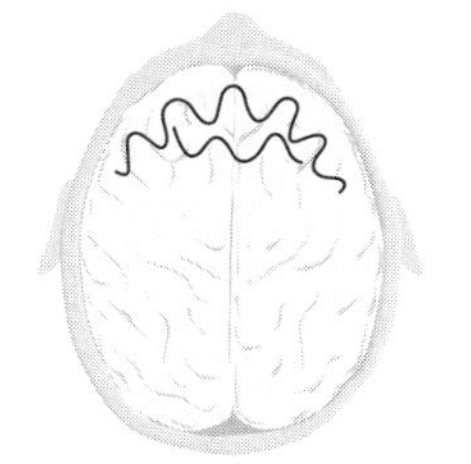
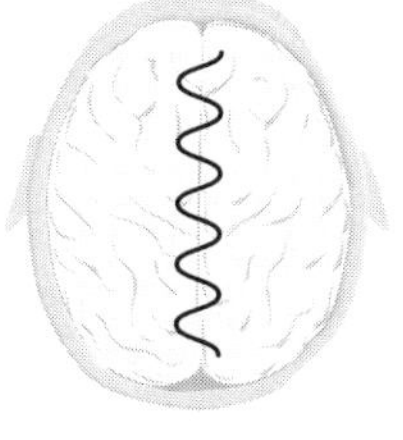

左図の曲線は、私たちが集中しているときに脳の前頭部に現われる前頭正中線シータ波を示している。右図の曲線は、脳の前頭部と後頭部を連携させているシータ波を表す。どちらの脳波の活動も加齢と共に衰えるが、テレビゲームの強力な効果を使えば、衰えを回復させることができる。

最終的には4万件にものぼった。[23]

メルゼニッチは米国科学アカデミーと米国医学研究所のメンバーであり、神経科学界のノーベル賞に相当するカヴリ賞の受賞経験もある、高名な一流の科学者だ。ディスレクシア向けの脳トレーニングの成功を受けて、メルゼニッチは認知能力の向上に役立つ商品開発を行う、ポジット・サイエンス社を設立した。同社の主力商品「ブレインＨＱ」は、使う人を天才に変えてくれるわけではないが、脳の処理速度を上げ、注意力を向上させ、ワーキングメモリを強化できるエクササイズを通して、認知能力を最大限に引き出し、維持できるよう構成されている。ブレインＨＱの有効性はいくつかの信頼のおける調査によっても証明されており、人の顔を覚えられるようになる、運転する際の安全性が向上する、非常にテンポの速い会話にもついていけるようになる、などの変化が認められている。[24]

ネット上には何百もの脳トレーニングプログラムがひしめいているが、その大半は、有効性を示す裏付けがあるとはとても言えないような代物である。けれどもその一方では、バヴェリアやガザレイやメルゼニッチのようなトップクラスの科学者たちが、確実に効果のあがる「脳の治療法」の確立へ向けて、着実に研究を進めてくれているのだ。

認知予備力を強化する

海馬では毎日およそ１４００もの神経細胞が誕生している。年齢が上がってもこの数はさほど減少しないが、[25] 新生神経細胞の多くは、脳が新しい経験をしなければ、成長して大規模な神経ネットワークに接続する前に死滅してしまう。ちょうど、巻きつくための格子がないためにしおれて枯れてしまうつる草のようなものだ。

成人の場合、古い細胞が類似の記憶を結びつけ、決まったパターンとして保存するのとは対照的に、新しい「顆粒状」の神経細胞は、類似の経験をひとつひとつ区別し、それぞれ別の記憶として保存する[26]。過去の、時にはつらい記憶がよみがえるのを避けたいと思えば、新しい神経細胞は欠かせない存在である。つまり新しい神経細胞の生成と成長を促し、定着させるのは、新しく何かを習得するためだけでなく、心の健康にとっても重要な意味を持っていることになる[27]。神経細胞の新生がうつや各種の不安障害の治療において注目を集めているのも、こうした理由からだ[28]。

エクササイズは、すでに述べたように、私たちが把握している神経細胞の生成に最も有効な「薬」のひとつだが、エクササイズが担っているのは、神経細胞の発芽につながる種まきの役割である。水と肥料を与え、その後の神経細胞の成長を促すには、学習が必要だ。

目新しい経験をする確率は、若ければ若いほど高くなる。年を重ねるにつれて、物事は決まったパターンの繰り返しに陥りやすくなっていく。自分では新しいことを学んでいるつもりでも、実際にはすでに知っていることのバリエーションにすぎない場合も多い。だが脳に刺激を与える学習は、得てしてなじみのある領域を少し超えた学習を指している。

デューク大学の神経科学者だったラリー・カッツは、新しい神経細胞を定着させ、成長させ、新しい接続の形成を促す手軽な方法として、毎日新しい何かを試すことを勧めていた[29]。そうすれば、その新しい経験によって脳は自然に刺激を受けられる。新しい経験は、特別なものである必要はない。あなたが右利きなら左手で歯を磨いたり、食事のときにいつもとは違う椅子に座ってみたりするだけでいい。旅行をすると気分が爽快になるのも、同様の理由からだ。旅行をすれば脳の調子が整えられる。新しい文化や環境に積極的に触れるようにすれば、特にその効果は強くなる。年齢を重ねてから外国語を学ぶこともまた、非常に有意義だと言えるだろう。語学の学習で好影響を受ける脳の部位には、加齢によって衰える多くのエリアが含まれている。[30]

どんなに生まれつきの天分にめぐまれていたとしても、脳の機能は使わなければ低下してしまう。民族解放運動家として活躍したロバート・ソブクウェは、アパルトヘイト支配下にあった南アフリカで黒人解放理念を雄弁に語り、広く尊敬を集めた。だが、本土から離れたロベン島の独房に6年間収監されていた苦難の時期には、密かに手で合図しあうことでしか他の受刑者たちとのコミュニケーションを許されず、ソブクウェは自分のスピーチの能力が徐々に消えていくことを感じた。[31] 最果ての南極大陸の基地で、人とほとんど話す機会を持たずに幾度かの冬を耐え抜いた人たちもまた、同じような感覚を味わい、実際に文明社会に戻ってみると、簡単な会話をしようにも言葉が出てこない、という経験をするようだ。[32]

いろいろな趣味を持つのも、脳の健康維持には効果的である。それらの趣味とエクササイズが組み合わされれば、その効果はもっと高くなる。編み物や縫い物やキルト作りをしたり、家の配管工事や日曜大工にいそしんだり、コンピューターを使ったり、ゲームや読書をしたりする人は、年を重ねても比較的強い認知機能を維持している場合が多いのは、研究結果でも示されている。[33] ものを測ったり切ったりするキルト作りや大工仕事が空間認識能力の訓練になることを考えると、理にかなった結果だと言える。[34] ちなみに読書量の違う人々を比較対照するために行われた近年の調査によると、12年間の研究期間中、週に3時間半以上読書をしていた人の死亡率は、それ以下の人に比べて23パーセント低かったという。[35] 雑誌や新聞だけを読んでいた人には同様の結果は認められなかったため、これは確実に本によってもたらされた効果だと考えられている（つまり、この本を読んでいるあなたも長生きできる！）。

中国の農村地域で1万6000人超を対象に行われた調査では、アルツハイマー病の罹患率とその人の教育レベルは明確な相関関係にあるとの結果が示された。[36] この結果もやはり理にかなっていると言える。知的な刺激が多ければ多いほど、アルツハイマーのリスクは下がると解釈できるからだ。確かに、この調査で示されているのは相関関係の有無に過ぎず、実際に知的な刺激がアルツハイマーのリスクを下げているのかどうか明確にはわかっていない。しかし、教育を受ける機会が増えればシナプスが増え、シナプスが増えれば認知予備力も上がることは確実だ。いずれにしても、教育は若いときにだけ受ければいいというものではないらしい。年を重ねてからも学習習慣が身についている人のほうが、アルツハイマーのリスクは低いとの調査結果もある。[37] 大人になってから、あるいは高齢に達してからでも学習をすれば、認知予備力を形成し、維持し続けていくことは可能なのである。

なじみのある領域と予備のシナプス貯蔵庫

話したり、編み物をしたり、バスケットボールをしたりといった日頃の何でもない行為を通して、私たちは本来の認知機能を保ち、肉体と精神の健康を維持している。しかし、なじみのある領域から少し出て、新しい学習に挑戦してみれば、予備のシナプス貯蔵庫の形成ができる。年齢が上がるにつれて、予備のシナプスの重要性は増していく。

年齢を問わず学び、変化する

テリーが予想していたように、ここ数十年の間に、彼の以前の専門だった物理の分野では大きな進展はほとんど見られなかった。やはり、研究装置にかかる法外なコストが難点となったようだ。素粒子物理学を選んだテリーの友人の多くは、結局は別の領域に職を求めなければならなくなった。[38]人気のある分野に惹かれたり、群集心理に弱い羊のように何も考えずに大勢に従ったり、将来への展望の薄さに気づかなかったりするのは、多くのキャリアや職業で起こりがちな現象だが、学術の分野では、進んで崖から飛び降りて自殺するレミングのような現象も起こりうる。自らの専門分野を勧める教授の話を聞いて、学生同士が顔を見合わせ、こんなふうに思ってしまうのだ。「教授が勧めるんだから、悪いアイデアのわけがないよな」と。実際には、授業料が途方もなく高く、就職の見通しも明るいとは言えない分野だというのに。

物理学の最先端をいく名門プリンストン大学で学んでいたにもかかわらず、テリー・セジュノウスキーは常識を働かせ、客観的に物事を見て判断し、キャリアチェンジをするという合理的な賭けに出た。こうしたキャリアチェンジは難しい上に、当時神経科学に分野を変える人がほとんどいなかったことを考えると、かなり思い切った行為である。結果的には、あえて危険をおかしてでも、科学の世界でも社会的にも最も影響を与えられると感じた分野にキャリアを変えたテリーの積極性は、大きく実を結んだと言える。

神経細胞間の情報伝達メカニズムを数値化するのは、記憶はどんなふうに形成されるのか、どうして私たちはバスケットボールをゴールに命中させられるのか、バラの香りをかぐことができたり夢を見たりするのはなぜかなど、人間としての特質に対する理解を深めることでもある。テリーと彼の共同研究者たちの研究のおかげで、脳の働きや、研究解析から有用なデータを引き出す方法や、研究を発展させる可能性を最大限にするための予測を立てる方法について、今では以前よりずっと多くのことがわかっている。テリーが彼のキャリアにおいて開発してきたアルゴリズムやツールは、世界じゅうの研究者たちに利用されている。

だがテリーと違い、まだキャリアを模索している最中に、今にも手が届きそうに思えた夢やチャンスがついえてしまった場合はどうすればいいだろう?

次章ではプリンセス・アロテイの経験を通して、予想外の好機を活かそうとする若者のレジリエンスや意欲が、困難な状況を一変させられることを示す事例について見ていこう。

テリー・セジュノウスキーは数々の研究に携わってきたが、認知機能と学習能力の向上にエクササイズが役立つという事実を突き止めたのも、彼の業績のひとつである。実生活でもテリーは、どこにいても毎日必ずエクササイズをするよう心がけている。写真は、仕事の合間を縫ってカナダ・アルバータ州のウォータートンレイク国立公園を訪れたときのものである。

神経科学でのキャリアについて

いかなる科学の分野でも、将来研究の陣頭指揮をとりたいと思えば、まずは時間と労力と資金を費やし、博士号を取得しなければならない。だがそれはあくまでも研究職に就くための大前提でしかなく、博士号を取得した後には、終身雇用につながる大学での職をめぐっての熾烈な競争が待っている。最近では、ひとつのポジションに数百人もの応募者が殺到するのがごく当たり前になっている。

神経科学は今では非常に人気があるため、この分野を選んでいいものかどうか躊躇する人もいるかもしれない。だが神経科学者のアラン・ゲルパーリンは、学術の世界での競争の激しさは今に始まったことではないうえ、生物でも物理でも工学でも、ほとんどの分野に競争はあり、神経科学だけが特別なわけではないと指摘する。

アランはこう問いかける。「今、学生を多く集めている最先端の分野の中で、君のお気に入りはどれだろう？　発生生物学？　分子生物学？　それとも圧倒的な威力を持つ遺伝子編集技術のCRISPR？　遺伝子を改変したければ、そのための説明書を買うといい。ウェブで簡単に注文できるよ。卵も用意したほうがいいかもしれないな。ひょっとしたら、その本には卵からしゃべるカエルをつくり出す方法も書いてあるかもしれないからね――そう言いたくなるくらい、学術の世界はどこも競争が激しくて、いろんな研究がすでに論文としてまとめられ、発表されてしまっているんだ」

科学の研究でキャリアを構築しようとする場合、避けられないリスクはいくつかある。その中でも最も大きなリスクのひとつと言えば、やはりあなたが発表しようとしていた研究結果を、他の誰かに先を越されて発表されてしまうことだろう。それを防ぐには、「十分にユニークな組み合わせ」の研究アプローチをこころがけることだとアランは言う。あなたの研究に進展が見られる前に他の研究者に突然出し抜かれてしまわないよう、独自のアイデアとスキルの両方を組み合わせて研究するのだ。独自のアプローチをこころがけていたとしても、5年も研究を続けた後にふと学術誌を手にとると、自分が近々論文にまとめようとしていた内容が、他の誰かによって発表されているのを見て愕然とする、という事態は起こりうる。つまり出し抜かれるのを避けるには、独自のアプローチで研究をするだけでなく、研究にある程度の進展が見られるまでは論文が発表されないようなテーマを見つけ出しておくことも大切だ。

「新しい研究を始めるときは、その分野の知識を十分に習得して、いちばん大事な点をクリアにしておかなきゃならない。まず、自分が興味を持てて、しかも社会的なインパクトを与えられるテーマは何か。そして、同じテーマの論文はすでに発表されていないかどうか」

だが現在は、新しい研究に挑戦しがいのあるときでもある。新しい機材や技術の発展が目覚ましく、それらを使えば、神経科学でまだ研究されていない一角を特定できる可能性があるからだ。アランは数十年にわ

プリンストン大学の神経科学者アラン・ゲルパーリンは、すでに50年以上も神経科学の研究に携わっている。競争についての彼の貴重なアドバイスは、他の分野にも適用できる。

たる経験を踏まえ、次のような意見を述べている。「数学や光学、固体物理学、電気工学のツールを活用すれば、地球上にいる他の研究者たちがほとんど真似できないような、かなり独自の視点に基づいた研究ができるだろう。でも科学の研究には、必ずという保証はないことも頭に入れておいたほうがいい。科学者は、予測を立てて研究を進めていく、その過程を楽しむしかないんだよ」

あなたのエリアの将来性を考えてみよう

自分が選んだ仕事を日々こなしていくうちに、キャリアに迷いが生じたときには、一度立ち止まって客観的に、あなたやあなたの周りの人のキャリアが長期的にどんなふうに展開していくかを想像してみよう。ひょっとしたら、コストの問題や新しい発明などによって状況が変化し、産業全体が突然過去の遺物になっているかもしれないし、その一方では新しい産業が生まれていることもあるかもしれない。たくさんの頭のいい人たちがある特定のキャリアの方向に進んでいるからといって、あなたも同じ方向に進もうとするのはやめたほうがいい。今は仕事が順調だとしても、これからの見通しはどうだろうか？　ノートか紙を用意して「これから予測されるキャリア上の課題」と見出しをつけ、真ん中に線を引いて2つの欄をつくり、左の欄にはあなたの専門のエリアで起こりそうな変化の要点を、右の欄にはその変化にうまく対応するための方法について書き込んでみよう。

【追加の質問】キャリアを大きく変えようとするときには、テリーが生物の講義をとったり神経科学の短期集中講座に参加したりしたように、事前に様子をうかがうための試験的な措置をとってみるのもよい方法である。もしあなたが実際にキャリアチェンジを計画しているなら、始めようとしている仕事が自分に合っているかどうかを知るためにどんな方法をとればいいか、考えてみよう。

第9章 かなわなかった夢が、新たな夢へとつながる

18歳で夢が粉々になるのはつらいものだ[1]。プリンセス・アロテイの場合のように。

プリンセスは、ガーナの首都アクラ近郊のクラゴンで育った。非識字率が高く学校を中途退学する者がとても多い地域である。プリンセスの両親は基礎教育（アメリカの中学校教育に当たる）までしか受けていない。それでも4人の子供たちにはなんとか大学まで進学するようにと励ましてきた。ガーナの公用語は英語だが、ほとんどの人はガーナ風の名前と英語の名前の両方を持ち、英語だけでなく、さらに70あると言われるアフリカの言語のうち少なくともひとつを話すことができる。

彼女が「プリンセス」と名づけられたのは、一家にはじめて生まれた女の子だったからだ（ちなみに、いちばん上の兄の名はプリンス）。父親がガー族の出身であるため、正式な名前は伝統にならってプリンセス・ナー・アク・シカ・アロテイという。プリンセスは、英語、ガー語、ガーナ中部の地

方都市エシエム出身の母親の母語であるトウィ語アサンテ方言と、３つの原語を流暢に話す。

プリンセスが通う小学校では、本来30人用の教室に80人ほどの生徒が入れられ、ぎゅうぎゅう詰めだった。小さな机を２人のクラスメートと共有するのは当たり前だった。そんな窮屈な環境でも、プリンセスは特に数学を貪欲に学び、先生にもたくさん質問をした。それが実を結び、小学校でも中学校でも数学の成績は「Ａプラス」。また基本科目の９教科すべての検定試験結果がＡだった。そのおかげで、プリンセスはガーナ屈指の共学校である名門アチモタ高校に見事入学を果たし、将来は数学教師になることを夢見ていた。それもただの数学教師ではない。世界じゅうの国の教育法をよく知る数学教師になりたかった。

プリンセスは、さらに知識を広げるため、サマーキャンプに参加して、科学の基礎、工学、科学技術などを学び、創意工夫による問題解決の能力をつけようとした。その講習では、21人の参加者のうち女子生徒はプリンセスと友人のシャニクワだけだった。割り振られたクラスではふたりは完全に少数派で、自分たちと同じように講習に貢献することができるのかと男子生

ガーナのプリンセス・アロテイは、18歳で学齢期の子供たちに数学の基本的な教材を提供し、才能を育てる「マス・アンド・キッズ」を立ち上げた。

徒たちが疑っているのがよくわかった。プリンセスと同じグループの男子生徒たちは協力的だったが、それでも、自分はみんなをだましてここにいるという詐欺師のような気がした。

若者は誰でも大きな夢を抱くものである。プリンセスも例外ではなかった。たとえばノーベル賞を受けたレイマ・ボウが2003年に女性たちを率いて大規模な抗議運動を行い、第二次リベリア内戦を終結に導いたように、自分も勇気を示して明るい未来に貢献したいと思っていた。

問題は、プリンセスが人前で話すのがひどく苦手だったことだ。誰の前でも恥ずかしがりというわけではない。友人といるときにはすらすらと会話ができる。それなのに、聴衆の前に立つと考えただけで極度に緊張してしまう。目の前に原稿があっても、言い間違えたり固まってしまったりするのだ。

プリンセスが通ったアチモタ高校は、ガーナの元大統領や議員をはじめとする卒業生からの支援を受けていた。そもそも国立なので学費はさほどかからない。プリンセスの父ジョージは、喘息の持病があるにもかかわらず働き者だったので、当時はコンクリートブロック製造会社を経営していた。プリンセスのアチモタでの学費と寄宿舎の費用を捻出するぐらいで苦労することはなかった。そんな環境の中、プリンセスは、公の場でのスピーチという課題はあったものの成績優秀な生徒だった。

あの災難に襲われるまでは。

詐欺師になった気分

「インポスター症候群」は、成功した人が、自分には実際にその価値がない、少なくとも周りの人よりはるかに能力が劣っていると感じる傾向を指す言葉である。「症候群」の名がついているが、特徴とも言える「詐欺師になったような気持ち」になるのは精神障害とは違う。あくまで自らの成功のとらえ方の問題である。成功しても、それは偶然によるものだとか、タイミングがよかっただけと考えるのである。あるいは周りの人がだまされているだけなのではないかと思い込み、自らの成功を自分の真の実力の結果とは思えない。反対に、失敗すると自分の責任だと考える。

この傾向は特に女性に多いと言われているが、男性にも見られる（男性のほうが素直に感情を出さないだけという可能性もある）。ポーリン・クランス博士とスザンヌ・アイムス博士は、１９７８年の論文でこの傾向について次のように論じた。インポスター症候群の女性は、たとえ学問的・職業的に目覚ましい成功を収めても、自分はそんなに聡明ではないと信じ込み、そう思ってくれる人たちをだましているように感じる。自分は詐欺師だという思い込みは、自分の知性、業績、能力についての確かな証拠を目の前にしても変わることはない。[2]

不思議なことに、インポスター症候群は大きな成功をおさめた人に見られることが多い。この症候群を克服するのが難しい原因のひとつは、まるでその人の謙虚さから出るもののように受け取られ、一般の人たちにはむしろ爽やかに感じられることだ（なんて慎ましい人なんだろう！）。女性は他人が考えていることに敏感なので、余計に自分が自慢屋とみなされることを嫌い、恥ずかしがり屋であるほうを選ぶ。[3] ここでも、積極性や権威やリスクを冒すことと関係のあるホルモン、テストステロンが作用する。[4]

プリンセスは、参加した科学のサマーキャンプで本格的なインポスター症候群を経験した。彼女は、男子生徒ばかりのチームの中で、農家向けに野菜を長期保存できる容器の設計を担当させられた。チームを運営していくために、ずっと苦手だった人前で話すことだけでなく、同じチームの生徒たちに指示までしなくてはならなかった。そんな権威ある立場に置かれる自分は、いったい何者なのだろう?

この「自分には本来権威などない」という気持ちは、プリンセスがチームの他のメンバーに指示を出すときにも表れた。「これで大丈夫?」とあえて声に出して尋ねたのだ。驚いたことに、そんなふうに言ったことが幸いして、チームのメンバーはプリンセスを正しい判断を下す人、つまり「リーダー」とみなすようになった。そのことに背中を押されたプリンセスは、それまでの殻を破り、自分の身の周りで起きていることにしっかりと目を向けるようになった。この経験で、現実を以前より客観的に評価できるようになり、結果的にインポスター症候群を克服する大きな一歩となったのだ。プリンセスの頭の中に常にある自己批判や、先回りした自己修正回路の存在はどんどん薄くなっていった。プリンセスに能力があるのは明らかだった。教師たちの導きにより、その自信がさらに裏付けられる。プリンセスには、他にもわかったことがあった。よいリーダーになるには、必ずしもイメージどおりの支配的で、他人に指図して回るような人物になる必要はないということだ。彼女は、何かを得たと同時にインポスター症候群を乗り越えることができた。

自分を疑うことは、必ずしも悪いことばかりではない。たとえば軍の高官や大使館員は潜在意識の中で自分は正しい判断ができると考えており、その態度が海外に赴任した際に問題を引き起こすこともある。科学の領域では、ノーベル賞を受賞した神経科学者サンティアゴ・ラモン・イ・カハルによると、一緒に仕事をしたことのある天才たちが抱える大きな問題は、すぐに結論に飛びついてしまって、たとえそれが間違っていたとわかっても認めることができない点だという。[5] 歴史をひもといてみても、自分の考えに賛成する人の話だけに耳を傾ける政治家、司令官、経営者の例は枚挙にいとまがない。だが、そのようなリーダーは自信過剰になって破滅へと向かっていく。もちろん、自分を疑いすぎたことによる失敗もあるが、疑うことを軽視した結果の失敗も多い。[6]

現実に目を向けると、私たちの人生では、生まれつきの才能やあとから身につけた技能も大切だが、「運」もまた大きな役割を果たしている。同じだけの能力をもっているふたりの応募者が振ったサイコロの目によって、ひとりは職を得られたのに、もうひとりが不採用となる場合もあるのだ。ある日突然、自動車事故に遭い、その直後に受けた大学の入学試験に悪影響が及んで、一流大学に入れなくなってしまうこともある。おそらく人間にとって最もすばらしい幸運は、愛情にあふれて支え合う家族の一員に生まれることだろう。それはまた自分の力ではどうすることもできない幸運でもある。

そのため、おそろしく傲慢で自己中心的な人は別としても、ほとんどの人にとって、時に自分が詐欺師になったような気持ちに悩まされるのは自然なことである。よくあることとして受け止め、それを前向きにとらえることで、健全に前に進む道が開かれる。

プリンセスの問題

アチモタ高校でプリンセスは大いに勉強に集中し、同校に集まったエリート集団の中でも、成績は平均して3・7を達成した。一方、プリンセスの父ジョージ・アロテイは、嬉しい問題に直面していた。会社の業績が好調で拡大の必要に迫られていたのだ。そのために土地を買い足し、現金で30万ガーナセディ（およそ7万5000ドル）を支払った。ガーナでは大金だ。土地を売ってくれたのは長年の友人で（とジョージは思っていた）、社会的地位も高い人物だった。領収書は発行されなかった。ジョージはその理由を決して家族に話さなかったが、おそらくそれほど権力のある人物に領収書を出せと請求するのは気まずかったのだろう。とにかく、建設さえ始まれば取引が成立したことも公になり、問題などないだろうと思っていた。

ところがジョージが建設を始める前に、思わぬ災難が起きた。その土地を買ったのは自分だと主張する別の事業家が現れたのだ。

こういった問題では、相反する主張のどちらが真実なのかを見極めるのが難しいことが多い。もちろん、著者はプリンセスの父親の言い分しか聞いていないが、土地の所有者がだまして、2人から同時に金を受け取ったということもありうる。所有者が証言をすれば、正当な主張をしているほうが勝つわけだが、それは所有者が片方からのみ代金を受け取っていればの話なのである。この場合も、所有者はどちらかの肩を持つ証言をしなかった。それどころか、両者に法廷で決着をつけるよう勧めたのだ。

土地購入に大金をつぎこんでしまったジョージは、このまま引き下がるわけにはいかなかった。ジョージは意志の強い勤勉な男性だった。だからここまで成功することができたのだ。

この訴訟は、プリンセスの高校時代の最後の2年間ずっと続いた。ジョージは裁判用の書類を提出するために何度も首都に出向き、巨額の弁護士費用を払い続けなくてはならなかった。すでに土地の代金を払っているのだから必死だった。しかし建設を始めようとするたびに、従業員とともにその土地から引きずり出されて殴られた。従業員のひとりは入院するほどの怪我をし、高価な機械も破壊された。ブルドーザーにつぶされたのかと思うような光景がくりひろげられた。

この訴訟問題は、次第にジョージの家族にも、そして娘のプリンセスの学業にも悪影響を及ぼすようになった。プリンセスは相変わらず一生懸命に勉強していたが、成績が下がり始めたのだ。これまで見たこともなかったDを取ることすらあった。それでもプリンセスは勉強を続け、最善を尽くした。高校の最終学年になると、ガーナ国内や外国の大学に進学できるかどうかが決まる西アフリカ中等教育修了試験に向けて勉強するようになった。試験は２０１４年2月に始まる。プリンセスは、そこで実力を出し切るつもりだった。

ジョージは、最高裁判所で土地の所有権を争うために、裕福な友人から6万ガーナセディ、およそ1万５０００ドルを借りていた。裁判にすべてを賭け、結審が近づいた頃には手元に残っている財産はたったの２５０ガーナセディ（60ドル）だった。

２０１４年1月2日、裁判が始まってから2年後、判決が下された。

ジョージは負けた。

翌日、ジョージの喘息が急激に悪化し、プリンセスは薬局で薬を買ってくるよう言いつけられた。そしてプリンセスが出かけている間にキッチンで倒れているジョージを母親が見つけた。母親はジョージをなんとかタクシーに乗せて病院に連れて行こうとしたが、最初の2台のタクシーの運転手はジヨージを見て、死体は乗せたくないと断った。3台目の運転手がようやく車に乗せて病院に急いでくれたが、その甲斐なく、ジョージは死んだ。

家族はこれ以上事態が悪くなりようがないと思っていたが、さらに悪いことが起こった。裁判に勝つと固く信じていたジョージは、コンクリートブロック工場と自宅を6万ガーナセディの借金の抵当に入れていたのだ。一家は、裁判に負けただけでなく、何もかもを失った。

2カ月後、プリンセスは西アフリカ中等教育修了試験を受けた。そして思いがけないことに、ずばぬけた成績を収めた。しかしプリンセスには金がなく、奨学金をもらうために必要な人脈もなかったため、ガーナの全日制の大学に通うことなど問題外だった。外国の大学に出した願書には入学許可の返事が来たが、学費の免除などはなかった。一家はいまや、いちばん上の兄のわずかな稼ぎで糊口をしのいでいる状態だった。

気がつけば、プリンセスはあっという間につかみかけていた夢も選択肢も失ってしまっていたのだ。

リフレーミング——そして新しい才能の開発

これまでの章で、私たちは認知の再構成（リフレーミング）の重要性を学んできた。たとえばアダム・クーは、物事を見る視点を変えるリフレーミングによって、降りかかった問題をひとつのチャンスととらえるようになった。

プリンセスもまた、リフレーミングの価値を知った。高校での最後の数年間はつらい毎日だった。

父親の死と家族の困窮をきっかけにしてうつ状態に陥り、成績も下がった。それでも元気を振りしぼり、高校最後の試験では抜群の成績を残した。プリンセスにとって、リフレーミングの助けになったのは「宗教」だった。プリンセスの家族はカトリック教徒で、信仰とそれにともなう価値観（自分より恵まれない人を助けなさいという教えなど）が、困難な時期を乗り越える支えとなったのだ。

プリンセスは自分の問題についてくよくよ考える代わりに、外に目を向けることによって考え方をリフレーミングした。他の人の問題を解決する手伝いをするにはどうしたらいいかを考えたのだ。そして自分より恵まれない地域の小学校や中学校で教師の助手のボランティアを始め、感受性の強い子供たちに数学への興味や情熱を伝えた。どの子の助けにもなりたいと思ったが、特に女の子たちの手本になりたかった。だが、ガーナでは女の子より男の子が数学に夢中になったほうが喜ばれる。それどころか、いまだに男の子のほうが学校に行くべきだと思われている。

プリンセスがボランティアをした学校の生徒のほとんどは数学の教科書を買うことができなかった。そのせいもあって、学校で勉強したことを家で復習して数学の力を身につけることが難しかった。ある日、プリンセスは「数学プロジェクト」を思いついた。学校内に数学の本の図書室を作り、基礎教育修了試験の準備に役立ててもらうことにしたのだ。8人の友人から協力を取りつけ、なけなしの小遣いや親切な支援者からの寄付をかき集め、ようやく700ガーナセディ（およそ175ドル）の予算を確保できた。まずは主要な教科書を何冊か購入し、さまざまな数学の本の著者に自著の寄付を頼む計画だった（私がプリンセスと知り合ったのも、その計画の一環だった。私の著書『直感力を高める数学脳のつくりかた』を寄付してほしいとプリンセスから手紙が来たのだ。しかし私がさらに感心したのは、その後の対応だった。本を受け取った後にも感謝の手紙をくれた。私も、それまでのアフリカ訪問で、現地の学齢期の子供たちが直面している問題を直接目にしていた。プリンセスはその問題に可能なかぎり直接的な方法で取り組んでいた）。

さらにプリンセスは、数学への理解を深めるための「キッズ・アンド・マス」という組織を立ち上げ、事務局長になった。そして多くの学校を訪ね、子供たちが数学に興味を持てるような話をした。組織の資金集めのために、さまざまな機関、企業、グループを前に講演も行った。ごみ袋の販売による資金集めも取りしきった。ごみ袋を大量に購入し、1枚0・8ガーナセディ（約0・2ドル）で販売するのだ。一般の人たちにとっては少し高いが、手の届かない金額ではない。キッチンで使う小さめのごみ箱に合うサイズのごみ袋はガーナではあまり売られていない。だが多くの人は、便利で使いやすいからだけでなく、キッズ・アンド・マスを支援できるという理由でごみ袋を購入してくれた。

プリンセスは起業家になった。ビジネスのテクニックを使って社会問題を解決しているのだから、まさに社会起業家と言うべきだろう。それだけではない。自分でも驚いたことに、さらに別の者にもなった。何度もプレゼンテーションを重ねることで、洗練された講演者になっていたのだ。そして、ガーナの外務・地域統合省で開かれたトーストマスターズ・クラブの会合でキッズ・アンド・マスについて講演するよう招かれたときには、さすがに自分のプレゼンテーション能力を評価してもらえるいい機会だと思った。会合の後、会員のひとりはこう言って祝福してくれた。「すばらしいスピーチでした。まるでTEDトークを聞いているみたいでしたよ！」

こうして、プリンセスはだんだんと顔が知られるようなった。人気司会者カフィ・デイのテレビ場組『GHトゥデイ』でキッズ・アンド・マスについてインタビューしたいと言われたこともある。番組に出演したときには、プリンセスはまるで、自分の後ろに誰か別の人がいて、カフイ・デイがその人と話をしているように感じていた。自分が直接カフイと話をしているなんて思えなかったのだ！

自分はまるで詐欺師のようだと気づき、プリンセスは思わず笑った。

だが、インタビューは大成功だった。

リフレーミングによって困難をチャンスとみなすことができたとしても、プリンセスは、大学に入って数学の教師になるための正式な訓練を受ける、という夢をかなえられなかった。しかし、リフレーミングは別の効果をもたらした。強い目的意識を持たせてくれたのだ。自分は詐欺師のようだという気持ちを乗り越えることを可能にする過程で、自分の最大の課題を克服し、公の場で堂々と話ができるようになった。

この章では、数学を愛し、インポスター症候群を克服し、人前で話せるようになりたいと望んでいた若い女性を紹介した。次の章では、無事にハイテク産業から抜け出した技術者を紹介しよう。

内なる「インポスター症候群」を受け入れる

自分が詐欺師になったような気分になることはないだろうか。同じ立場にいるのに、どういうわけか他の人のほうが優れているように感じたり、比べてみるとあなたが実力を偽っているように思えたりすることはないだろうか。そういうことがあったとしても、そう感じるのはあなただけではない。自信があるように見えても、内心は同じように感じている人がいかに多いかを知ったら驚くだろう（時には装いすぎて、中間試験でAだと自慢しているのに実際にはCしかとっていないということもあるが）。

自分を詐欺師のように感じると、居心地が悪く、何に対しても疑い深くなるが、だからと言って悪いことばかりではない。というのも、身の周りで起きていることを冷静な傍観者の目で見ることができるようになるからだ。また、自信過剰で傲慢になり、誤った決断をしたり、リーダーシップをうまく発揮できなかったり、という事態を防ぐことができる。

紙を1枚用意して「詐欺師？」と書き、その下に自分が詐欺師のように感じる状況を一文でまとめてみよう。その文の下に縦線を引き、スペースを2つに区切る。左側には、詐欺師のように感じることの長所を書く。右側には短所を書く。

さらに、詐欺師のように感じることについて自分がどう思っているのか、2つか3つ（もっと多くてもよい）の文章にまとめて書いてみよう。

第10章
中年の危機を中年のチャンスに変える

アルニム・ロディックは、自分の部屋で電子機器をいじって遊んでいた子供の頃からずっと、将来は電気技師になろうと思っていた。大好きな仕事、自分はそのために生まれてきたと思えるような仕事に不満を感じる日が来るとは思ってもみなかった。[1] ましてや自分のキャリアがこのような展開を見せるなどとは予想していなかった。

克服できない道

アルニムはコロンビアのボゴタで生まれ育った。優しく協力的な看護師の母は、アフリカでドイツ人とベルギー人の両親のもとに生まれた。父は何事にも厳しく結果重視。ウィーン出身のオーストリア人で、エレベーター会社を経営していた。両親はコロンビアで恋に落ち、一緒に暮らすようになったため、ふたりの間に生まれたアルニムはスペイン語とドイツ語を操るバイリンガルに育った。論理的に考えたいときには頭の中のドイツ語の部分を、感情や情熱をかき立てたいときにはスペイン語の部分を使うのだと笑う。

アルニムが子供の頃に通った学校は、ドイツ政府から一部援助を受けていたため、授業はドイツ語とスペイン語、それに英語でも行われた。はじめて英語を教えてくれたのがドイツ人の先生だったため、アルニムの英語にはドイツなまりがある。しかし、楽しいことばかりではなかった。アルニムには読書障害があり、何かを記憶するのもずっと苦手だった。そのため、学校の勉強には苦労した。壁は他にもあった。たとえば音楽だ。歌が下手なのだ。あまりの下手さに、幼稚園でみんなが歌を歌っているときに、ひとりだけ「レゴで遊んでいらっしゃい」と先生に言われたほどだ。[2]アルニムにはリズム感がないので、ダンスができない。楽譜が読めず、何の曲を聴いているかもわからず、どの楽器が何をしているかさえ理解できなかった。

ところが、楽曲を電子工学的にデジタルやアナログの観点からとらえる音響信号処理は、音楽を聴くのとはまったく違う経験だった。アルニムは、それをすっかり気に入った。幸運にも、

アルニム・ロディックは勉学のために旅を続け、生まれ故郷のコロンビアを遠く離れたところで生涯の仕事を見つけた。

高校の音楽教師がアルニムの隠れた長所に気づき、試験を受ける代わりにターンテーブルやエレキギターをつくらせてくれた。こうしてアルニムは自分なりの方法で音楽について学ぶと同時に、優秀な成績を取ることもできた。さらにシンセサイザーやミキサー、レコーダー、テルミン（触らずに演奏できる奇妙な電子楽器）に至るまで、自ら設計してつくりあげた。

こうしてアルニムは、これっぽっちも「才能」がないと言われ続けた教科に、息の長い興味を持つことになった。そして、見過ごされがちな教訓を学んだ。偉大な教師は生徒から最良のものを引き出すことができる、たとえ周りから出来損ないと思われている生徒であっても、という教訓である。アルニムはさらに重要なことも学んだ。一見不可能に思える課題を成功させる最善の道は、裏口から抜けることだ。

読書障害をもつアルニムは、大量の読書が求められる高校の英語の授業ではみじめな落ちこぼれだった。どんなにがんばっても英単語が記憶に残らず、文法やスペリングに必要な論理的センスにも欠けていた。結局、アルニムはドイツに行き、電子工学の学士号取得を目指すことになった。驚いたことに、ハイルブロンに着いたとたんに向かい合うことになったのは、昔からの強敵、英語だった。必修の専門科目の中には、英語だけで進められる講義があった。試験も英語だった。アルニムはそういった科目にも果敢に取り組み、助けてくれるチューターや、時にはこちらの過ちを見逃してくれる教授のおかげでようやく試験に合格した。だが、英語を必要とする仕事を目指すのはやめておいたほうがいいと忠告もされた。

しかし、シンガポールの起業家アダム・クーと同じように、アルニムもまた、短所に思えるものを長所に変える術を学んだ。赤道に近いコロンビアから温帯のドイツに移ってからは特に、自分はさまざまな国で学び、多様な人に出会い、新しい文化を吸収するのが好きなんだと気づいた。そこで言語のハンデなど物ともせず、イギリスの大学院に進んだ。アルニム自身が驚いたことに、英語を読むのは苦手であるにもかかわらず、会話を聞き取るのは得意だとわかり、修士課程でも、言語に関する問題に突き当たることはまったくなかった。

イギリスに行ったときにはつたない英語しか喋れなかったけれど、恥ずかしいと思ったことは一度もなかった。下手な英語のまま素直に質問し、話した。外国人であることは、道を尋ねたり、行くべき場所を教えてもらったり、普通に英語を話すイギリス人ならあまり尋ねないようなことを質問する言い訳になった。

たとえば、修士課程で学ぶのにふさわしい大学を探していた頃、ある日、マンチェスターからリバプールに向かうほとんど空の列車に乗っていた。僕は若い女性の隣に座っておしゃべりを始めた。あちこちの大学院の修士課程について疑問に思っていることを話した挙げ句、リバプールで泊まるのにいいところはないかと質問した。彼女は僕を両親の家に招待してくれ、その後もすばらしい友人として支えてくれるようになった。

僕のなまりを聞いただけで興味を持ってくれ、僕の話に耳を傾けてくれる人も多い。なまりは人と人との間の壁を取り去ってくれる。でも複数の言語を話す最大の利点は、世の中にはいくつもの文化があることをすんなり理解できることだ。世界にはさまざまな物の見方、さまざまな行動の仕方がある。

別の言葉を学ぶことは、心を広くしてくれる。

僕にとって言語学習の転換点は、堅苦しい教室という場から、単純に人と話したりやり取りしたりする場に移ったことだ。実は今でも本や新聞で見つけた新しい単語をこつこつ学んでいる。毎朝、フラッシュカードを使った暗記法で練習しているのだ。学校では新しい単語を覚えるのがいちばん苦手で嫌いだったのだから、皮肉なものだ。いまだに時間はかかるが、それを単純に繰り返し、楽しんでさえいる。

おもしろいことに、僕の英語がひどいおかげでコミュニケーションがうまく取れるようになった。僕の話を理解するため、相手が努力してくれるから。言葉が障壁にならないように興味を持って僕を助けてくれるのだ。

気を散らすもの――必ずしも悪いことではない

外国語なまりなど、相手の口調に気になることが少しでもある状態で話を聞くと、脳が働いて思考を活性化させる。なまりがあると相手が注意深く聞いてくれるというアルニムの洞察は的を射ている。聞いていることや見ているものを処理するために何か乗り越えるべき壁があると、具体的な言葉だけには縛られなくなる。その結果、より積極的に相手の話を理解しようとする。

なまりと同様に、ちょっとした背景の雑音も相手の言葉を理解することを少し難しくする。ある程度気が散ることで、少なくとも一瞬、いつもとは異なる認知モードに入り、それによって、広い視点でよりクリエイティブに考えられるようになる。背景がざわついているコーヒーショップで勉強する人がいるのは、おそらく無意識のうちに勉強しやすい雰囲気を求めているからだろう。

集中するのはいいことだが、すべての学習に集中が必要なわけではない

勉強をするときにカフェインの入ったものを飲むことが多いが、カフェインには「白昼夢的」なアルファ波を抑えることによって集中力を上げる作用がある。この作用は、コーヒーや紅茶を飲んだ1時間後に最も強くなり、活動的にさせるという。効果は8時間ほど持続する。夜、コーヒーを口にしないほうがいいのはそのためだ。[4]

高い認識機能が要求されることを行うときに助けてくれるのはコーヒーだけではない。集中力を上げるために無意識に別の方法をとることも多い。たとえば、何かを記憶しようとしているときに視線をそらすことがある。身の周りから関係のない情報を取り込むことでワーキングメモリがいっぱいになってしまわないようにしているのだ。[5] 目を閉じるだけでも、気を散らすものを避けて必要な情報だけを頭に入れやすくなる。[6] たとえば記憶力コンテストで競うような記憶の達人は、あらゆる手を尽くして雑音や関係のない視覚刺激を減らそうとし、特製の目隠しや耳当てをつけて集中力を持続させる。

多くの場合、きちんと理解するより単に記憶するほうが容易だ。幸運にも人並外れた記憶力を持ち合わせている医学生は、反対にその記憶力に足をすくわれることがある（記憶するためのコツはとても役に立つが、それによって楽に記憶できるかどうかには個人差がある。その理由はまだ明らかにされていないが、そこには一定の遺伝子が関連していることはわかっている）。[7]

医学部で解剖学の重要な試験があるとしよう。普通の学生は何週間も前から準備をする。各部位の機能や何千もの用語を覚えるため、繰り返し勉強する。ところが記憶力抜群の学生は、試験の直前までだらだらと過ごし、教科書に数時間目を通しただけで良い成績を取る。

しかしその記憶力抜群の学生が、たとえば心臓の機能についての試験といった別の種類の試験となると、直前に数時間、知識を詰め込んだだけではうまくいかない。指導教官も、優秀に思えた学生がいくつかの科目で落第すると知ってびっくりする。心臓に関係する解剖学用語をすぐに記憶できるからといって、心臓の複雑な機能を理解し、質問に答えることができるわけではないのだ。

このことからも、複雑な問題を理解しようとするときには、単に集中するだけでは十分ではないとわかる。

複雑な学習には拡散性のつながりが求められる

人間の心臓について勉強するにせよ、新しい芝生の水やり装置の配置を考えるにせよ、あるいは第二次世界大戦の多面的な原因を分析するにせよ、何であれ複雑なシステムを理解するには時間がかかる。複雑な課題を解決するためには、検討中の問題に焦点を当てるというアプローチから、一歩下がって全体図を見るやり方に切り替える必要がある。どんな学習会でも時には気分転換が必要なのは、集中と全体図の確認をバランスよく行うためかもしれない。

第7章で見たように、私たち人間はまったく異なる2つのやり方で世界を認識している。集中モードでは意識をあることに集中させ、拡散モードでは神経が休んでいる状態になる。[8]思い出してほしいのだが、集中的思考とは数学の問題に没頭しているときのような思考である。一方、拡散的思考とは、何を考えるわけでもなくシャワーを浴びているときのような状態だ。

その点をさらに掘り下げてみよう。

集中モードは主に前頭前野（脳の前方部分）で行われる。[9]それに対して、拡散モードは脳のもっと広い範囲をつなぐネットワークにかかわっている。[10]思考が広範囲にわたるおかげで、創造性の基礎となる思いがけないつながりが生まれることがある。歩いたり、バスに乗ったり、リラックスしたり、眠ったりといった、拡散モードで行われる活動をしていると、どこからともなく創造的なアイデアが浮かんでくることも多い。[11]

わずかな背景音

とても静かな環境にいると、その静けさが集中の循環を促進すると同時に、拡散モードに切り替わるのが阻止される。税金の申告書の作成や難しい試験など、集中力が必要とされるときに静かな環境が理想的なのはそのためである。

一方、心臓の機能やコンピューターネットワークの結びつき、気象パターンなど、全体図を見なくてはいけないときもある。それには、会話の断片や食器の音といった背後で聞こえる散発的な小さな音が役に立つ。そうした小さな物音が、より大きな広がりをもつ拡散ネットワークを一時的に呼び起こしてくれるからだ（専門的には、その音が「デフォルトモードネットワークの不活性化を中断させる」という）[12]。言い換えれば、コーヒーショップなどの穏やかなざわめきは、集中を持続させながらも、時には自分が理解しようとしているものの全体図を一歩下がって眺めることを容易にしてくれる。だが、一定の範囲を超えると音が大きくなりすぎて、まったく集中できなくなる。年をとった人ほど音に敏感なのは、若い頃に比べてデフォルトモードを抑えにくくなっているからだ。[13] レストランで年配の常連客がよく、ライブ演奏に負けじと大声で話をする客に文句を言うのはそのためだろう。

周囲の騒音

周囲から断続的に聞こえてくる小さな物音は、集中モードから拡散モードへの切り替えを容易にしてくれる。これは新しいコンセプト、アプローチ、視点を含む学習の際に特に役に立つ。

音楽は？

こんな疑問が浮かぶかもしれない。では、音楽はどうなのだろう？　勉強をはかどらせてくれるのか、それとも邪魔になるのか。答えは、「時と場合による」。テンポが速くにぎやかな音楽は間違いなく読解を妨げる。音楽の処理と言語の処理は脳の同じ部分を使うからだ。[14] そして、言うまでもなく歌詞のある音楽は歌詞のない音楽より邪魔になる。[15] 一方、研究の結果、好みのジャンルの音楽を聴くと勉強がはかどり、あまり好きでない音楽だと気が散ることがわかっている。[16]

要するに、音楽に関しては常識で考えて、自分に合う使い方を見つけるべきである。

また裏口から抜ける

アルニムはコロンビアで育ったことで、豊かな国の人たちとは違う考え方を学んだ。コロンビアという国は単なる発展途上国ではない。急速に発展中の国であり、多様な民族がいて、自信と意欲にあふれている。宿題を終わらせる前に停電が起きたとしても、教師は期限どおりに提出するのが当たり前と考えているので、言い訳を一切許さない。ひどい交通渋滞でボゴタの中心部を抜けるだけで3時間かかっても、宿題を期限どおりにやらなくてはならないことに変わりはない。障害をうまく回避する方法を見つけるための後押しをしてくれた勇敢な文化は、アルニムの精神にも息づいていた。

ドイツで、アルニムはよくこういう言葉を聞いた。「私たちはそんなことをしたことがありません」。そう言う人たちは、アルニムにもできるはずがないと心底思っていた。しかしその言葉を聞くと、アルニムの中のコロンビア人気質が疑問を投げかける。「自分ならどうやってそれを可能にするだろう?」。コロンビアの未承認の大学ですでに履修した科目をドイツの大学で再履修せずにすんだのも、この姿勢のおかげだ。コロンビアで取得した単位を正式な単位として認めてもらうにはどうすればいいかと学部長に尋ねると、学部長は「そんなことはそもそもできない」と答えてから、こう付け加えた。「すべての教授から許可を取れるなら、話は別だが」

アルニムは情報を集め、まずは「頼みを聞いてくれそうな」教授たちを探し当てた。その教授たちからサインをもらい、そんな学生を許可しても構わないのではないかという雰囲気をつくらせることで、ついに最も厳しい教授でさえアルニムの頼みを断れない状況にした。とうとう学部長はアルニムに「おめでとう」と言いながら、以前の履修科目の単位を認めたのである。

修士課程の修了を前に、アルニムは迷っていた。以前からカナダに行きたいと思っていたが、カナダでの職探しのチャンスはまったく巡ってこない。修士課程修了が目前に迫り、ドイツの企業にも何百通もの求職申込書を送ったがうまくいかなかった。気が滅入る状況だった。通信工学の就職フェアに行ってみると、それぞれの会社に長蛇の列ができていた。アルニムは、あまり混んでいなくて人気のない就職フェアはないかと、人事担当者に尋ねずにはいられなかった。

そして自分には合っていないと思われる、人が少ない就職フェアに行った。経済専門のフェアだった。そこでは通信工学のフェアと同じように、省庁や企業の大勢の担当者と話をすることができた。ほとんどの担当者は、あなたとは専門の異なる人を対象にしたイベントだと言ってアルニムを相手にしなかった。しかしヒューレット・パッカードの担当者だけはアルニムの勇気を気に入り、「私たちは他人と違う考え方ができる人材を探している！」と言ってくれた。

こうしてアルニムは、ドイツのダルムシュタットにあるヒューレット・パッカードのサポートエンジニアとして採用された。まずは研修の一環として、新製品の開発が行われている英ブリストルの研究所に派遣された。そこでようやくアルニムは、メンター（指導係）を通して、本物の教育を受けていると実感できた。最初のメンターは寡黙な人だった。だが聞き手としてはとても優れていて、自分が手本となって相手の最も良いところを引き出す。たまに口を開くと的を射たことを言ってくれた。

次のメンターからは、お金や地位や評判を気にせず、ただ手を抜かずに最善を尽くすことに集中する大切さを学んだ。

高校を中退した第5章のザック・カサレスと同じように、アルニムは自分のキャリアにとっても、人間としての成長にとっても、メンターの存在がいかに重要であるかを知った。その後アルニムには、未来の指導者育成プログラムの一環として、ヒューレット・パッカードに雇われている「プロのメンター」がついた。だが、それより大きな変化をもたらしてくれたのは、アルニムが自分で見つけたメンターたちだった。

メンターになってくれそうな人を見つけると、アルニムは相手の興味を惹くように努力した。たとえばEメールを1通だけ送るのでは十分ではない。だが、さらに効果のあるアプローチの仕方は相手によって違うとわかってきた。誰にでも効果のある「メンター獲得」の秘訣などないからだ。たとえば、ほとんど知らない相手に単刀直入にメンターになってくれと頼んでも嫌がられるだけである。ここでもザック・カサレスと同じようにアルニムもまた、相手も自分も両方が得をする関係を築き、メンターもその関係に「投資」することで何かを得られるようにするにはどうすればいいかを考えるようになった。また、自信を持たせて熱意を吹き込んでくれるメンターとともに、遠慮なく批判して言い訳をしないメンターというように、タイプの違うメンターを探すことを心がけた。

メンター

メンターは、あなたのキャリアにとっても人間としての成長にとっても貴重である。あなたが自分にとってのメンターだとみなしていることを相手に知らせなくても、あなたの人生にとってその人の価値は変わりがない。相手があなたにとって重要であることと同じように、メンターにとってもあなたが役に立つような実りある関係にする方法を探そう。

ブリストルの世界レベルの研究所でも、アルニムの勇気は遺憾なく発揮された。アルニムが任せられたプロジェクトは難問を抱えていた。不思議なことに、難問のうちのいくつかは技術的な問題ではなく研究所の文化が原因だった。不屈の精神を尊ぶイギリスの昔ながらの空気の中では、困っているからと言って簡単には助けを求めにくくなっていたのだ。しかし、経験のない新人であるうえに外国人でもあったアルニムは、何がどうなっているかを聞いて回らないわけにいかなかった。幹部はアルニムが進んで助言を求め、関係を築き、質問をすること、そして問題を解決しようとしていることに気づいた。

ヒューレット・パッカードは、カナダの小さなスタートアップを買収したばかりだった。そこの経営陣は、偏見がなく柔軟で、ヒューレット・パッカードの存在感を確かなものにしてくれるような支援要員をヨーロッパから求めていた。アルニムはその要件にぴったりだった。カナダに出張するようになると、現地で起きている問題の解決に夢中になった。カナダ滞在はどんどん長くなった。1年後には、ドイツにアパートを借りたままにしているのがばかばかしく思えてきた。カナダへの移住が間近に迫っていたのだ。

アルニムの新しい文化への愛情が、次の大きなブレークスルーをたぐり寄せることになった。大口の顧客に、それまで興味を示してこなかった新しい製品を販売するのだ。アルニムは上司を説得し、激戦地のシリコンバレーで顧客と「ともに暮らす」ことにした。異例のことだった。ヒューレット・パッカードにはすでにきちんとした販売とサポート担当部署があったからだ。しかし6カ月もすると、アルニムには顧客がヒューレット・パッカードの製品と他社の製品をどのように使っているかがわかってきた。工場への報告書から、本当に求められているものを聞き出すための顧客との対話が生まれ、会社はさらに業績を伸ばした。アルニムはハイテクを次々と生み出す街、パロアルトに身を置くようになっていた。

キャリアを変える時期

キャリアを変えるきっかけとなったのは、アルニムの父ハインツだったのかもしれない。父はいつも、今やっていることが得意になったら他のことを始める時期だと言っていたからだ。「次に来るものを待っていてはいけない」。つまり、今やっていることに飽きるまで待っていてはいけないというのだ。

アルニムは、正確には燃え尽きたわけではない。そもそもヒューレット・パッカードでの待遇は悪くなかった（同社の一部は、その後、アジレント・テクノロジーとなった）。アルニムは高く評価され、優秀な同僚に恵まれ、自分は知的な課題に取り組んでいるとも感じていた。ただし、大きな組織につきものの力関係や官僚主義には嫌気が差していた。渋滞に気が狂いそうになりながらの毎日の通勤、ひび割れたコンクリートの街路、そして世界レベルのはずなのに時には驚くほど視野が狭くテクノロジーとビジネスにしか興味のない周りの連中にも飽き飽きしていた。

そこで、10年以上続けてきた、夢に近いはずの仕事を辞めて他のことをしようと真剣に考え始めた。次に何をするかまったく思いつかなかったが、得意なことを増やしたかったし、これまでと違う仕事をしてみたいとも思った。もちろん変化にリスクはつきものだが、変化しないことのリスクのほうが大きいかもしれないと感じたのだ。

変化を求める気持ちの奥には、誰からも指図されないようになりたい、そしてクリエーターになりたいという望みがあった。たとえ年をとっても、成長を続けられるものを見つけたいとも思っていた。アルニムの強みは、技術者としての研修と経験で培われた分析的な考え方だった。それは、どのようなキャリアを選んだとしても将来の役に立つはずだと思った。

アルニムの頭の中に、少しずつ選択肢が浮かぶようになった。メモ帳を持ち歩き、アイデアが浮かぶと、特に突飛なものは忘れずにせっせと書き込んだ。週末になるとメモ帳を取り出して、その選択肢を分類した。すると、半年後にはひとつのアイデアが浮上してきた。

木工。

それまで本格的な木工などしたことはない。それでも、カナダの木材の美しさに魅了され、現地の木彫家たちが自身の作品に命を吹き込んでいく姿に刺激された。木を感じ、作品に語りかけ、作品から語りかけられ、どのような木工に仕上げていくかを悟っていく。その姿が好きだった。感情とは無縁の整合性や正確さや効率を重視するテクノロジーの世界で経験してきたこととは正反対だ。「木とつきあうには、感覚、直感、忍耐が求められます。要するにアートです。自分のそんな部分を探ってみたかった。新しいキャリアを、新しい世界観を築きたかったのです」

やりたいことがはっきりすると、アルニムは10年後の自分の姿を思い浮かべるようになった。自分の木工所で顧客のために仕事をする。次に、将来の姿を思い描きながら、自らに問いかけた。「では、どうすればそれを実現できるか?」

はっきりしたことが2つあった。ひとつは、自分の将来の姿がとても気に入ったということ。これはぜひ実現したいと思った。

2つ目は、今の仕事を辞めなくてはならないということ。「特別待遇」を手放し、見知らぬ世界に飛び込むのだ。もちろん、成功は保証されていない。

アルニムの「将来像を思い描く」メソッドの利点は、段階を追って細かく計画しなくていいということだ。これまでの技術的な経験を利用することのできる新しいキャリアを築くことにただ意識を向ければよかった。

アルニムがついに、それまでの花形の職業とも言える仕事を辞めたとき、同僚の多くは彼の決断を「大いなる過ち」とみなしていた。だが、同時に羨んでもいた。その後、彼の木工所を訪れて、喜んで手伝いをしてくれた同僚もいたが、元同僚のうちの多くが企業合併やハイテク部署の再編成などで、結局は職を失った。

アルニムにとっても転身は甘くはなかった。予想していたよりはるかに厳しかった。専門技術をまだマスターしていないために、木材や糊について学び、さらには仕上げの実験を繰り返すなどして、テクニックを身につけなければならない。最高の材料をどこで手に入れ、最新の専門技術についての情報をどのように集めればよいのかを知る必要もあった。

アルニムはそれまで会社を経営したことさえない。それなのに、何を誰に売るべきかを見極めなければならない。コスト、場所、流通を決め、細かい資金の流れもすべて把握しなくてはならない。専門の部署があり、必要としていることをすべて取りしきってくれる大企業で、自分がいかに楽をさせてもらっていたかもわかってきた。大きな課題は、自分のエネルギーを注ぐ対象の優先順位を決めることだった。すべての問題や課題に取り組む時間はない。自分だけで、宣伝、販売、仕入れ、発送、検査、建築、依頼への回答、デザイン、問題の解決、試作、新しいクライアントとの打ち合わせといったすべてを行うにはどうすればいいかを考える必要があった。建築法規なども学ばなければならない。

だが、むしろ前もってその厳しさを知らなかったおかげで、アルニムは時に荒れ狂う海を航海し続けることができた。アルニムの「将来像を思い描く」メソッドでは、まだよく知らない職種や会社の経営について、細かいところまでは計画できないことがわかってきた。しかし、もともと抱いていた夢がプログラミングした「ベクトル」、つまりアルニムが無意識に考えていたことが、進むべき方

アルニムがしたことで重要なのは、10年後の自分の姿を想像したことだ。彼は自分が顧客と木工所にいるところを思い浮かべ、自分の生活の様子を想像した。そして、それがとても気に入った。

向を示し続けてくれた。この無意識のベクトルは、もちろんいまだに前進する方向を示してくれている。今でも自分がどのように変化し、学び、成長していくかを常に思い浮かべている。アルニムは言う。「時間があるときにはいつでも、木工所での次のことを思い描いています。次にやりたいことを夢見ているのです」

アルニムは、現状に満足して、古いやり方におさまってしまわないように、自分に変化し続けることを課す環境を築く努力をしてきた。10年以上たった今、当初思い描いた通りにならなかったことも多いものの、アルニムはこれまで以上に新しいキャリアに情熱を注いでいる。

アルニムはともに働く業界の人たち（知的で、いつも注意を促してくれる人たち）が好きだった。その人たちの気概を身近に感じることができるように、自分が尊敬する人はもちろんのこと、たとえ嫌いな相手でも優れた仕事をしている人についてはメモを取るようになった。その人たちがどんなタイプの質問をするのか、どうして優れた仕事ができるようになったのかを観察した。

今でも、かつてヒューレット・パッカードで「行く手を照らす光」となってくれたメンターたちの言葉が頭の中に浮かぶことで、アルニムは、さまざまな木工プロジェクトで道を見失わずにすんでいる。それは次のような言葉だ。

■そう、それには多くのすばらしい特徴がある。しかし本質の部分ではどれだけ優れているだろうか？
■顧客になり、顧客として使って、それを使って顧客が達成しようとしていることを達成してみなさい。
■仕入れ業者、顧客、そして我々。すべての人が得をするように心がけなさい。

■自分の才能と成功を知り、それに集中しなさい。しかし同時に自分に足りないものを知り、それを補うための手段を講じなさい。

■将来について考えなさい。たとえ小さくても、君が進む一歩一歩が積み重なって、いずれは大きな意味を持つようになる。利子がふくらんでいくのと同じように。

■顧客側の問題などというものは存在しない。それは、顧客とより深い関係を築くチャンスにすぎない。

■セールスの研修を受けたからといって、わかったつもりになってはいけない。10年間続けて、ようやくわかり始めるものなのだから。

■その人から最良のものを引き出し、成長を助ける方法を見つけなさい。そうすれば君も成長できる。決して逆ではない。

今でもアルニムは、自分がかつてのヒューレット・パッカードの同僚と会っているところを想像しては、同僚たちのインスピレーションあふれるアプローチを自分の中で持続させようとしている。

「あの人たちの質問や態度を思い出して、自分の最新のアイデアや課題を彼らとともに検討するのです。もちろん再び一緒に働くことはできませんが、彼らの良いところを自分の新しい環境に取り入れるのです」

名言をつくる

アルニムは同僚にもらった役に立つアドバイスをリストにした。同じように、あなたが尊敬している人、あるいは嫌っている人は誰だろう？　これまでに出会った中で特に優れた能力を持っている人は誰だろう？　その人たちはどのような質問をし、どのような主張をするだろうか？

「名言」というタイトルで、あなたの好きな（そして好きではなくても能力の高い）同僚の言葉をリストにまとめよう。選んだ名言には、あなたの望みや目標が反映されている。つまりあなた自身がそのリストに積極的にかかわっているはずだ。将来の計画を立てる手引きとして、そのリストが参考になる。

研修しなおす

キャリアを変えたときにアルニムが避けたかったことのひとつが、最初から研修しなおすことだった。それよりも、木工に魅力を感じる一因となった自由な発想による創造性を伸ばしたかった。そこで木工については、長期の正式な講座ではなく短期講座を受けただけで、あとは独自に作業や研究を行った。具体的には本を読み、木工に関連する見本市や展示会に足を運び、たくさんの質問をしたのだ。また、見込み客にアイデアを示してフィードバックをもらったり、自宅でさまざまなリノベーション・プロジェクトを実行し、今の自分はどこまでできるかを判断したりする機会にした。

すると、大きなチャンスが訪れた。コロンビアの友人や知人を訪ねたときに、ボゴタ近郊のエルロサルという町にある木工で知られる修道院で修養会があると知り、参加したのだ。アルニム自身は信心深くないが、大いなるものに人生を捧げた人たちへの尊敬の気持ちは常にもっていた。

修道士のリーダーの中に、銀髪の「マイスター」と呼ばれるドイツ人の木工師がいた。中世の木工ギルドからそのまま出てきたような、みんなに愛される人物だった。魔法を凝縮したような人物だった。マイスターの指示のもと、地元の12人の木工師が教会や刑務所のために製品を作ったり、仕事を請け負ったりしていた。アルニムはマイスターに、床掃除でも木工師たちの作業の後片付けでも何でもするから、少し見学させてもらえないだろうかと頼んだ。親切で穏やかな口調の修道士は、短く、あいまいな返事しかしてくれなかった。

カナダに戻ってから、アルニムはマイスターに連絡をした。昔ながらに切手を貼って投函する手紙を書いたのだ。返事はなかった。次にアルニムは電話を使った。マイスターはようやく信頼できる相手だと思ったのか、粘り強さに感心したのか、電話の向こうで短く答えた。「いつでもいらっしゃい」。アルニムが待ち望んでいた魔法の言葉だった。「どのくらい滞在すべきですか？」とアルニムが尋ねると、「あなた次第です」という答えが返ってきた。

アルニムがこれまで不可能を可能にするためにしてきたことと同じように、こ

れは前例のない話だった。それまで、修道院で短期間の修行を許された者などいなかった。通常は何年にもわたる見習い期間が必要となる。

アルニムはとりあえず、2週間滞在することになった。修道院に住み込み、修道士たちと食事をし、毎日木工に励む。まさに、自分の夢を生きていた。それは人生で最もすばらしい経験のひとつだった。一瞬一瞬を大切にし、質問し、あらゆる人から学ぼうとした。しかし同時に謙虚で、感謝の心を忘れず、どんなことでも手伝うことを忘れなかった。修道院の図書館では書物で勉強してノートを取り、それを修道士たちに見せた。滞在中、アルニムは最初のプロジェクトに取りかかり、それに対する批判や感想を求めた。

アルニムの熱意は修道院の中でどんどん伝染していった。修道士や木工師は、この弟子が自分たちと修道院でつくられる製品に対して明らかに尊敬の念を抱いていることに刺激を受けていた。また、アルニムの技術の習得の速さが高く評価された。アルニムは今でも定期的に修道院を訪れ、木工師たちの研修やアイデアからインスピレーションを受け続けている。ともに座り、笑い、アイデアを交換し、刺激し合う。カナダに戻ると、必ず古いノートを読み返す。するとさらに多くのことが学べるのだ。

「たぶん、僕にとっていちばん重要だったのは、マイスターの学ばせ方です。観察し、それから自分でもやってみる。もう一度観察し、もう一度やってみる。予想を超えるものができるまで挑戦し続ける。何度もやるということが自然と身についていったのです」。マイスターはアルニムに向上し続け

る姿勢を学ばせようとした。中途半端なレベルで満足してしまわないように。木工所で作業をするアルニムの頭には、毎日マイスターの声が響いている。

マイスターの教えに従って、アルニムは新しい依頼を受けるときには常に新たな方向に進み続けるよう心がけている。プロジェクトのたびに、ひとつどころか、たくさんのアプローチを学ぼうとしているのだ。バンクーバーで開催された冬季オリンピック用の製品のほか、高級住宅用のドアと家具を製作し、コーヒーテーブル、ギフトボックス、譜面台、マントルピース、キャビネット、看板などを手がけ、気が向けば、まな板のようなシンプルなものも製作する。[17] そして、顧客の多くは彼の友人になった。

エネルギーの注入

アルニムがかつて働いていたハイテクエンジニアリングの職場はとてもエネルギッシュで、深い会話やアイデアが飛び交い、同僚からもたくさん刺激を受けた。チームで仕事をしていたときのようなエネルギーをひとりになってからも維持するにはどうすればいいだろうかとアルニムは考えた。

その結果、自分にとっては時間が最も重要な資源ではないとわかった。時間よりも、肉体的な、そして精神的なエネルギーのほうが大切なのだ。では、どうすればエネルギーを発生させ、維持することができるか？　そこで、アルニムはウォーキングやハイキングやサイクリングに時間をかけるようになった。興味深いアイデアや問題の解決策は、自然の中を歩いているときに浮かぶと気づいたのだ。

散歩のあとのシャワーさえ効果的だった。「シャワー室は、まさに開発室です！」

ヒューレット・パッカードのときにはいつでも業績を評価されていたが、それがなくなったことについて自分が残念に思うなどとは予想していなかった。かつて否定的なフィードバックは嬉しくなかったが、いつも評価を参考にして向上してきた。そこで最近は、自ら「検視」と呼ぶ作業を行うようにしている。プロジェクトが終わるたびに自分自身と顧客、友人、同僚にたくさん質問をして、次のプロジェクトを改善させる方法を考えるのだ。

細部まで正確な職人技を誇りにしているアルニムは、いつも実験しては、過ちを見つけて、それを真摯に受け止める。創造性を高めるには、過ちを認める素直さが必要だと知っているからだ。アルニムが言うとおり、「何かがうまくいかなかったり、思いがけない方向に行ってしまったりしたときこそ前向きな姿勢を保って、予想より良い結果を出す方法を見つけるのはとても楽しい」。

マイナスをプラスに変える

たいてい人は、嫌な教師に出会って不愉快な経験をすると、その科目が嫌いになる。たとえば、嫌な数学の教師がいると、その後ずっと数学の成績が悪いことをそのせいにする。だが、アルニムは違う。ひどく気が滅入るような教師のことでさえメンターとみなす努力をする。たとえば思春期にさしかかった頃のこと。見るからに意地悪そうで生徒に嫌われている教師が数学の担当になった。あるとき、その教師はアルニムを前に出させて、黒板に大きな円を描くようにと言った。アルニムは円を描いた。「だめだ！」と教師は声を上げた。「もっと大きく！」。アルニムは従った。すると、教師は生徒たちに向かって大きな声でこう言った。「これがアルニムのテストの点数だ！」

アルニムはすっかり打ちのめされたが、これで終わらせてはいけないと決意した。以前から父親に一緒に数学を勉強しようと言われていた。クラスメートの前で先生に恥をかかされたことで背中を押され、父の申し出を受けることにしたのだ。数年後、数学で優秀な成績を取り、電子工学で修士号を取得するまでになったアルニムは、驚くような考え方をする。あの数学教師のおかげで、数学を誰かに助けてもらうことが本当に必要だとわかった、というのである。

前向きでいることのパワー

あなたをひどく滅入らせるような人物でも、あなたの人生に大きな貢献をしてくれる。「マイナスをプラスに変える」というタイトルで、マイナスの出会いをプラスの学習経験に変えるアイデアを書き出してみよう。この作業をさらに魅力的にするために、楽天的な友人に連絡して楽天的なアイデアを交換しよう（だんだん悲観的な話になっていかないように要注意！）。

リスクと変化

アルニムは大きなリスクを冒して新しいキャリアを築いた。しかし、彼の当初の心配は、毎日何時間もかけて通勤し、突然解雇されたり時代に取り残されたりすることへの不安に常にさいなまれていることに比べれば、ずっとましだった。「最も興味深い人生とは、リスクをとり、間違いを犯す人たち、そしてその間違いから学ぼうとする人たちの人生です」。アルニムはそれを「物事を感じる心があるという幸せには、それを試し、形作り、遊んでみるという義務をともなうものだ」と説明する。

電気技師としてのアルニムは、自分の脳をオペレーティングシステムと比較せずにはいられなかった。オペレーティングシステムはアップグレードされると、より優れた特性を持つようになるが、必ずと言っていいほど一時的には不調や問題が発生する。アルニムは、変化を受け入れるのに必要な力強い後押しを得るには、リスクが必要だと感じている。実際、さらに新しいキャリアを始めるときには、自分の考えや姿勢や価値観を変えなくてはならなかった。

しかし、アルニムはこれまで試したどれよりもパワフルな変化の方法を見つけた。それについては次の章で探っていこう。

夢を創る

アルニムは10年後になりたい自分を思い描いた。あなただったらどんな自分を思い描くだろう？　その夢が花開くために何をする必要があるだろう？「自分の夢を創る」というタイトルをつけて、アイデアを書きだしてみよう。

第11章
MOOCとオンライン学習の価値

「私は勉強が好きで、本もたくさん読みます。でも、勉強している分野の入門書になってくれると同時に、その分野の重要な部分を説明している良い教材をなかなか見つけることができません。ありがたいことに、多くのMOOCはその役割を果たしてくれます」——カシュヤップ・トゥムクル（ベ

成人教育は劇的に変化している。おそらくその変化がいちばんよくわかるのは、MOOC（大規模公開オンライン講座）を10講座、時には何十講座も受けている人たち、「スーパーMOOC受講者」を見ることだろう。まずはおなじみのアルニム・ロディックから始めよう。偶然にも彼は木工の達人であるだけでなく、MOOCの達人でもあり、40以上の講座を履修している。アルニムの過去について紹介したばかりなので、このスーパーMOOC受講者ぶりが今日の彼にどのような影響を及ぼしたかを理解しやすいだろう。さらに他のMOOCの受講者が学んだことを活用している様子も紹介していく。

リリ・ライフ・サイエンスのソフトウェアエンジニア）

こうした話のすべてが、とても特別な場所（ヒント：天井が低い）への私たちの旅の準備になる。

アルニム、MOOCを発見する

アルニムが私と出会う10年前、つまり彼がまだハイテク業界にいたとき、彼の職場は研修プログラムや学習の機会を従業員に気前よく提供していた。しかし自分で事業を立ち上げる準備を始めてみると問題に直面した。職場が用意してくれていた社内研修のような学習機会を自分ひとりでどうやって手に入れればいいのか？（それはアルニムだけの問題ではない。昨今フルタイムの社員ではなく、フリーあるいは短期の契約で働く「ギグエコノミー」の出現で、よく見られる問題になっている）

さらに、ハイテク産業の職場では、アルニムは情報通の人たちと付き合うことで新たな発想を得ていた。しかし木工のアトリエでは、ほとんどの時間、話し相手はネコしかいない。また、ハイテク環境は変化を重視していたのに対して、木工のような昔から静止しているかのように見える仕事に移ることで、知的な向上が望めなくなるのではないかという心配があった。そういう事態を避けるため、アルニムは木工の新しいテクニックを常に学び続けなくてはならないような仕事を選ぶことにした。また、毎朝最低1時間、図書館の本やポッドキャスト、ブログなどで新しい知識を得るよう心がけた。

数年前、アルニムは仏教僧から、朝いちばんに心と魂を正しい道に導かれるよう整えることの重要性を教わった。僧によると、「血が流れればトップニュースになる」といわんばかりの最近のニュースは、自分とは直接関係のない問題への恐怖心や不安感を煽り、これから一日を始めるための心の準備に害を及ぼす恐れがあるそうだ（第2章で紹介した、クローディアがうつ症状との関係で発見したことを思い起こさせる）。僧の助言を受けて、アルニムは仕事の日の朝は、あえてニュースやEメールから離れるようにしている。朝は早いほうだが、目を閉じてベッドに横たわり、前日学んだことや言葉を思い返す。次に、その日、どんなプロジェクトをどのように進めるかを思い描く。

長年、アルニムは生き生きとした気持ちで、新しいテーマやアイデアにも前向きに取り組もうと努力してきた。しかしテーマが深ければ深いほど、自分ひとりで学ぶのは難しいとわかってきた。哲学やモダンアートなどについて書かれたテキストが理解不能に思えることもあった。ポッドキャストやブログもあまり役に立たなかった。彼が求めるような深さでそのテーマを扱ってはいないからだ。オンライン動画もあるが、テーブルソーやカメラの使い方といった実用的な内容のものばかりだった。アルニムが望んでいたのは、本格的な専門知識を教えてくれる優れた指導者、そのテーマの本質を明確にし、わかりやすい形で伝えてくれる教授だった。そして大学時代のように学生仲間と積極的にやり取りして研究したかった。

２０１２年、アルニムは偶然、「オンライン教育で学んでいること」と題するTEDトークを聞いた。話していたのは、設立されたばかりの会社コーセラの共同創業者であるダフニー・コラー。大学と共同で一部の講義をMOOCとしてオンラインで提供しているという。ダフニーはコーセラのMOOCが世界じゅうの学習者に新たな地平を広げていると語った。彼らのMOOCは単に動画だけでなく、ディスカッション、小テスト、学生同士で採点する課題など、学習者に取り組みやすくするための工夫が加えられていた。アルニムのかつての大学での経験と同じようだった。

このＭＯＯＣの学習アプローチは、特に新しいものではない。多くの大学ではすでに何年も前からオンライン講座を実施している。新しいのは、コーセラでも他の事業者でも、この講座が安価なので（無料のものも多い）、誰でも受講しやすいという点だった。ＭＯＯＣには、文章の構成と同じように序盤、中盤、終盤の段階がある。学生と一緒に学習を進め、時にはふたりで組んで研究をすることもある。多くはゲームの要素を取り入れ、学生が受講中に自分の進み具合を確認することができる。最後には嬉しい見返りもある。スタンフォード、エール、プリンストンといった一流大学の卒業証書だ。この講座は、その規模においてもいまだかつてないもので、何万、時には何十万という学生が受講している。これが魅力のひとつでもあり、それだけ規模が大きいために、受講料が大幅に抑えられるだけでなく、学生が国を超えて交流する機会にもなっている。

アルニムはダフニーの話に心を奪われ、最初に見つけたＭＯＯＣに申し込んだ。スコット・ページの「モデル思考」の講座だ。スコットの講義は、凝った演出を多用したり、特別な費用をかけたりしていない。それより力が入っていたのは、情報を整理したり、予測したり、よりよい決断をしたりするのに数学的モデルを役立てる方法についてだった。

アルニムはＭＯＯＣに熱中した。また、各講座で必要とされる書籍などの補助教材を読んで学ぶことにも時間をかけた。ＭＯＯＣで学べば、難解な数学の公式も複雑な哲学的な思想も理解しやすいとわかった。まるでかたわらに教授が付き添って難しいところを手助けし、学んだことをさらに補強してくれるようだった。ＭＯＯＣは大学時代を思い出させてくれた。もっとも、講義に出るために生活を完全に、あるいは部分的に変える必要などまったくなかったが。

探究したい学科は無限にあるように思われた。驚いたことにＭＯＯＣの中にはとても質が高いコースがあり、その分野の専門家までもが、アルニムのような学生として存在していた。おかげでアルニムは教授のみならず専門家たちからも学ぶことができるという、またとないチャンスを得ることができた。毎日午前中に１時間か２時間ほどＭＯＯＣを受講する時間が、一日のうちで最も心が浮き立った。

この４年間で受講した40以上のＭＯＯＣは、アルニムの学習へのアプローチを大きく変えた。彼は次のように語っている。

アルニムのMOOCのノートや教材の一部。MOOCはアルニムに、家族との生活を充実させ、事業の継続に熱心に取り組んでいる日々において高度な大学レベルの学習を続ける方法を提供してくれている。アルニムはこう記している。「MOOCは私の人生を変えた。今でも変え続けている。世界じゅうを旅して一流の大学を訪れているのと同じだ。すべて低コスト。もちろん多くの時間とエネルギーは必要だし、確かに学習は大変だ。でもそれは、『学習』によって真に変化し、それまでと違う見方や考え方ができるようになることを意味している」

昨年、妻とリスボンの有名なモダンアートの美術館に行きました。あまり楽しくはありませんでした。ほとんどの作品が気に入らず、なぜこれがアートなのか理解できなかったのです。それなのに、これほど多くの人が楽しんでいるのはなぜだろうと思いました。そこでアートに関するMOOCをいくつか受講し、関連書籍も読みました。専門家になったとは言えませんが、アートの見方や評価の仕方がすっかり変わりました。それにともない、私がつくる作品も変化しています。

アルニムはさまざまな大学で似たようなテーマのMOOCを受講するのが好きだ。そうすると、異なる大学からさまざまな考え方を吸収でき、それを総合して広い視野が得られるようになる。昔の貧乏学生には到底不可能だったことだ。アルニムは大人になった今、以前にはできなかった形で学んでいる。最初に大学に入った若い頃には人生経験が足りずに気がつかなかった物事のつながりが見えるようになったのだ。

アルニムはMOOCで友人の輪を広げることができた。アルニムと妻は仲間の受講生（MOOCの世界に彼が誘った地元の友人たち）と定期的に集まり、学んだばかりのことについて議論したり、同じ教材を他の人の視点で見直したりしている。

アルニムのようなスーパーMOOC受講者たちは、MOOCが資格認定と学習の両方へのアプローチを根本から変える可能性を示してくれる、新しいタイプの人たちなのだ。

学習する機会の価値

学習する機会をキャリアや職業に関する決断を下す際の重要な要素として考慮しよう。新しい学習の新しい環境はどのくらい役立つだろうか？

スーパーMOOC受講者たち

10講座以上のMOOC、場合によっては30から40を受講すると、オンライン学習の世界で学べることについて独自の見方ができるようになる。スーパーMOOC受講者が存在するという事実だけでも、MOOCでやりがいと達成感、たとえばチェスの魅力やポーカーゲームのスリル、キルトを作る集まりの連帯感などに近いものを見つける人たちがいるとわかる。つまり、多種多様で積極的な学習者の大きなグループに出会うためには時間を割く価値があるということだ。

こうしたオンライン通のグループにおいても、従来の大学の学位は重視されている。スーパーMOOC受講者の多くがすでに学位を持っているが、MOOCは、第二のスキルとして新しい専門知識をより柔軟に低コストで充実させる手段として利用されることが多い。スーパーMOOC受講者は、社会では、自らのスキルをアップデートし、その幅を広めようとするために学習に意欲的な人材こそが求められていると知っている。

しかしおそらくいちばんいいのは、スーパーMOOC受講者たちから直接モチベーションについて学ぶことだろう。[1]それでは始めよう。

無料MBA

ローリー・ピッカードはルワンダのキガリに駐在し、アメリカの海外支援予算の大部分を管理する政府機関、国際開発庁の仕事をしている。オーバリン大学で政治学の学士号を取得し、フィラデルフィアの公立学校で教壇に立ち、テンプル大学で地理学の修士号を取得した。国際開発の分野にはじめてかかわったのは、ニカラグアでの平和部隊のボランティアだ。

ローリーは30ほどのMOOCを履修してきた（20を超えてからは数えるのをやめたそうだ）。MBAと同等の教育を受けるという計画の一環だ。彼女はこの計画を「無料MBA」と呼び、2013年の末から「www.nopaymba.com」にブログを書いている。実際に講義を受けるのは完全に無料というわけではなかった。最大の支出は、中央アフリカ共和国に駐在中に高速インターネット環境を維持するための費用だった。しかしMBAの学位プログラムに比べれば、MOOCは経済的にはかなりの節約になる。

ローリーの仕事では、開発途上国の人たちの暮らしを向上させるため、民間企業と協力する必要がある。MOOCで学んだことで特によかったのは、国際開発の仕事に直接応用できることだ。ローリーは次にように語っている。

私が特に関心を持っているのは、起業と、官民の協力です。MOOCで学び始めてから、私は新しいスキルを身につけ、最新の知識を取り入れ、昇進までできました。学んだことを即座に活用できるという点では、フルタイムの学位プログラムよりずっと役に立ちます。ビジネスの話題に通じていれば、民間企業の重役レベルとでも自信をもって、協力の可能性などついて議論することができます。まずは基本的な勉強をしたあとで、オンデマンド方式を選択し、新しいスキルや知識が必要なときにMOOCを履修するようにしています。現在はアフリカの「両面市場ビジネス」（ウーバーやエアビーアンドビーのようなもの）についての講義をとっています。世界観が変わり、新しい語彙が増え、世界じゅうの学習仲間と出会うことができます。

ルワンダ在住の「スーパーMOOC受講者」ローリー・ピッカードは、MBAと同等の教育を受けようと計画している。

手作りのデータサイエンス修士課程

23歳のデイビッド・ベントゥーリは、化学工学と経済を同時進行で専攻するデュアルディグリープログラムではじめてインターンシップを経験した。だが、化学工学にはあまり魅力を感じなかった。その後、MOOCの提供者にインタビューしたことがある友人に偶然会ったことが、MOOCを知るきっかけになった。そしてユダシティのCS101（プログラミングとコンピューターサイエンスの入門講座）に挑戦することになる（ユダシティはMOOCの提供機関で、一般的な大学講座より専門家向けの職業講座に重点を置いている。最近はジョージア工科大学と提携し、コンピューターサイエンスの修士課程を提供している)。

そして、プログラミングこそ自分が探し求めていた教科でありキャリアであると確信した。しかし、その分野に移行するにはどうすればいいのだろう？　考えられるいちばん簡単な方法は、コンピューターサイエンスで学士号を取り直すことだった。修士課程に入る条件はまだ満たしていないからだ。デイビッドはカナダで屈指のトロント大学に願書を出し、入学を許可された。誇らしかった。さっそく新しい大学へ向かい、近くのクイーンズ大学でデュアルディグリーの勉強を続けながら、コンピューターサイエンスの課程を修了する計画を立てた。しかし講義に出席し始めてすぐに困惑した。オンラインで受けていた授業にはるかに及ばない内容だったからだ。さらに厳しい現実が待っていた。年間の学費が1万カナダドルもかかるのだ。２つ目の学士号を取得するまでに3年は必要だ。その間は収入がほとんどなく、借金ばかりが増えていくことになる。２週間後、デイビッドはトロント大学を辞めた。既存の大学でのコンピューターサイエンスの勉強は「しっくりこなかった」と語る。

大教室に座り、この学習プロセスはユダシティの講座と比べてあまりにもゆっくりで非効率的だと思っていました。僕はそもそも長い講義が嫌いなんです……家に帰って内容をもう一度勉強しなおさなきゃならない。ＭＯＯＣのように、受動的に聴くだけでなく能動的に行動するアプローチと「一時停止」ボタンがあれば、もっと速く、もっと効率的に、しかも何分の1かの費用で学ぶことができます。

デュアルディグリープログラムはほとんど終わりかけているが、デイビッドは現在オンライン講座を利用してデータサイエンスの修士課程を履修中だ。約30のＭＯＯＣを組み合わせたもので、ちょうど50パーセントほど進んだところだ。[2]

多くの学生に効率的な学習を提供するだけでなく、ＭＯＯＣでは、既存の大学と比べて大幅な学費の節約ができる。デイビッドの試算では、彼が考えたプログラムの合計費用はわずか１０００カナダドル強だ。デイビッドは言う。「３万ドルも余計に払って大学に通うのは割に合わないですよね」

手作りプログラムの長所と短所

手作りの課程とはどのようなものか、デイビッド自身がまとめた内容を紹介する。

【よい点】

■ＭＯＯＣのおかげで、僕はやっと夢中になれるキャリアを見つけた！

■何万ドルもの費用を節約することができた。それ以外に、早く就職できる機会費用という観点からも。

■無駄な必修選択科目を取らずにすむ。自分が学びたいことをより速く、より効率的に、しかも安い費用で学べる。科目は自分で選べる。すでに大学の学部で履修したものが多いので、これは考慮すべき重要な点だ。

■学習速度を上げることができる。４カ月の学期にとらわれ、のろのろと進める必要がない。

■自分の好きな場所で好きなときに学べる。自分で自由にスケジュールを決め、どこを「教室」にするかを選べるのはすばらしいことだ。ノートパソコンとヘッドフォンさえあればいいのだから。大学で化学工学を学んでいたときと1週間の勉強時間は同じだが、プレッシャーが少ない。おそらく学習効率が上がったと同時に厳しい締切がないからだろう。

■ツイッター、スラック、リンクトイン（ユダシティが高度で実践的な技術を学ぶナノディグリーの卒業生向けにグループを作っている）や自分のウェブサイトで世界じゅうの人と交流している。来週には、インドのMOOC卒業生仲間とスカイプで話をする予定。これはすごいことだ。

■他の人を助け、刺激している。そのことが僕の刺激にもなる。大勢の人（友人や知らない人たち）から連絡があり、僕のやり方に刺激を受けたと言って、オンライン学習の目標についてのアドバイスを求められた。刺激を受けたと言ってもらうことも、他の人たちが前に進む手助けができることも、大きな満足感を与えてくれる。

■新しい学習法をいろいろな人に知ってもらいたい。ユダシティやコーセラ、エデックスのようなすばらしい教材があることにまだ気づいていない人は多い。自分がちょうどいいタイミングでMOOCを見つけられたのは、とてもラッキーだと思う。人生を変えるかもしれない教育機会をつかむのに、思いがけない幸運に頼らずにすむように、ぜひみんなに知ってもらいたい。

【あまりよくない点】

■ワークライフバランスの決断がしにくい。自分のペースで進めるプログラムには、自己管理が求められる。スケジュールを守るために、誰かとの約束を断るのは、単位を取るために教授に決められた締切を守るよりずっと難しい。MOOCを履修すると、家族や友人との約束、運動、娯楽、学校、ネットワーク作り、睡眠といった時間配分の調整が大変になる。

■既存の大学と比べ、クラスメートとの交流が少ない。面と向かってやり取りできないことは、世界じゅうの人と交流できることで補える。それでも、近くのMOOC仲間と親しくなれたらもっと楽しいだろう。ミートアップやユダシティのコネクトのようなサービスがその点の改善を図ろうとしているけれど、まだ十分に発達しているとはいえない。

■期限の融通が利くことが、時に自分への疑いや罪悪感につながる。自分がきちんと学べているかどうかではなく、自分のペースは遅くないか、今日の学習量は十分かということばかりが気になってしまう。ジムに行って帰ってきてから食事を作ったら1日のうち4時間も無駄にしてしまう！と考えるようになる。全員が同じ期限を守っている大学では、自分の進み具合に不満を持つことはなかった。自分でスケジュールを立て、自分だけの履修選択をするのなら、何をいつまでに達成したいかという基準も自分で設定しておくべきだ。

MOOCではブラウジングが歓迎され、落第も選択肢のひとつ

オーストラリアのクイーンズランドに住む退職者パット・ボーデンがMOOCを始めたのは、それまでの人生で追うことのできなかった関心事を追究するのによい方法だと思ったからだ。最初の天文

学のＭＯＯＣでは落第した（高等学校で物理を学んでから40年が経っていた）。その後、パットは71の科目に合格し、12の科目で落第した。

元銀行員のパットは言う。「ＭＯＯＣは新しい世界を開いてくれました。退職後は手芸や庭の散歩でもするのかと想像していました。最初のＭＯＯＣではつまずいたけれど、その後の数年間で多くのことを学び、今では自信を持って執筆業を始めようと思っています」

ここで、ＭＯＯＣで「不合格」になるとはどういうことなのかを説明しておいたほうがいいだろう。既存の大学における落第とは違い、まずリスクが少ない。ＭＯＯＣで落第しても、それが大学の成績証明書のようなものに永遠に記録されるわけではない。そのうえ、再挑戦の機会がある。たとえＭＯＯＣで合格しなくても、数カ月のうちに再び機会が与えられる。

ルワンダで海外協力の仕事をする「無料ＭＢＡ」のローリー・ピッカードは、ＭＯＯＣでは昔ながらの意味で落第することはありえないと説明する。一般的にＭＯＯＣは、自分のペースで学び、自分の能力の限界に挑戦する場所だからだ。もうひとつの利点は、一度履修をやめ、別の講座で合格に必要な背景知識を学んでから最初の講座を受けなおすこともできることだ。

教育テクノロジーの起業家でスーパーＭＯＯＣ受講者のヨニ・ダヤン（彼についてはのちほど詳しく紹介する）によると、多くの学習者はＭＯＯＣの一部に興味を持っていたり、教材をざっと見て回り、特定の動画だけを見たりするという。そのような人たちは最後まで履修しなくても、自分の学習目標を達成するためだけにＭＯＯＣを活用している。その意味でも、ＭＯＯＣは教科書に似ている。学生は２５０ドルの教科書を買わされるが、学生によってはその半分も使わないかもしれない。だが、

「修了」率が低いからといって、その教科書に価値がないとは誰にも言えないはずだ。

自己修養がビジネス関連の技能も高める

クリスチャン・アルトニはイタリアの大手運送会社で、最高執行責任者（COO）付きの部長として実際の業務とその分析を担当している。彼はこれまで50近いMOOCを履修してきた。勉強熱心で、履修中のMOOCのテーマに関する本を年に10冊以上読んでいる。

リンクトインのプロフィールに掲載されている履修済みのMOOCリストを見ると、古代哲学、マネジメント、スプレッドシート、弁論術、交渉、そしてもちろん「学び方を学ぶ」と、きわめて幅広い興味を持っていることがわかる。一見無秩序なようだが、クリスチャンのMOOCへのアプローチにはきちんとした法則がある。基本的にはコースから理論の実践のコンセプトを学ぶことで、人間として成長するだけでなく、仕事においても実践的に働けることを目指している。

クリスチャンの学習の土台となっているのは、効率よく学ぶ方法を学んだことである。そのスキルを身につけたことにより、幅広い技能を習得しやすくなったと感じている。会社ではメンターやコーチ、トレーナーの役目を担っているため、学習する仕組みそのものを知ることは、特に役に立っている。他にもリーダーシップやコミュニケーション、交渉などのMOOCのおかげで、新しいアイデアを見つけ、伝え、それを実行するために人を説得する能力が高くなった。またクリスチャンはクリティカル・シンキング（批評的思考）も重視している。「哲学がこの思考法のベースであり、論理がツールなのです」。クリティカル・シンキングは、毎日の仕事における問題解決や時間管理とも関連している。

クリスチャンは「学び方を学ぶ」のMOOCでシニアメンターとなり、イタリア語版を担当している。彼の指揮のもと、50人のボランティアが集まり、百科事典に相当する量をほぼ一晩で翻訳した。クリスチャンのMOOCを利用した系統だったトレーニングと、持って生まれた才能により、従来の教育法がちっぽけに見えてしまうほど膨大な講座のマネジメントを向上させることができた。

「私は最近オンライン学習を試していますが、おもしろいだけでなく、くつろいだ気分になります。授業を受ける時間は自分で選べます。重要な点を理解できるまで、動画を繰り返し見ることもできます。実際の教室にいる先生にはそんなことはお願いできませんよね。新しいことを学ぶのに、オンラインは最高の方法だと思います」――サヌウ・ド・エドモンド（ブルキナファソに住む統計学の3年目の学生）

微調整と技術力の拡大

社会福祉の非営利部門でプログラム評価とデータベース管理を担当しているジェイソン・チェリーは、MOOCが仕事のパフォーマンスを上げてくれることを知った。同僚のほとんどはソーシャルワーカーだが、職場でハイテクタイプの仲間と技術力を微調整することは難しかった。ジェイソンはまず、分析のスキルを向上させ、ウェブ開発やプログラミングを学ぶためにMOOCを受講した。学び始めるとやめられなくなった。現在までに修了したＭＯＯＣは35にのぼっている。ジェイソンは言う。「ＭＯＯＣでとても気に入っているのは柔軟性です。締切はありますが、好きなだけ先に進むこともできます。半日の授業で、１週間分の内容を詰め込むこともできます」。今、ジェイソンはＭＯＯＣで学んだ予測モデリングの知識を使って職場の開発部門を手伝っている。こんな試みははじめてだという。

自己改造

アイオワ州デモインで育ったブライアン・ブルックシャーは、小さい頃はいつもテストで最高点を取る賢い子供だった。友人もガールフレンドも大勢いて、社交クラブにまで入っていたが、それでも、自分は人づきあいがうまいとは思っていなかった。「人との交流の法則のようなものがわかっていなかったのです。なぜそんなに物静かなのかと聞かれると、『話すことが見つからないから』と答えていました」

スタンフォードで日本語を学んで文学士号を取得し、数カ月後には韓国で1年間の韓国語集中講座を受けていた。ある晩、オンラインで時間つぶしをしていたときに「キスをしてもいいと彼女が思っているかどうかわかるか？」という質問を見つけた。ブライアンは興味をそそられてクリックした。すると男女交際に関するビデオ講座の広告が出てきた。たいした内容ではないだろうとおもしろ半分に申し込んだ。ところが、進化心理学や一般的な自己啓発のアイデアや、セールスとマーケティングのテクニックの応用などが目まぐるしく紹介され、ブライアンはすぐに、ソーシャルスキルは学習可能なのだと確信した。彼にとっては革命的なことだった。

男性向けのあらゆる種類のデートアドバイス・セミナーが、ウェブ上で宣伝されていると知りました。そのことについて議論するウェブ上のフォーラムが多数あることも。すべて試してみました。驚いたことに、教材の多くがもともとはデートに関するものではありませんでした。強調されていたことは、他者の視点でものを見ることや、他者の立場を理解すること。他の人も自分と同じように不安や心配、希望などを感じながら人生を歩んでいると気づくことでした。ある講師が言っていたように、「個人的に思える問題ほど普遍的」なのです。

勉強は役に立ちました。6カ月間におよそ60人の女性と出会い、デートしました。そして、そのうちのひとりと結婚しました。その効果は人生のあらゆる面に影響を与えました。気楽に人づきあいができるようになったのです。新しい人と出会うことは純粋にわくわくする経験になりました。それまでには感じられなかったことです。

オンライン学習を通じて自己改造を行ったのは、何年も前のことだ。しかし、ブライアンはこの経験から、学習が、通常の学問的アプローチでは考えられないほど人生の広範囲に驚くべき変化をもたらすことがあると知った。ブライアンはパワーリフティングのアメリカ記録を出し、ファッション雑誌に登場し、日本語を流暢に話し、韓国語も堪能だ。デモイン出身の地味な男子だったにしては悪くない。

この自己改造をきっかけにブライアンは最新の学習スタイルにも挑戦している。「マイクロバイオーム（訳注：特定の環境に生息する微生物の集まり）」についてもっと知りたいと思い、MOOCを受講したのだ。気がつくと15の生物学のコースに没頭し、久しぶりに楽しんでいた。ブライアンがよく自分に問いかける、お気に入りの質問がある。「今やっていることを、どうすれば次のレベルにもっていけるか？」。そこで、生物学の博士号を取得しようと考えた。しかし、博士課程に出願するために必要な条件を満たすため、3年間も大学に通って学部を修了するのは気が進まなかった。そのとき、オンラインのコンピューターサイエンスのプログラムを見てひらめいた。MOOCで可能な限りの学部の生物学プログラムをかき集めたのだ。その経緯についてはブログで紹介している。[3] ブライアンが博士号を取れるかどうかはまだわからない。しかしその学習の道のりは、すでに彼が持っているビジネスと語学の能力と合わせて、アジアで生まれたばかりの生物学とビジネスが融合したマーケットに関する豊富な知識となり、ブライアンを特別な立場に押し上げている。

ハンディキャップを克服する

スーパーMOOC受講者のハンス・ルフェーブルは、11歳のときの不運な転落事故で四肢麻痺となった。[4] 彼は口にくわえたスティックや音声認識を使ってキーボードを打ちながら、天体物理学で修士号を取得し、コンピューターサイエンスでも修士号取得を目指している。しかし、その前段階として必要な課程を修了していないために、2つ目の学士号を取得するところから始めなければならない。

あるとき大学が、修士課程入学のために同等の試験に合格すればいいという別のルートを用意していることがわかった。そのために、ハンスはコンピューターサイエンスのMOOCを50以上受け、優秀な成績を収めた。プリンストン大学のアルゴリズムのMOOCではメンターにまでなった。準備ができたと思えるにはあと数コース受講する必要があるが、MOOCで高度なコースをオンライン受講できることで、この才能ある学習者は将来に夢を抱けるようになった。ハンスの長期的な目標は、大学で研究者の職を得ることだ。不可能な夢ではない。彼が住んでいる都市は、ハンディキャップのある人にとってヨーロッパでも指折りのアクセスのよさを誇っているからだ。

ハンスは言う。「僕は学ぶことが好きなので、とても楽しんでいます。学べば学ぶほど、自分に足りないスキルが見えてきますが、それによって、さらに学び続ける意欲がわいてくるのです」

人づきあいのマインドシフト──MOOCで新しい社交ネットワークをつくる

フランス語とイスラエル語の通訳の仕事を手がけるヨニ・ダヤンは、ソルボンヌ大学で国際関係を学んだ34歳。以前からスタートアップに興味を持っていた。18歳の頃にテレビゲームの批評を行う会社の共同創業者となり、以来、社会に貢献するビジネスの創造に魅力を感じ続けている。

ヨニにとって恩恵であると同時に厄介事でもあるのは、自分を取り巻く「自然発生的」な社会集団だ。10年以上前、大学生時代に国際関係を学ぶグループの人たちとのつきあいが始まった。しかしヨニのような起業家にとっては、それだけでは十分な人脈とは言えない。ビジネスを生み出す才能を磨くには、起業家中心のつきあいが必要だった。

またとないネットワーキングの機会をくれたのがMOOCだった。ヨニは数十の講座を受けた。主にビジネスと起業に関するもので、プログラミングやクリエイティビティ、デザインといった関連する分野の講義もあった。ヨニは言う。「チームで作成する課題を期日どおりに提出するためにともに苦労し、互いに自分のことを話すうちに、バーチャルな世界の知り合いが、本当の友人や仲間になっていきました」。この数年間、ささやかな成功が続いたこと、オンラインコースで出会った同じ志の仲間たちからの支えがあることで、ヨニは自分の中の起業家精神を自信を持って受け入れることができるようになった。他にも多くのプロジェクトを抱えながら、ヨニは今、スーパーMOOCで培った知見とネットワークを駆使して、知識とスキルを取得するための形式張らない方法を評価するスタートアップを立ち上げようとしている。

ジェネラリストであり続ける

スーパーMOOC受講者のポール・ハンダルは、バンクーバー在住の59歳の弁護士で、エデックスで100講座目のMOOCを修了したばかり。専門的なプログラミングやビジネススキルを持つことが重視される時代には、ジェネラリストも必要だということは忘れられがちだ。ポールが指摘するように、弁護士はジェネラリストだ。科学者のようにひとつの分野の専門知識を持つのではなく、ありとあらゆるケースを扱う。時によってまったく違う事案を、隠れた問題をはらむ新しい事例として分析しなくてはならない。一般的な知識があればあるほど、状況をよりうまく分析できる。

これまで20年間、ポールはカナダ最古の環境団体SPEC（環境保全推進協会）の理事をつとめ、水や空気の質を守り、原生林を保全し、野生動物の生息地を保護し、ごみを減らすための運動を率いてきた。そのためには多くの学問分野から総合的に知識を集め、効果的に自然保護を提唱する必要があった。ポールはこれまでずっと、事実や科学を正確に伝えようと努めてきた。「25年前には、何らかの専門分野について急いで知る必要があると、地元の大学に電話をして学者に話を聞いたものです。当時の教授はいきなり電話をしてきた人間にも驚くほどいろいろ話をしてくれました。電話をした理由を説明すればなおさらです。でも、時代とともにそれも難しくなってきました。突然の電話に応じてくれる人は少なくなりました」

現在、多くの情報がインターネットで得られるが、正しい情報と間違った情報を見極めることが大切である。不正確な情報源が出した不正確な文章を20のサイトが引用し、それがまた情報源になって拡散されるということもある。ポールは、仕事をうまくこなすために自分で知識を集めなければならなかった。「世界最高の教授が教えてくれるエデックスというオンライン講座についてはじめて聞いたとき、私にはそれがどれだけ価値のあることかがすぐにわかりました。自宅で簡単にあらゆることを学べ、世界最高の学問の恩恵を受けることができるのですから。ＭＯＯＣを１００講座受けることで、最も効果的に知識を得られ、他の人たちにもその知識を伝えることができるのはすばらしい経験です。おかげで弁護士としても、自然保護とよりよい世界を主張する環境保護活動家としても向上することができます」

新しい学習形態のハンドルを握る

新しい学習形態では、主導権を握るのは自分だ。MOOCは、学習目標を達成するための重要で新しい方法であり、目標達成に必要なテクニカルスキルも対人スキルも、学習するスキルでさえも、身につけさせてくれる。

脳を変える――オンライン学習が簡単にしてくれる

ジョナサン・クロールは語学学習が好きな起業家である。好きというのは正確ではない。カリフォルニア大学サンタバーバラ校での学生時代にはフランス語とスペイン語を専攻し、副科としてポルトガル語を取った（単に専攻を3つにすることが許されなかったからだ）。さらにラテン語とイタリア語、カタルーニャ語も学んだ。数学の才能は語学の才能には及ばなかった。数学はまるでだめだったのだ。だが、それはたいした問題ではなかった。外交の分野でキャリアを積む予定だったからだ。

しかし卒業直前になって、ジョナサンは普及し始めたばかりのインターネットの将来性に惹きつけられる。そして、フェイスブックやユーチューブ、Gメールなどの新しい会社や新しいサービスを創造する人たちと競争する世界に飛び込んだ。昼は授業に出て、これまでどおり得意の語学を猛烈に勉強し、夜は家でプログラミング言語を調べ、学び、試した。そして自分のスキルは振り替えがきくとわかり、驚いた。長年学んできた言語の文法や構文法、意味論が脳を刺激し、コンピューター言語をつかさどるルールの理解と習得を容易にしてくれたのだ（ここでも過去の「関連性のない」専門知識が新しいキャリアで驚くほど有利に働いたことになる）。

やがてジョナサンは、自分が志す起業の世界をよりよく理解したいと、ビジネススクールに目をつけた。そしてＧＭＡＴ（経営大学院入学適性試験）の準備を始める。ＧＭＡＴは数学に重点を置いているため、自分には難しいことはわかっていた。計算機の持ち込みは不可で、試験中はすべての計算を自力でしなくてはならない。１問につき２分足らずしかなく、１秒１秒が貴重だった。ところが、当時29歳のジョナサンは、単純な掛け算も割り算も計算機なしではできなかった。多項式の因数分解や、ｎ個のものを円形に並べる順列計算など言うまでもない。ジョナサンは試験を受け、結果を受け取った。トレーラートラックにひかれたような衝撃が走った。数学が苦手なんてものじゃない。小学校１年生だってもっとできるだろう。

そこでジョナサンは果敢にも立ち上がり、勉強を再開した。数学の基礎がまったくできていないことがわかったので、小学校の算数からやり直すことに決めたのだ。家庭教師や受験の専門家に習い、自分でも１日何時間も勉強した。それによって少しずつ、さまざまなことを理解できるようになった。２年間で６回、ジョナサンは４時間のＧＭＡＴ試験に臨んだ。それに加えてＧＲＥ（大学院進学適性試験）を４回受けた。ついにジョナサンの点数は大多数のアメリカ人を超えた。本当に重要なのは、その２年間の勉強を通して、ジョナサンが自分の数学の能力をそれまでとはまったく違う目で見るようになったことだ。最後にはできるようになると。

ジョナサンはＧＭＡＴやＧＲＥのような試験のための数学の科目対策には、もっとよい勉強方法があるはずだと思っていた。ジョナサンと家庭教師は、そこにビジネスチャンスがあることに気づいた。ターゲット・テスト・プレップという会社がすでに存在しているが、この会社は潜在能力を十分に発揮していない。強みは総合的なカリキュラムと許諾の必要な何千もの練習問題だった。しかしソフトウェアが時代遅れで、ブランド戦略がぱっとせず、市場への浸透もうまくいっていなかった。ジョナサンはそこに可能性を見いだし、ビジネススクールへの挑戦を延期してターゲット・テスト・プレップに最高技術責任者（CTO）として入社することに決めた。数週間のうちにGMATのソフトウェアを一から再構築するプロジェクトが立ち上がり、1カ月後には10人体制の開発チームが結成された。

MOOCが広く知られるようになった時期で、ジョナサンも好奇心からいくつか受講してみた。そして、新しい知識がすぐに役立つことに驚いた。まず、リスクの高い試験ではパニックになりやすく、それが失敗を招く。ジョナサンも実際に経験したことがある。プレッシャーで頭の中が真っ白になり、体が固まってしまい、視界が狭くなる。時間ばかりが過ぎ、知っていることさえストレスのせいで応用できなくなる。ジョナサンは、マサチューセッツ工科大学のMOOC「教育技術の設計と開発」でアクティブラーニングについて、GMATのようなプレッシャーとリスクの高い環境に備えるには試験内容の習得と同じくらい非認知能力が重要であると学んでいた。ジョナサンはそこからアイデアを発展させて企画会議で提案することができた。

同様に、GMATにはあまりにも多くの要素が含まれているため、学生が圧倒され、学習計画をうまく組み立てられないこともわかった。「学び方を学ぶ」というMOOCで、ジョナサンは「チャンキング」というコンセプトについて学んでいた（第3章にも登場したが、チャンキングは毎日の練習と繰り返しによって知識を小さなかたまりにしていく作業である。どの分野の専門知識でもこれが基礎となる）。

チャンキングの知識を使い、ジョナサンはターゲット・テスト・プレップのコンテンツをオンラインで整理し、それぞれのユニットを「チャンク」になる程度に小さくしていった。それから学生がそれぞれのチャンクに関連する問題を練習できるシステムを設計した。たとえば「指数と累乗根」のコンセプトを、独立した学習単位「超チャンク」にする。この大きなチャンクをさらに50ほどの小さなチャンクに細分化し、それぞれに対応する練習問題集をつける。それがすべてソフトウェアの深層構造に組み込まれている。このようなアプローチは常識だと思えるかもしれないが、同じようなレベルで実現している予備校は他になかった。たとえば、「指数」に関することがすべて大きな「代数」というカテゴリーにまとめられている、といった具合だったのだ。

ジョナサンの数学が「苦手」な学生としての経験は、驚くほど貴重だった。ひとつには、学生がどこで苦労するか具体的にわかるからだ。シンガポールのアダム・クーが言ったように、ジョナサンは、数学ができないという問題をチャンスに変えたのだ。

再出発したターゲット・テスト・プレップ社は有名雑誌で特集され、一流大学や組織と提携を結んだ。[5] そして学生がＧＭＡＴやＧＲＥ、ＭＣＡＴで見事なスコアを得る手助けをした。同じように重要

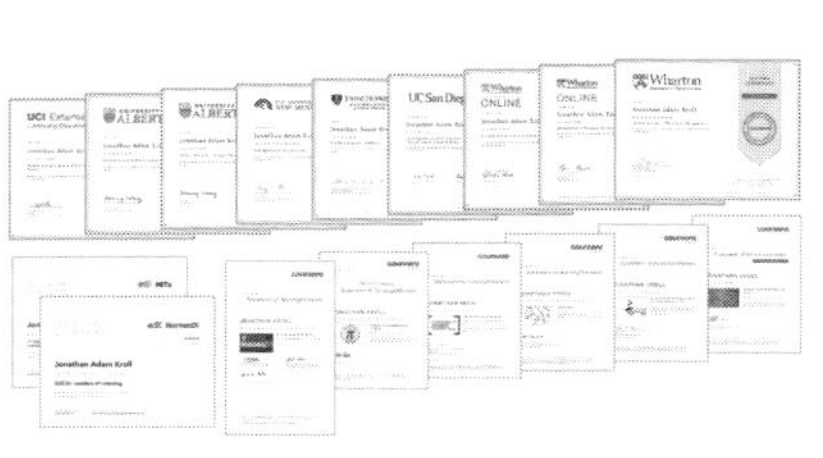

ジョナサン・クロールのMOOC修了書のコレクション。MOOCのおかげでジョナサンは神経科学研究の新しいアイデアを直接応用して、役に立つ人気製品を生み出すことができた。

なのは、会社が現代社会で特に求められているクリティカル・シンキングと分析スキルを育てたことだろう。単にテスト勉強をさせるだけではなく、きわめて重要なスキルを教えているのだ。

それでは、ジョナサン自身はどうなったのか？　ＭＯＯＣと出会う前に数学の勉強は終わっていたとはいえ、学習には人生に重要な変化をもたらす力があることを知った。そこで、スーパーＭＯＯＣ受講者となり、現在までに18のＭＯＯＣを修了した。仕事のパフォーマンスを向上させるため、あるいは純粋な好奇心から、常に新しいことを学び続けている。

オンライン学習が復活への道筋をひらく！

高校で学んだスキルが衰えたり、そもそも身についていなかったりしていることに気づくのはショックなことだ。オンライン学習は、かつて学んだことを更新し、重要な試験に必要なスキルや、そのベースとなるスキルを身につける道筋を提供してくれる。

スーパーＭＯＯＣ受講者が教えるＭＯＯＣを最大限に活用するコツ

ロニー・デ・ウィンターはベルギー出身のフリーランスのソフトウェアエンジニアで、50のＭＯＯＣを修了している。彼が教えるＭＯＯＣ受講の秘訣は以下のとおり。[6]

■2、3年以内に自分が学びたいことをはっきりさせる。

■自分のニーズに最もふさわしいMOOCや他の学習方法を見つける。ここで「Class-Central.com」がとても役に立つ。
■MOOCに登録する前には必ず講座の概要、必要条件、シラバス、推奨されている毎週の勉強量を確認する。
■毎週スケジュールを組む。念のため、推奨されている勉強量の2倍の時間を確保しておくとよい。
■人によっては標準スピードの1・2倍から2倍の速さで動画を視聴できる。さらに慣れると「スピード学習」を行う人もいる。このアプローチでは、先にシラバスとスライドに目を通しておき、その後で動画を2倍速で見る。
■最初の1週間は様子を見る。あまり多くを学べないようなら受講をやめる。
■同時にたくさんのMOOCを受講しすぎない。多くのコースを表面的に学ぶより、少ないコースを深く学ぶほうがいい。ほとんどのコースは繰り返されているから、今はスケジュールが合わなくても、あとで受講できる場合が多い。
■ディスカッションフォーラムを利用して学習を高め、疑問に対する答えを見つける。ただし、時間がかかるので要注意。
■開講したばかりのコースには不備が多いことがある。気になるようなら、少し時間が経ってから受講する。しかし新しいコースは楽しいので、最初から排除してしまわないこと。

学び過ぎ？

ＭＯＯＣは、時には少し客観的になって、自分が本当に学びたいことは何であり、それはなぜかを知る機会となる。マドリードで中世の写本について研究し、古文書を管理している教授のアナ・ベレン・サンチェス・プリエトは、このことについて興味深い見解を示している。もともとオンライン学習に懐疑的だったが、勤務している大学がオンラインの修士課程のパイロットプログラムを始めたため、講義を担当することを申し出た。オンラインの講義なら、どこにいても教えられるので、海外で働く夫との時間が増えると考えてのことだった。

アナは自分でも試してみたいと思った。そこで、ブラウン大学の古典考古学者スー・オールコックが教えるＭＯＯＣ「考古学の薄汚れた秘密」を受講した。アナはとても気に入り、その講義を受講しながら、自分のオンライン授業のアイデアをたくさん思いついた。そして、その分野について知っているからといって、必ずしもそれを効果的に教える方法を知っているわけではないということに気づいたのだ。そのことを念頭に、アナは別のＭＯＯＣ「学習のための教え方の基礎」を受けた。それもとてもよい内容だった。

次にアナは、コーセラには教育関係のＭＯＯＣを集めた「専門科目」があることに気づいた。自分は終身教授であり、この仕事が気に入っていて、今の職を辞めるつもりもないが、この専門科目が履歴書にあると見栄えがいいと思ったのだ。

結局アナは、教育関連のＭＯＯＣを片っ端から受講した。そして、リレー教育大学院のデイブ・レビンによるMOOC「キャラクターを教え、積極的な授業を創る」が特別なターニングポイントとなった。コースの半ばまで来たとき、夫に「アナ、何があったんだい？」と聞かれた。アナは答えた。「MOOCでよい教師になれたかどうかはわからないけれど、よい人間になれたことは確かよ」。MOOCのおかげで他人をより深く理解し、他人の弱さを許せるようになったと感じている。

その後、アナはコンピューターなど、自分が常々疑問に思いながら学ぶ機会がなかった分野に関するMOOCを見つけるようになった。チャールズ・セブランス博士のインターネットとパイソンについての授業は、アナの目を開かせてくれるすばらしい内容だった（ちなみに「チャック博士」はMOOCの制作者にも受講者にも大いに愛されている人物だ）。さらにアナはHTMLをはじめとするウェブ開発のツールに関する講座を取るようになった。カーン・アカデミーで数学を勉強するようにもなった。

アナは自分の学習能力に、そして、その学習に対する修了証書を受け取ることにすっかり夢中になって、ありとあらゆる内容のMOOCを取るようになった。「自分が教えなければならない講義もあることが、もはやストレスでした。人づきあいもほとんどなくなりました。でも最後には、自分がMOOC中毒になっているという事実と向き合わなければなりませんでした。さらに悪いことに、私は本当に学んでいたわけではなく、そのコースを終わらせること、修了証書を受け取ることに夢中になっていたと気づいたのです」。その頃には50ほどの

中世の写本についてのMOOCのために、プレゼンテーションの準備をするアナ・ベレン・サンチェス・プリエト教授（右）。

MOOCの修了証書と91のカーン・アカデミーのバッジを手にしていた。

アナは、MOOCをすっぱりとやめた。興味を持ち学びたいことはたくさんあっても、選ばなくてはならないということがようやくわかったからだ。

MOOCをやめてから数カ月後、アナはMOOCに戻った。しかし今度はバランスのいい選択をした。ゲームデザインについてのMOOCを「聴講」し、ゲームの手法を自分の授業の改善に役立てることにしたのだ。正式に受講する前にもう一度ゲームの講義を見学して、その内容をしっかり学ぶつもりだ。今の目標は純粋に学ぶこと、そして、学習することに呑み込まれないことだ。本書が出版される頃には、アナのMOOC「秘密の解読：中世ヨーロッパの彩色写本」が始まっているだろう。

バランス

人生には多くの、時には多すぎる学習機会がある。あなたがMOOCの世界に入ったばかりなら、中毒になる恐れがあることを知っておこう。興味のある教科を見つけたら、それを聴講するだけで、課題や期限のプレッシャーを感じることなく好きなときに好きな場所で学ぶことができる。修了証書はモチベーションを上げてくれる。しかし、きちんと常識を働かせて、学習や修了証書と仕事や家族とのライフバランスを保ち続けよう。

MOOCなどのオンライン学習が重要な理由

なぜ私がこの章で、従来のテレビやDVDではなくMOOCなどのオンライン講座をこれほど重視しているのか、不思議に思っている読者もいるだろう。ポイントは、テレビやDVDでは受動的な「見るだけ」の内容が多い点だ（いくつか重要な例外があるので、それはこのあとで紹介する）。つまり、テレビやDVDは学習の導入としては役に立つが、それだけでは十分でないことが多い。授業の内容を完全に理解するためには、ちょっとした後押しが必要なのだ。よく考えられたMOOCはその後押しをしてくれる。脳により深い物理的な変化をもたらすアクティブラーニングを通して、授業の内容に命を吹き込んでくれるのだ。覚えているだろうか。ジョナサン・クロールが、GMATの画期的な受験勉強システムを構築する際に重宝したのもアクティブラーニングだったことを。このような脳の物理的変化は、精神的な柔軟性のみならず、長期的な健康や寿命にも影響を与える。

つまり、こういうことだ。たとえば受動的な学習では、テレビ番組を見てオーボエという楽器があることを発見するだけだ。ところがアクティブラーニングでは、実際にオーボエを吹けるようになる。アクティブラーニングでは、パワフルで筋の通った議論をしたり、的確な質問をしたり、問題を解決したり、巧みにサッカーボールを蹴ったり、外国語を話したり、楽器を奏でたり、よりクリエイティブに学ぶことを可能にしてくれる[7]（本書のあちこちに書き出すワークがあるのはなぜか、不思議に思わなかっただろうか?）。

MOOC、特に洗練されたMOOCは、テストや課題、プロジェクト、ディスカッションフォーラムを通じたアクティブラーニングの機会をふんだんに組み込んでいる。ＭＯＯＣの動画をざっと見て、いくつかの質問に答えるだけでも、講義の内容をあらためて理解できるようになっている。もちろん、小テストは新しい知識を定着させ、本当に理解したかどうかの確認に役立つ（当然、基本的な概念についての深い質問のほうが、表面的な暗記タイプの浅い質問よりもはるかに効果的である[8]。だが、深い質問のほうが作成するのは難しい）。とはいえ、アクティブラーニングを多用する必要がないときもある。特にその分野についてざっと概観できればいいという場合だ。ここでもＭＯＯＣが便利だ。ちょっと覗きたいだけのものや必要なものだけをチェックすることもできるからだ。

学習者にとってありがたいのは、ＭＯＯＣ同士が切磋琢磨していることだ。「Class-Central.com」のようなサイトを使えば、ＭＯＯＣの分析や比較を見ることができる。ランク付けを見れば、たとえば、交渉や弁論術、有機化学といった分野ごとに評価の高いＭＯＯＣを見つけることができる。レビューを読むのも楽しい。時には映画のレビューサイト顔負けの感想を読むこともできる。

一方で、課題もある。現在、多くの学生が、ＭＯＯＣの能動的な課題を完了するためのモチベーションを保てずにいる。対面学習の要素を多く取り入れたデブ・ブートキャンプのようなコーディング学習講座が、費用が高いにもかかわらず人気があるのはそのためだ。もうひとつの問題は、一般的にＭＯＯＣが大学の学位につながる単位を出す講義を提供していないことだ（空港で使われている顔認証技術を使ってＭＯＯＣを監視する技術ができれば、この問題も解決するかもしれない）。さらに、現在のＭＯＯＣの多くは、カリキュラムの構成におもしろみがなく、学習法が受動的な点も問題だ。教授がだらだらと話している講義をいくつかに分けて見せようとしているだけで、「能動的」に見えるのは課題についての通り一遍の小テストだけだったりする。だがそれだけでは、内容を真に理解し、行動とエクササイズで学習を定着させることはできない。

スーパーMOOC受講者のジョナサン・クロールは、好みだけで選んで学んだ分野のスキルに対して修了証書を出すスタイルが主流となり、教育が、テーブルで供されたものを食べるレストランというよりは、サラダバーのようになっていくと見ている。賢明なオンライン教育企業の中には、学習方法の多様性を考え始めているところもある。たとえばオンライン会社のディグリードでは、カーン・アカデミーやコーセラ、ユダシティのほか、書籍やTEDトーク、記事、大学のコースワークや課程など、何百種類もの学習の場から、自分自身に合った学習方法を選ぶことができる。ディグリードのモットーは、「100万種類の学習方法を1カ所で発見し、追跡し、評価することができます」だ。

さて、MOOCの概要とそれがオンライン学習の世界にどのように組み込まれているかがわかったところで、オンライン学習とはどのようなものか、それをカメラの反対側から探っていこう。前に話した、天井の低い場所へいよいよ向かうことになる。

第12章 MOOCをつくる

最前線からの眺め

私はとても率直で保守的な米中西部出身のエンジニアで、マクドナルドでのランチに誘われて喜ぶような人間だ。だから、ソーク研究所の神経科学の忍者ことテレンス・セジュノウスキーと一緒に構築したMOOC「学び方を学ぶ」についてハーバードで講演してほしいと招かれたのは、ちょっとした衝撃だった。ケンブリッジに着いて、私たちのMOOC制作の裏側にある「秘伝のソース」を学ぼうと詰めかけたハーバードやMITの人たちで会場がいっぱいになっているのを見て、さらに驚いた。

そしてだんだんと、その好奇心の理由の一部がわかってきた。「学び方を学ぶ」は、自分の楽しみのために5000ドルもかけずにつくったものだった。しかし、何百人もが何百万ドルもかけてつくった何十というハーバードのMOOCすべてを集めた場合と同じくらいの学生を惹きつけたのだ。[1]

奇妙なことに（講演では話さなかったが）、このMOOCを制作した動機のひとつは、大学で最悪な教授に出会ったことだった。ある日、その教授が黒板の前で比較的シンプルな方程式をいじくりまわして頭を悩ませていたとき、学生がテレビ番組の話を始めた。教授は学生たちのほうに振り向いて胸を張り、きっぱりと言った。「私は絶対にテレビを見ない」

当時30代だった私も、テレビはほとんど見なかった。しかしこの教授が嘲笑うようにそう言ったとき、頭に浮かんだのは「もっとテレビを見たほうがいいな」ということだった。

そして見るようになった。たくさんではなく週に2時間ほどだが。しかしこの20年間、このわずかな時間のテレビ視聴のおかげで、動画や視覚的映像がもつ情報伝達の力を正しく認められるようになった。数学やその他の科目についての知識を強化する方法について、『直感力を高める数学脳のつくりかた』のような本を書くのもいいだろう。しかし自分でテレビを見たり、テレビやオンライン動画を見る人と話をしたりするうちに、私は重要なことに気がついた。学習について本に書かれている情報を最も必要として

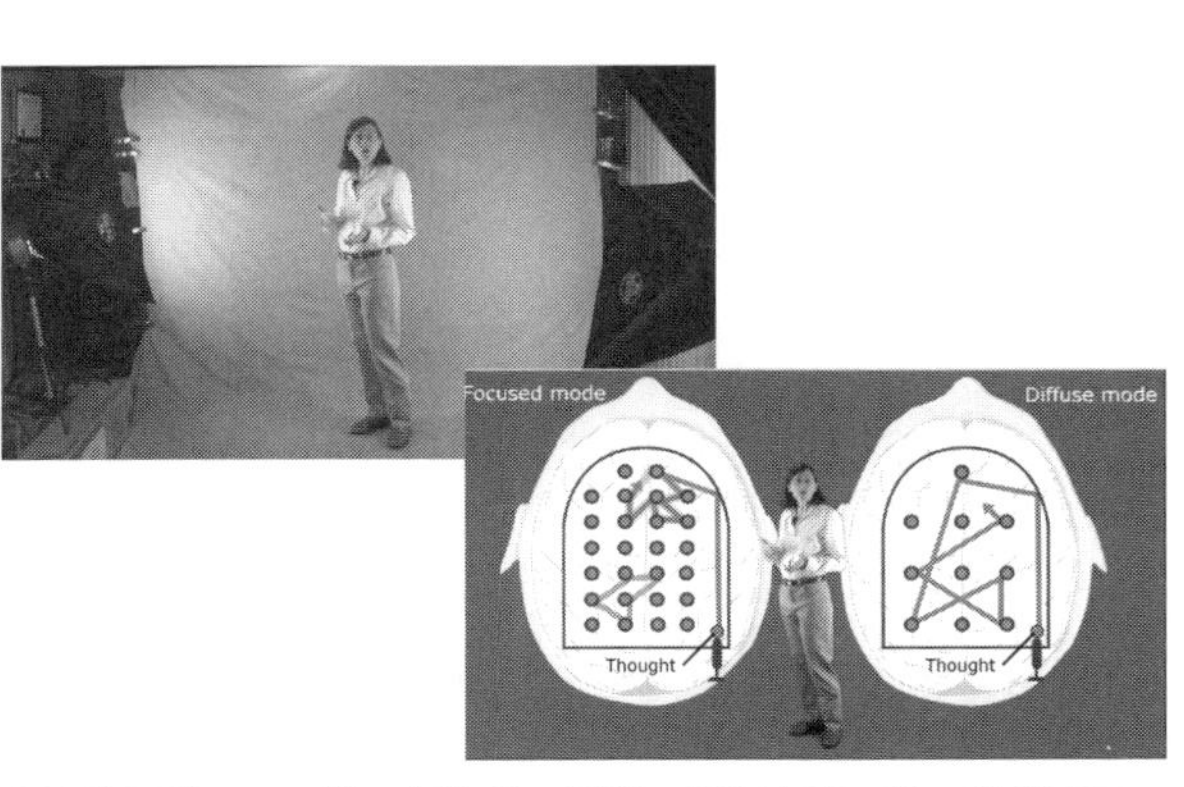

上は地下室にいる私の編集前の写真。写真上部の黒い部分はテレプロンプターのフードの一部。左右にある黒いカバーがかかった「傘」は2本のスタジオライト。（そう、端のほうに暖炉とブラインドが見える。）下は仕上がった合成写真。私が集中的思考と拡散的思考の2つの図の間を歩いている。動画撮影の際、気象予報士のように私は緑色の背景幕の前に立っていたが、最終的に自分の映像と両側のパワーポイントのアニメーションが合成されたときにどのように見えるかまでを想像する必要があった（そう、「学習方法を学習する」で背景に用いた映像の多くはパワーポイントの画面をスクリーンショットしたものなのだ）。

いる人に限って、その類いの本を、もしくはどんな類いの本も読まないのだ。そういう人たちは動画を見ている。

動画を見るのは悪いことではない。前章で私がテレビや動画では受動的な学習しかできないわけではないと言ったことを思い出してほしい。動画はアクティブラーニングの基礎を提供してくれるだけでなく（私の真似をすれば、あなたも詰まったトイレを直せます！）、すばらしいガイドとなって、古代ギリシャ神話からストリング理論まで、あらゆる分野の探究の動機づけをしてくれる。たとえ微積分のような難しいことを教えているとしても、よくできた動画は楽しい。ＭＯＯＣが提供するアクティブラーニングの支援教材と組み合わせれば、学習に大きな効果をもたらす。優れたＭＯＯＣは、学習そのものを容易にするわけではないにしても、学習を進めて定着させるモチベーションとなる。

前章で、私はこれから特別な場所に行くと言ったが、ついに到着したようだ。ここはわが家の地下にあるリビングルーム、天井の低い撮影スタジオだ。ここでＭＯＯＣ「学び方を学ぶ」の大部分が生まれた。この地下で何が起こったかを知り、興味をもってもらえることを願う。質の高いオンライン学習や対面学習を探しているときに、どんなものを選べばよいのかのヒントになるはずだ。そして、学習の未来について正しく理解してくれることを願っている。

オンライン学習──ソーセージの作り方

弾みをつける

テリー・セジュノウスキーと私はMOOC「学び方を学ぶ」を制作すると決めたものの、それが簡単ではないことに気づいた。たいていのMOOC制作者のような多額の補助金も、組織の強力な支援もなかった。しかし有利なことがひとつあった。テリーが教授をつとめるカリフォルニア大学サンディエゴ校は、オンライン学習を提供しているコーセラと協力関係にあったのだ。

コースをどのように制作するか、選択肢を探った結果、唯一現実的な方法はカメラを買い、自宅にささやかなスタジオをつくり、そこで大量の動画撮影をすることだとわかった。そして実行に移した。もちろんこのアプローチには問題があった。それまで私には動画制作の経験も動画編集の経験もなかった。なんとか間違わずにカメラのボタンを押せる程度だった。それも、誰かがこのボタンだよと教えてくれればの話だ。ほんの3年前には誰かのオフィスにあるスタジオの写真を見て、「うわっ、こんなものをつくる専門知識は私にはとても学べない！」と思っていたのだ。

地下にスタジオをつくるにあたって、私はグーグルで「グリーンスクリーンスタジオのつくりかた」と「スタジオの照明の設置方法」を検索した。ユーチューブで動画編集についての映像を見て、自分で実際に試してみた。動画を見て実際にやってみるという作業は、オンライン学習の能動的な課題部分と同じなので、その経験が役に立った（興味があれば、巻末の注で、苦労して手に入れた知識のリストを少したどってみてほしい。[2] MOOC制作に関する優れたMOOCがあれば、私も労力の節約ができたのだが！)。

「グリーンスクリーン」のアプローチでは緑の背景の前に立って撮影する。ありふれた緑色の布さえあれば十分だ。編集段階でコンピューターの魔法が緑色の背景を何でも好きなもの、たとえばこの章の冒頭の「ピンボール」のイラストに入れ替えてくれる。グリーンスクリーンのアプローチを選んだのは、柔軟性があり、私がスクリーンの中を動き回ったり、かっこいいエフェクトを入れたりということが可能だからだ。もっとも、あとになってからグリーンスクリーンは上級者向けのテクニックとされていることを知った。

私がエンジニアだから簡単にビデオカメラの撮影術を覚えられたのではないかと、読者は思っているかもしれない。しかし最近では、実際にプロが制作したかのように見えたり聞こえたりする映像を制作するのは、「高度」なグリーンスクリーンを用いたとしても、誰にとってもそんなに難しいことではない。新たな挑戦なのだから、もちろん失敗することはある。しかし、どうにもいかなくなったら、近所の高校生に頼んで手伝ってもらえばいいのだ。

テリーはMOOCの自分の登場部分をサンディエゴで撮影し、送ってくれた。彼の知識を取り入れることによって、コースに神経科学的な土台が備わることになった。テリーはいろいろな意味ですばらしい人だ。伝説的な神経科学者であるだけでなく、神経科学の研究を実践的に利用し、私たちの生活を向上させる方法を見せてくれる。

私の勇ましい夫、フィリップ・オークリーがカメラの後ろに立つと同時に、テレプロンプターを動かし、オーディオ装置の操作もしてくれた。さらに最初の大まかな編集もしてくれた。そう、心理的なサポートもしてくれた。私が4度目のテイクを失敗し、マイクを引きはがして哀れっぽく「こんなことできない！」と言ったことがあった。フィリップは耳を傾けて、動きをうまく整理してもう1回やろうと穏やかに言ってくれた。義理の息子はわかりやすいイラストでサーフィンをしているゾンビや変身中のバンパイア、直立したタコを描いてくれた。ふたりの娘は車をバックさせて溝に落ちたり、特大のヘッドフォンをつけてヘン顔をしたりと、親切にもこまごまと「お手伝い」をしてくれた。おかげで制作費を低く抑えることができた。

家族を「出演者」にしたことで、驚きの出来事があった。たとえば上の娘は当時医学生だったのだが、教授が突然講義を中断して娘を指さし、こう言った。「ちょっと待って、君はMOOCに出ていたよね！」

MOOCを制作しているときから、事前登録が増え始めた。1万、3万、8万。これほど早い段階からこんなに興味

夫のフィル。私が堂々とした女性を演じている間、テレプロンプターの後ろに避難している。

「学び方を学ぶ」でともに講師を務めるテレンス・セジュノウスキーは、コースのなかで運動の重要性を説いたが、自分でもそれを実践している。カリフォルニアに彼を訪ねたとき、どこで運動をするのかと尋ねた。次の瞬間、テリーは120メートルの崖を野生のヤギのように下っていき、何キロも先の海岸を目指して走り出した。

のだ。

を集めるＭＯＯＣはない。特に宣伝もしていなかったので、びっくりした。宣伝する時間はなかった

制作途中で、私は人気のＭＯＯＣの講座を持っている教授に連絡するという過ちを犯した。

「何かコツを教えてもらえないでしょうか？」

「私のプロデューサーと話をしてごらんなさい」と教授は言った。

「わかりました」。私はそう答えながら、すごい、この人にはプロデューサーがいるんだ！　と思っていた。スタッフを雇う資金など、私には１ペニーもなかった。

こうして私はそのプロデューサーと話をすることになった。彼女は言った。「６カ月間、眠らない覚悟をしておくといいですよ。20人の制作チームをまとめるのは至難の業ですから」

20人！　制作チーム！

パニックになりそうだった。せっせと働き、脚本を書き、撮影し、編集する。一日14時間も、16時間も。

当時は学問の世界でさえも、「ＭＯＯＣ」という言葉を知っている人はほとんどいなかったため、自分がやっていることを説明するのは難しかった。ターチャー・ペンギン社の私の超優秀な担当編集者ジョアンナ・インが電話をしてきて、著者らしく、発売直前の『直感力を高める数学脳のつくりかた』（『学び方を学ぶ』のもとになった本）を宣伝する記事を書くようにと言った。私は答えた。「それがちょっと、手がいっぱいで。今、地下でＭＯＯＣを作っているの」

長い沈黙があった。ジョアンナはおそろしく礼儀正しい口調になった。まるで相手がまともかどう

か、確信が持てないときのように。そしてついにこう尋ねた。「ところで、ＭＯＯＣって何ですか？」

新たな視野の利点

私にとってＭＯＯＣの大部分を自分でつくりあげることの最大の障害であると同時に最大の利点でもあったのは、動画編集を学ぶことだった。編集は制作において最も時間と費用がかかり、そして、私が実際に学んだように重要な作業だ。編集によって、直接相手の注意を喚起することができるからだ。注意は学習の基本なのだ。

テレビでも映画でも、制作や編集は、感動的な音や映像やストーリーをつくり、映像に人々の注意を惹きつけるためのものだということは知っておく価値がある。一方、学問の世界では、定められた時間内に教育的な内容のあるものをつくりあげることが重視される。それが、教育界で評価されるために重要な要素なのだ。残念ながら学問の世界の「時間をかける」伝統が、現在のＭＯＯＣの制作や編集にも驚くほど受け継がれている。見た目は費用がかかっているようでも、それだけで見るに値するＭＯＯＣになるわけでも、学習に値するＭＯＯＣになるわけでもない。ではどのようなＭＯＯＣに価値があるのか、それを理解するために、ＭＯＯＣの制作現場を訪ねてみよう。ＭＯＯＣ制作の裏側の世界に私がご案内しよう。

新鮮な観点の価値

伝統的なアプローチに従わず、自力で突き進むことは、時に大きな価値がある。おじけづくかもしれないが、あなた独自の知識と斬新な方法を仕事や趣味に取り入れる機会を探そう。

ダウォール・シャーの物語――チャンスを見つける目と学ぶ意欲

成功の秘訣は、チャンスの気配を感じたときに急いで学ぶことだ。たとえばダウォール・シャー。アマゾンの書籍評価システムのように、好きな分野で評判の高いMOOCを見つけることができるウェブサイト「Class-Central.com（クラス・セントラル・ドットコム）」の創業者だ。ダウォールはこう語っている。

クラス・セントラルは、ソフトウェアエンジニアとして働いていていたダラスで、感謝祭の週末をひとりで寂しく過ごしていたときに自分のためにつくったものです。友人はみな家族のところへ行ってしまい、何もすることがありませんでした。でもスタンフォード大学が無料のオンラインコースを始めるという発表にわくわくしていました。そこで、コースの記録をつけられるように、1ページのシンプルなサイトをつくりました。ソーシャルメディアにクラス・セントラル・ドットコムのリンクも張っておきました。開始からまもなく、クラス・セントラル・ドットコムは毎月世界じゅうの何万もの人たちに使われるようになりました。

無料のオンラインコースを提供する大学が増えるにつれて、クラス・セントラル・ドットコムの人気も高まりました。僕はウェブサイトの開発に専念したかったので、シリコンバレーにあるイマジンK12という有名なエドテックのインキュベーターに申し込みました。それが認められて、クラス・セントラルに9万4000ドルを投資してもらえることになりました。

変化は突然訪れました。単に自分の楽しみのためにつくったクラス・セントラル・ドットコムが、ある日突然シリコンバレーにも期待されるスタートアップになっていたのです。経験があるのはコードを書くことだけです。事業経営などまったくわかりません。ブログ、マーケティング、資金のやりくり、プロジェクトの計画、そしてリーダーシップや時間管理などなど、たくさんの新しいスキルを急いで身につけなくてはなりません。ぶっつけ本番でやったり、仕事をしながら学んだりしたものもありますが、それ以外はオンラインフォーラムやブログ、MOOCなどの教材で学びました。

驚いたことに、新しいスキルには、僕がもともと得意なものもありました。そのスキルについては、どのオンラインコースを取ろうかを迷っている世界じゅうの何百万人のために役立てることができました。ビジネスのあらゆるステージで、僕はクラス・セントラル・ドットコムを次のレベルに押し上げるため、新たなスキルを身

「クラス・セントラル・ドットコム」の創業者でCEOのダウォール・シャー。受講者が自分にあった講座を選べるように、MOOCの情報を紹介している。

につけなくてはなりませんでした。新しいスキルを習得する能力が、僕にとって最も重要なスキルとなったのです。

指導者が重要

大学の教室ではたいていは教授が主導権を握っている。必ず扱わなければならないテーマはあるものの、指導者が教え方の手順や詳細（メモを読むか、側転をするか、パワーポイントを使ってだらだらしゃべるか、満月の日には必ずテストをするかなど）を決める。それについて教授を批判する人は誰もいない。一流大学の年配の教授ならなおさらだ。ＭＯＯＣの講義を依頼されることが最も多いのは、まさにそのタイプの教授である。

この伝統的な「重要な決断はすべて教授が下す」アプローチが、ＭＯＯＣでも継承されている。ＭＯＯＣ制作陣の誰もが教授の判断に従う。だが、これが深刻な問題を引き起こすことがある。たいていは、ほとんどの教授がＭＯＯＣについて何も知らないのが原因だ。

オンライン講座ですばらしい学習経験を提供することに責任を持っている優れた指導者もいる。たとえば、芸術的とも言えるＭＯＯＣ「微積分基礎」で微積分法を楽しく、しかもわかりやすく教えてくれるオハイオ州立大学のジム・ファウラーや、「モド・ポ」で難解と言われる現代史を教えているペンシルベニア大学のアル・フィルライスなどだ。彼らはこの媒体の活用方法を理解している。特にファウラーは学生との交流に強い関心があり、ライブでウェブキャストを行ったり、フォーラムに積極的に参加したりしている。

だが、すべての教授がそういうわけではない。たとえば、はじめての「MOOC制作のためのMOOC」を担当した教授は、どう考えても達成不能な課題とあいまいな指示で1週間にわたって学生たちを混乱させた末に、4万1000人の学生の目の前で「こんなもの、つくれっこないだろう！」と爆弾発言。結局は企画自体が頓挫した。[3] 多くのMOOCは悪くはないが、おもしろみがない。教授がただカメラの前に立って長々としゃべり続け、効果的な視覚教材を使うことも映像媒体の長所を活用することもない。

もちろん最高のオンライン指導者は、その分野の専門家だ。しかし同時に、オンライン学習を支えている新しい技術、スクリーンショット、アニメーション、音楽、音響効果、動画編集、カメラなどについて少しは学ぼうという姿勢を持っていてほしい。MOOCで教える難しさのひとつは、あまりにも歴史が浅いために、経験を重ねた指導者がほとんどいないことだ。本書の執筆時点で、MOOC制作に関するよいテキストも、ましてやよいMOOCもない。そしてもちろん、ほとんどの教授は、教室でもオンラインでも、MOOCでの教え方のトレーニングをまったく受けていない。つまり、勤勉で努力家でMOOCでよい仕事をしたいと心から望んでいる教授であっても、それを実現するのは難しい。

大事なのは、真の学習経験をするためには、この新しいオンラインの領域で自分の知識を効果的に伝えることに信仰に近いくらいの熱意を燃やしている指導者を探すことだ。ここでもまた、オンラインレビューがとても役に立つ。

どのＭＯＯＣを受講するかを決めるのに役立つもうひとつのツールがある。研究によると、映像で約30秒間、教授の姿を見れば、その教授が実際に指導者としてどのくらい有能かがだいたいわかるという。[4] 驚くべきことに、たった6秒間でも一瞬の表情などから有効な判断ができる（私はときどきコーヒーを注文している人たちを観察し、優れた指導者になるかどうかを当てるゲームをひそかにしている）。断っておきたいのは、冷静で分析的な教授が最初はうんざりするほど退屈な人に見えることがある。そういう教授は、次第に控えめながら茶目っ気のあるユーモアのセンスが垣間見えてくる。その点は要注意だ。

魅力的なＭＯＯＣの構成を考える教授を支援する「インストラクショナル・デザイナー」と呼ばれる人たちがいる。オンラインの「教室」は対面の授業とはテンポが違う。たとえばよい動画講義は6分間から10分間の長さだ。役に立つインストラクショナル・デザイナーはこのことを教授にわかってもらい、テンポの調整方法を教える。反対に役に立たないインストラクショナル・デザイナーは、実践より理論に執着し、実行不可能な理論もあることをほとんど理解していない。たとえば、あるインストラクショナル・デザイナーは、どんな動画でもこれから学ぶ重要なポイントを学生に知らせるために箇条書きから始めなくてはならないと主張する。そのアプローチは、昔のような教室での2時間の講義なら効果的かもしれないが、5分間の動画では意味がない。重要なポイントはひとつであり、タイトルがその代わりになるからだ。それに5分間や10分間の動画の最初に箇条書きを並べると、いかにも「教育的な雰囲気」となり、受講者の居眠りが始まるだろう。

優れた学習経験を提供したいという教授の内なる情熱が明らかになるのは、小テストだ。問題をつくることは時間がかかるだけでなく退屈なため、助手に丸投げする教授もいる。たとえすばらしい助手がいたとしても、スターではなく代役が出てくることになる。そうすると魅力に欠け、真によい学習経験は提供できなくなる。

MOOCで教える最良の方法は「自然にふるまう」ことと、「のびのびと話すこと」だと教わった。私には、どうもそれがうまくいかない。収録の最初から、カメラの前では怖くなって体が固まり口ごもってしまうのだ。そこですべてを台本にして、テレプロンプターを使った。「えーと」も「あのー」も言わずにすむ。[5]結局、学生たちは、私の動画の一見さりげないが理解しやすいプレゼンテーションを評価してくれた。個人的に立証できた重要なポイントは、はじめて動画に撮られるときには絶対に緊張してしまうということ。その感情をどんなに追い払おうとしても、このあと何十万という視聴者が見てくれると思うだけでおじけづく。私自身の最初の動画の多くは（恥ずかしくて数は言えないが）、コンピューターの中のゴミ箱行きになった。

指導者が重要である理由はもうひとつある。優秀な指導者は因習を打破し、新鮮で大いに役に立つ教材を提示してくれる。そのことについて、私自身のMOOC制作の経験から説明しよう。

「学び方を学ぶ」というMOOCが昔ながらのものであったら、エンジニアや神経科学者ではなく、教育学部の教授が担当しただろう。おそらくそのコースは教師のみを対象にしただろう。先生の先生というものは、無意識のうちに学習に本当に興味を持っているのは教師だけだと考えているからだ（一般の学習者のための効果的な学習に関するコースならなんでもつくりやすく、すぐにヒットすると考えている人たちがいるなら、そういう人は「学び方を学ぶ」が出たときに何千ものMOOCがあったのに、誰もそれまでそんなコースを作成しようと思いつかなかったのはなぜかを考えてほしい）。

昔ながらの考え方で「学び方を学ぶ」を制作したとすると、その構成は、「教育の歴史」を2週間、「学習理論」を2週間、さらに「乳児の学習」について2週間、そして最後の1週間は仕上げとして「いかにして感情が学習をつくりあげるか」、最後におそらく「集中訓練について」少し触れるといった具合になるだろう。「神経科学」と呼ばれる学問についての解説のために短い講義が1回か2回あるかもしれない。だが、そこで深く掘り下げることはまったくない。そもそも神経科学は難解だからだ。

私たちの「学び方を学ぶ」がうまくいったのは、第一義に立ち返り、学習についてわかっていることを新鮮ですぐに役立つ方法で提供したからだ。神経科学をあとから付け足すようなことはしないで、むしろコースの基本的なアイデアとして根幹に据えている。科学が専門的な領域にまで入ったときには比喩を使う。私たちが勧める学習手法を使って提示すれば、学習者は、最も難解なアイデアでも理解できると信頼しているからだ。引用した研究にはリンクを張り、学習者自身が私たちの主張を検証できるようにした。

同じような方法で教材を見直したら、大学で学んだことの何割をよみがえらせることができるだろう？　ＭＯＯＣは独創的で規範に従わない教授に新たな出発のチャンスをもたらすと同時に、世界じゅうの学習者と出会えるプラットフォームを提供してくれる。

ユーモアのセンス

ここで、長いあいだ知っていたのに誰もそのことについて言及しない、学習についての不都合な事実を紹介しよう。たとえば数学が苦手なら、そうした嫌いな科目の学習について考えるだけで、脳の痛みをつかさどる島皮質が活性化する[6]。ユーモアはこの痛みを相殺する。脳のオピオイド報酬系を活性化させるからだ[7]（そう、ユーモアは薬物と同じ働きをするが、薬物よりはるかに健康的な方法だ）。ユーモアには、予想外の神経結合を引き起こす、調和しない一面がある。違うタイプのユーモアは脳のまったく異なる部分を活性化させる[8]。そのために、おそらくユーモアによって脳の一部がジョークに反応することで、脳の学習にかかわる部分が一時的にリラックスする。それが真実かどうかはともかくとして、多くの研究でユーモアが学習の助けになることが明らかになっている[9]。

残念ながら、多くの人、特に教授にとっては、おもしろい人間であり続けることはたやすくないだろう。ちょっとしたユーモラスな内容を考え、さらにアニメーションを加えたりすれば、それだけ時間や配慮が必要となる。あるとき、テリーと私は小学校5年生から、こんなにウィットに富んだ先生がいるなんて信じられなかったという称賛の手紙を受け取った。そのときには、ウィットに富んでいるのは当たり前、何日もかかって台本を書いたのだから！　ということしか頭に浮かばなかったが。

最近まで、「学習」は物理的に教室に縛りつけられ、「教育的」であると同時に「娯楽的」であることについては怠けがちだった。生徒をおもしろがらせるのは私たちの仕事ではないというわけだ。教授は「やることが多すぎる」からジョークを言っている暇などないと主張して、ユーモアを軽視していた（授業で「やらなければならないこと」をやったからといって、実際に学生がそれを学べるとはかぎらない）[10]。ちょっとしたウィットは、授業から気をそらす誘惑的なものとして退けられるかもしれない。[11] しかし、オンラインの世界は競争が激しい。時間をかけて考え抜いたうえで講義内容に切れ目なくユーモアを取り入れるMOOC制作者は、難しい教科の学習さえ楽しいものにしてくれ、学生が集まるコースをつくることができる。

要するに、あなたにとって真に価値のあるコースを探すときには、教授やコースを「おもしろい」とか「ウィットに富んでいる」と評しているレビューを見つけることだ。他のコースとは違って配慮と創造性が高く、生徒のニーズを理解しているとわかるはずだ。率直に言おう。同じ質のコースが2つあったら、あなたはどちらを選ぶだろう？　退屈なほう？　おもしろいほう？

指導者が違いを生む

指導者が有能かどうかについての第一印象は、たいてい間違っていない。思いがけないユーモアのひらめきを見せる指導者を探そう。勉強に注ぎ込む時間が楽しいものになることを示す手がかりである。

編集――1秒1秒が大切

ニューヨークの大手広告代理店でテレビコマーシャルのプロデューサーをしていた友人は、私がMOOCのために編集した映像を見て、驚きをあらわにした。私は、あまりにつくり方が下手だからだと思った。しかし驚いたことに、彼女はほめてくれた。「プロデューサーとして働いたことがない人はたいてい、1コマを長くしすぎるのに、どうしてこんなふうに仕上げられたのか不思議だわ。1秒1秒を大切にするテレビコマーシャルみたいに、いちばんいい形にできているということよ」

優秀なセールスマンは優秀な教師

「セールスマンは教師でもあり、時間は最も重要だ。あなたが何を売ろうとしていて、それがどのように役に立つのか、相手にすんなり理解してもらえなければ買ってもらえず、生活費も稼げない。特に複雑で技術的な製品やサービスを売り込むのは難しい。私たちは、自分たちが売ろうとしているものをすばやく簡潔に説明するために、何時間もかけてメタファーを考えた。教師も学生に理解してもらうのに、同じように一瞬一瞬を大切にしなくてはならないというプレッシャーがあったら、どうだろう」――ブライアン・ブルックシャー(モーゲージローン・ディクトリー・アンド・インフォメーション社の元取締役営業部長で、スーパーMOOC受講者)

1秒1秒を大切にする方法について、私の場合は簡潔な台本を書くと同時に、ひとつのものを画面上に長く出しすぎないように気をつけている。大写しになっている自分の姿さえ、ずっと見ていると飽きてくる。だからはじめに画面の右側にいたら、10秒後には左側に移るようにしている。または……カメラから離れて全身が移るようにして、それからさっと上半身のショットに切り替え、こちらに迫ってくる錯覚を起こさせたりする。進化の観点から言うと、迫ってくる動物は命をおびやかす存在の可能性があるため、人間は何かが迫ってくると身構える。それはただの動画でも同じだ。[12]

驚いたことは、たった5分間の動画を編集するのに、時には10時間もかかる（もちろん、動画編集のプロだったらもっと速くできるだろう）。編集は時間がかかるが、非常にクリエイティブな作業だと思った。おかげで、テレビを見る目も変わってきた。テレビの中で、視聴者の関心を持続させたり、静止画面を退屈にしないように巧みな手法が使われていたりすると夢中になってしまう。

最高の動画編集者は、人の注意を動画に向けさせるための基本的な神経回路を直感的に理解しているように思える。邪魔にならない範囲でうまくメッセージを強調している。思いがけない動きや迫ってくる動きは注意を集めるため、一般的な学習の場と同じようにオンライン学習の場でも非常に重要である。賞をもらうような教師が机に飛び乗るのも、そして最悪な教授がパワーポイントで活気のない画像を大量に流し、学生を退屈で死にそうにさせるのも、そのためだ[13]。残念ながら、動画の編集作業がこれほど重要であるにもかかわらず、ＭＯＯＣの制作過程では付け足しのように扱われることが多い。

よい編集者は、画像や音、制作ペースの計画も助けてくれる。問題を解決し、情報を最も魅力的な形で伝えるために予算内で使える手法も知っている。よい編集者は物語や制作の全体像と細々としたことの両方を気にかけている。どのように撮影し、編集し、どのように音響を入れるかによって、同じシーンが劇的に変わったり、驚くほどおもしろくなったりおもしろくなくなったりする。大写しになってしゃべっているのをずっと見ているのは、その人がよほど表情豊かでないかぎり疲れるものだ。そんな人はほとんどいないので、賢明な指導者は編集者とチームを組むべきだ。

おもしろくしようと小さなベルや笛、爆竹の音を加えるたびに、時間と費用がかかる。ＭＯＯＣの動画編集者なら、20時間かけて編集し、並はずれた10分間の動画を制作するなどという仕事のしかたはしない。せいぜい2時間かけて編集し、普通の10分間の動画を制作する。実際には多くのMOOCで、教授が本棚を背にして話をし、時おり何枚かの写真や手書きの文字がさしはさまれる程度だ。どんなに才能あふれる編集者でも、本棚を背にした教授のショットに、そうそう興奮するような効果は加えられないだろう。

動画編集と密接に関係しているのが、テレビゲームの世界の知識だ。今後、優れたMOOCは、オンラインゲームの世界から多くの要素を取り入れるはずだ。「さらにゲームっぽくする」というだけでなく、プレーヤーが興味を抱いて画面上で展開するものにさらに深く入り込めるように、ゲーム制作者たちが開拓してきたテクニックを使うことも考えられる。音楽、音、動き、ユーモア、ゲームのようなデザイン、そして人間とコンピューターのインターフェース。そのどれもが学習プロセスにおいて重要な役割を果たしているのだが、従来の教室でのアプローチという先入観のせいで見過ごされがちだ。

> 最高のMOOCは学問の世界とシリコンバレー、そしてハリウッドの融合だ。

動画制作の機材の価格は下がりつづけ、学生でも入手しやすくなっている。現在のハイテク通の高校生のなかから、すばらしいMOOC（現在思い描けるものよりはるかに優れたもの）を制作する者が出てくるかもしれない。最高のMOOCは、学問の世界とシリコンバレー、さらにはハリウッドの融合になるだろう。

メタファーのなかに潜り込む

私たちはメタファーが好きだ。それは、何かが別のものに似ていることを身近に感じられるからだ。「人生はローラーコースターだ」とか、「時間は泥棒だ」とか。「学び方を学ぶ」ではメタファーをふんだんに使った。この章のはじめで紹介した「脳のなかのピンボール」のイラストのように、時にはその中を歩き回った。残念ながら、多くの教授はメタファーを使うことに消極的だ。講義内容のレベルを下げる恐れがあると考えているためだ。メタファーは、基礎となっているもっと難しいコンセプトと同じ神経回路を使うものであると「神経再利用」の理論で断言されていることに気づいていない。[14] 実際には、学生はメタファーが講義のレベルを下げるなどとはまったく考えない。それどころか、新しい難解なアイデアをより速く理解するのに役立っている。

講義においてメタファーが名誉ある地位を占めることができないもうひとつの理由は、MOOC提供者や大学の多くが、よりよいコースづくりに取り組む際に学習分析（オンライン講座における学生の反応に関する統計データ）に頼っていることだ。この分析は、お粗末な小テストの問題や、わかりにくい教材の提示、最後まで視聴してもらえない長すぎる動画など、MOOC制作上の明らかな欠陥を指摘することができる。しかし「理論の説明の最初にメタファーを使ったら、半分の時間でもっと楽しくコンセプトを理解してもらえる」とまでは教えてくれない。

私の予想では、今後のMOOCはメタファーを使った視覚効果をさらに使うようになるだろう。そのテクニックを使ったMOOCのほうが成功する可能性が高いからだ。学習者は、自分が学んでいるものについて、メタファーを使ったら難しい内容がどのくらい理解しやすくなるかを試してみるといい。重要なアイデアに命が吹きこまれるのを見て、きっと驚くだろう。

同様に、自分が学んでいる対象と同じサイズになったところを想像してみるテクニックは、昔から科学の創造性を高めてきた。アインシュタインは、自分が500万分の1に縮んで波長で光線に追いつくくらい速く移動しているところを想像した。ノーベル賞を受けた細胞遺伝学者のバーバラ・マクリントックは4000万分の1に縮んで、自らが研究しているナノメーターサイズの遺伝子の世界に潜りこむところを想像し、遺伝子と家族のように親しくなった。[15]

動画では教授が光線に乗っているところを実際に見せることができる。肺胞嚢のまわりを泳ぎ、呼吸をしているときに肺に何が起きているかを具体的に示すこともできる。半導体の中の陽子に滑るように乗ることもできる。もちろん光線や肺胞嚢や陽子の絵を見せるだけでもいい。だが、誰かが複雑な内部を案内する様子を視覚化することで、より身近で魅力的に感じられる。「クリエイティブな天才にとっては、いつでも、見えないものを視覚化する能力が重要である」とアインシュタインの伝記を書いたウォルター・アイザックソンは言っている。[16] オンライン動画の力を使えば、想像したものを視覚化できるこの並はずれたツールについて一般の人たちも知ることができる。

公式と非公式の学習関係

世界じゅうの何十万人もの学生と交流した結果、自発的に学習しようとしているのは学習者の5パーセントから10パーセントにすぎないという印象を抱いた。努力を持続させ、小テストもプロジェクトもＭＯＯＣを正式に修了するのに必要なほかの課題もすべてクリアするのはこの人たちだ。そういう人は、ひとりでもまったく問題なく学習できるのでお気遣いなく、というわけだ。

さらに60パーセントの生徒は、他の学生と交流して講義が生き生きとしてくれれば順調に学ぶことができるだろう。ほとんどのオンラインコースに開設されているディスカッションフォーラムは、手軽な交流の場である。リンクトイン、フェイスブック、ツイッター、スナップチャットなどのソーシャルメディアも、多くのＭＯＯＣ受講者が利用している。他のＭＯＯＣ受講者同士や、図書館では、読書会のような独自のオフラインのＭＯＯＣクラブをつくっている。夫婦で一緒に受講したり、親が子供とＭＯＯＣを楽しんだりすることもある。大学もオリエンテーションの前に新入生に一般的なＭＯＯＣを体験させることを試している。ＭＯＯＣ提供者は、同好会や学習者センターといった実験を行っているが、多少なりともうまくいっているのは「フリー・コード・キャンプ」と呼ばれるオープンソースの集まりだけだ（本書執筆時点で、フリー・コード・キャンプにはおよそ１０００の独立した学習グループが入っている）[17]。さまざまな学習実験も行われ、何万人もの生徒を抱える大手ＭＯＯＣの優秀な学習者が、ブートキャンプさながらのキャンパスでの集中学習に送りこまれている[18]。

ついでに、大学の教授は学生に何かにつけて教科書を読めと言う。ところが、ＭＯＯＣは教科書と同じように授業に役立つのに、教授は学生にＭＯＯＣを見てこいとは言わない。それによって実際に生の講義で教える時間数が半分になるにもかかわらず、だ（これがいわゆるフリップト形式だ）。大学での講義と一流のオンライン講座とをうまく組み合わせれば、教える時間が半分になっても同じ講義の質を維持できるということに教授たちが気づいたら、後戻りするのは難しいはずだ。

いずれにしても、他の生徒との関係を確立することは学習の質を向上させるよい方法である。そういう交流が好きな人も嫌いな人もいる。しかし独立心旺盛な一匹狼タイプであったとしても、友人や家族とMOOCを受講する楽しさを知ったら、驚くに違いない。

関係を築く

他の人とともに学ぶことは、経験全体の質を向上させてくれる。ディスカッションフォーラムやソーシャルメディアに価値があるのはそのためだ。家族や友人は学習仲間とはみなされないことが多いが、MOOCに関していえば、いちばん愉快な仲間になりえるだろう。

MOOCが導く場所

ここ100年間で人類全体のIQは飛躍的に向上した。このようなIQの急速な発達は、この事実を発見したニュージーランドの社会科学者ジェームズ・フリンにちなんで「フリン効果」と呼ばれている。これは統計上の偶然ではなく、現実である。1900年代初頭、ほとんどの人は、現在のように認知能力を上げる学習経験をすることはなかった。[19]

フリンはこの変化を、バスケットボールの技能向上を例にとって説明する。1950年代、テレビが家庭に普及したことで、子供たちは一流のバスケットボール選手の動きを見ることができるようになった。プロがやっていることを見て、近所での試合に取り入れた。自分より少し上手な子供と対戦するようになると、自身の力もアップする。子供たちが試合をし、自分のみならず相手の力もアップさせることで、技能向上のサイクルが継続するようになった。これが最終的にプロバスケットボールの質の向上につながったのだ。[20]

ＭＯＯＣはある意味、子供たちが見始めたばかりのＮＢＡ中継のようなものだ。並はずれた教師による優れた授業を公開することで、世界じゅうの学生も教師も、誰もが自分の腕を磨けるようになる。それだけではない。ＭＯＯＣはちょっとした動画編集の技を使って、視聴者の注意を惹きつけ、思いがけないジョークで私たちを笑わせ、次の難しいアイデアを学ぼうという気持ちにさせてくれる。また理解を深めるためのメタファーや猛勉強すべき学習内容を定着させ、壁にぶつかったときにはさらなる成長のための努力の後押しとなってくれる試験システムも備えている。

本質的に、ＭＯＯＣは恋愛のようなものだ。好きな人とはじめて出かけるときには、自分のよい面だけを見せようとする。同じようにＭＯＯＣでも、たとえば指導者が撮影中に失敗すれば、その部分を消去してできのよいものに差し替えることができる。一方、通常の講義は結婚のようなものだ。学生は指導者のあらゆる面を見ることになる。あの日は機嫌が悪かったのか？　ライブなので、教え方がまずかったとしてもその講義を消去することはできない。

伝統的な講義の仕方がＭＯＯＣに比べて劣るところは他にもある。すばらしい講義だったとしても、実際の教室や大教室を離れたら、それ以上は進展しない。だが、ＭＯＯＣは違う。優れた書籍と同じように、もしかしたらそれ以上にMOOCそのものが命を持つようになる。MOOCの中で続く学習は、オンラインの上昇気流に乗り、地元の人にも世界じゅうの人にも広がっていく。

MOOCの世界は生まれたばかりだ。成人の学習者や大学生だけでなく、世界じゅうの中等教育や初等教育の生徒も対象とできるような、持続性があるとともにクリエイティブな新しい講義と学習向上サイクルの出発点にいる。本書の執筆時点では、「学び方を学ぶ」は世界で最も人気のMOOCだが、その中で私たちがどのような魔法を使ったにせよ、やがてはもっとよい、やめられないくらいおもしろくて「学び甲斐のある」MOOCに追い抜かされることになるだろう。これは、多くの人が生涯教育の新たな時代に適応しようと行っているマインドシフトのためには、大いなる恩恵となるだろう。

よいオンライン学習、そしてあらゆる種類の学習において確認すべき点

自分にふさわしいオンライン学習経験を選ぶ簡単な方法は、オンライン・ランキングサイトを参照することだ。たとえば「Class-Central.com」では、投稿されたレビューを読むことで、さまざまなプラットフォームのMOOCを比較することができる。自分の目的にかなうMOOCの価値を検討するときには、次のような基礎技術、アプローチ法、戦略、技法など、どのくらい学べてどのくらいの学習プロセスを楽しめるかに影響を与える要素を確認しておこう。

■メタファーとアナロジー――可能なかぎり、視覚表現や動きに含める。「神経再利用の理論」が示しているように、メタファーとアナロジーを使用すると難しいコンセプトをより速く理解することができる。

■教材に直接関係のある質のよい視覚表現――ありふれたクリップアートは避けること。指導者が役に立つイラストを準備する時間がないとしたら、それは、指導者と組織がその講座にどのくらい力を入れているのかを露呈することになる。かといって、その指導者の著書から引用した複雑な図をスクリーンにただ映すだけでは効果はない。映像からの学び方は、書籍からの学び方と異なるはずだ。複雑な図は部分ごとに示すこと。部分的にすると、すべてを一度に見せられるより同じ時間でよく理解することができる。

■豊富な動きと迅速な編集――理論面が完成していれば、優れた編集は、注意喚起を持続させると同時に受講者の理解力を高めることができる。視聴者は、ユーチューブの動画で見られる短いカットをつなぎ合わせた編集に慣れている。そういった動画では、スピード感を演出するために息をついているシーンをカットすることもある。

■ユーモア――ユーモアを取り入れて笑わせてくれるコンテンツは、多幸感をもたらし、中毒性のあるドーパミンの分泌を活性化させる。また知性の山を登っているときに、一時的に休憩し息を整える平らな場所のような精神状態をもたらしてくれる。

■親しげで明るい指導者――近寄りやすく、励ましてくれ、教材を噛みくだき、難しい内容もわかりやすくしてくれる楽しい教授を探す。すべての教授がそういう人物であるべきだが、実際にはそうはいかない。現実には、教授が教授になれたのは、難しい内容を扱えることを常に実証してきたからなのだ（自分で複雑にして、わざと難しく見せていることもあるかもしれないが）。なかには尊大な自慢屋もいる。

■「えー」と「あー」が少ないこと――残念ながらMOOCの指導者たちはたいてい、台本を読むのではなく、「自然」に話すよう言われている。MOOC教授の中には時には、伝説的な「生物学入門」コースを担当するマサチューセッツ工科大学のエリック・ランダーのようにうまくやってのける人もいるが、そのランダーでさえメモを見ている。教授の多くはカメラの前で硬くなり、話しぶりもぎこちない。自分が思っているほど完璧ではない教授もいる。MOOCのすべての動画が、なぜTEDトークのように「のびのび」としていないのかと疑問に思う人もいるだろう。だがTEDでは、典型的な25分間の講演のために、およそ70時間が練習に費やされているそうだ。

■メンターやティーチング・アシスタント――重要な役割を果たし、心地よいオンライン環境を用意している。メンターやティーチング・アシスタントは国立公園の管理人に似ている。オンラインフォーラムを動き回って誰もが実りある経験をしていることを確認し、必要に応じて火事を消してまわる。陽気なアシスタントたちは、指導者の副官や補佐役となり、コースを向上させるために高度にクリエイティブなアイデアをしばしば提案する（チームのメンバーから最高のアイデアを引き出し、採用しようとするプリンセス・アロテイのようなリーダーは、このような場所で貴重な存在である）。

■ディスカッションフォーラムなど他の学習者と活発に交流する場――多くの学生は、他の学生との活発なやり取りから学ぶことが多い。驚くべきことに、ひどく内向的な学習者でも、ディスカッションフォーラムを楽しむことがある。実生活では恥ずかしくてできなくても、この方法なら他者と交流することができるのだ。

■ゲーミフィケーション――ポイント獲得や競争など楽しい要素を取り入れて、学習を向上させる。よく考えられたMOOCは、ゲームの世界からヒントを得ることが多くなっている。ゲームには中毒性がある。注意深く計画された小さな「勝ち」を重ねさせることで教材に深く入り込んでいくように誘っていく（あれ……昼食時間をもう2時間も過ぎていた？）。スピード感のある音楽と適切なタイミングで入る音響効果がさらに没頭させてくれる。

■よく計画されたわかりやすいコース構造――ウェブサイトでシラバスやコースのレイアウトを一目見ると、それが自分に合っているかどうかがなんとなくわかる。コースの教材の説明を読んでさらに興味がわいたら、よい兆候だ。

■小テスト――講義内容をしっかり理解できたかどうかを確認する最高の方法は、何度も試験することだ。オンラインの小テストは、それを容易にしてくれる。さらに、よくできたテストは講義内容の最も重要な点の定着を図ってくれる。コースのレビューで小テストに問題があると書かれているMOOCは要注意だ。

■最終プロジェクト――何年か経ってほとんどのことは忘れてしまっているにもかかわらず、講義でプロジェクトやレポートをつくったことは覚えているのは不思議だ。それだけではない。立派な最終プロジェクトを仕上げると、そのテーマへの愛情が残る（私が以前会った男性は、小学校のときにレポートを書いたことですっかりペンシルベニアが好きになり、ついには引っ越してしまった）。

MOOCを見つけよう！

関心のあるトピックのMOOCを探そう。最も簡単な方法は「Class-Central.com」で検索することだ。自分のコースのリストをつくったり、大学やトピックをフォローしたり、開講予定のコースや人気のあるコースを知らせるEメールを受け取ることもできる。

興味のあるMOOCを探すときには注意が必要だ。MOOCの内容は多岐にわたっており、MOOCを探そうなどとは思いもしないような、さほど有名ではないが自分が気に入っている小説家やテレビドラマのMOOCが実際には存在していた、ということもある。

主なMOOCやオンライン学習の「参加者」についても知っておくと役に立つ。以下のリストは、特に注意書きがないかぎりアメリカに拠点を置き、大学と提携している提供者だ。「MOOC」という言葉は、低コスト、または無料のオンライン講座をざっくりと指している。

■Coursera（コーセラ）：最大のMOOC提供者。さまざまなテーマのコースをさまざまな言語でそろえている。MBAやデータサイエンスの修士課程、MOOCを集めた「専門課程」も提供している。

■edX：さまざまなテーマのコースを数多く、さまざまな言語でそろえている。MOOCを集めた「マイクロマスターズ」も提供している。

■FutureLearn：さまざまなテーマと言語のコースを数多くそろえている。特にイギリスの大学との提携が多いが、それに限定しているわけではない。MOOCを集めた「プログラム」も提供している。

■Khan Academy：歴史から統計まで、多くのテーマについての指導動画を提供している。サイトは多言語で、ゲーミフィケーションを活用している。

■Kadenze：アートとクリエイティブテクノロジーを特に重視。

■Open2Study：オーストラリアに拠点を置く。多彩なテーマ。

■OpenLearning：オーストラリアに拠点を置く。多彩なテーマ。

■Canvas Network：教授が自分のオンライン講座の視聴者を増やす手助けをする。さまざまなテーマについて数多くのコースをそろえている。

■Open Education by Blackboard：Canvas Networkと似ている。

■World Science U：多くの視覚教材を使って科学的なアイデアを伝えるために作られたプラットフォーム

■Instructables：ユーザーが制作し、アップロードした手作りプロジェクトを他のユーザーが評価する仕組み。

【プロや専門家向けのプラットフォーム（会費制のものもある）】

■MasterClass：一流の専門家が各分野を教える。ケヴィン・スペイシーが演技を、セリーナ・ウィリアムズがテニスを、クリスティーナ・アギレラが歌を、アニー・リーボヴィッツが写真を教えるなど。

■Udacity：プロ向けの技術関連コースで、「ナノディグリープログラム」やジョージア工科大学のコンピューターサイエンスの修士課程を提供している。

■Lynda.com/LinkedIn Learning：ソフトウェア、クリエイティブ、ビジネススキルのコースが何千も用意されている。

■Codeacademy：人気のコンピューター言語を使った無料コーディング講座。

■Shaw Academy：アイルランドに拠点を置く。多くの職業関連のテーマのコースを都合のよい時間にライブで受けることができる。学生は指導者や仲間の学生と交流することができる。

■Pluralsight：オンライン開発、IT、クリエイティブトレーニング。コースの大きなライブラリー（講師にはロイヤリティが支払われるため、オンライン学習業界初の億万長者の講師が生まれた）。

■Udemy：自薦の専門家による、技術的なトピックから職業関連のスキルまで幅広いテーマのコース。企業のトレーナーに人気。

■Stone River Academy：ウェブ、アプリ、ゲームの開発。

■Skillshare：自薦の専門家によるクリエイティブアート、デザイン、起業、ライフスタイル、テクノロジーに関する講座。

■Eliademy：フィンランドに拠点を置く。誰でも、たとえば学校の先生でも、オンライン講座を制作し、シェアし、教えることができるシンプルなプラットフォーム。

■Treehouse：ウェブデザイン、コーディング、ビジネスと関連するテーマについての講座。

■General Assembly：デザイン、マーケティング、テクノロジー、データについての講座。

■Tuts+：ハウツーの指導。

【特定の言語や文化圏に特化しているMOOCやオンライン学習プラットフォーム】

■アラビア語圏：Rwaq、Edraak

■オーストラリア：iMooX

■ブラジル：Veduca

■中国（簡体字中国語）：XuetangX、CNMOOC、Zhihuishu

■ヨーロッパ：EMMA（European Multiple MOOC Aggregator）、Frederica.EU

■フランス：The France Université Numérique、OpenClassRooms、Coorp-academy

■ドイツ：openHPI、Lecturio、MOOCit、Mooin、OpenCourseWorld

■ギリシャ：Opencourses.gr

■インド：SWAYAM、NPTEL

■イタリア：EduOpen、Oilprojec
■日本：JMOOC
■ロシア：Stepik、Intuit、Lektorium、Universarium、Openedu.ru、Lingualeo.com
■スペイン語圏とポルトガル語圏：Miríada X、Openkardex、Platzi
■スリランカ：Edulanka
■台湾（繁体字中国語）：eWant
■ウクライナ：Prometheus

【さらに以下を確認する価値あり】

■Duolingo：多くの言語が学べる無料アプリ。
■Crashcourse：人文科学と自然科学の入門から広がったウィットに富んだ教育動画シリーズ（ユーチューブ）。
■VSause：信じられないほどおもしろく、ひねりのある教育動画（ユーチューブ）。

「私の学習を広げる可能性」というタイトルで、あなたのMOOCアイデアを書き出そう。

第13章 マインドシフトとその先へ

ルイーズは問題を抱えていた。愛馬のスペックスに殺されそうなのだ。[1]

つい最近、スペックスに頭を蹴られ、ばったりと倒れ、意識が戻るまでに5分かかった。幸い、ルイーズが倒れて動かなくなると、スペックスは興味を失ってぶらぶらと立ち去った。

スペックスのチラシを見つけたのは、ワシントン州沿岸部の自宅から州東部の親戚の家へ、夫と車で向かう途中に立ち寄ったガソリンスタンドの掲示板だった。飼い主だった牧場主は、スペックスは愛らしい馬で好奇心が強いあまりに水槽にひづめを突っ込んだり、真新しいテントに絡まって身動きが取れなくなったりすると説明していた。その説明に、なぜかルイーズは心をつかまれ、スペックスは自分の愛馬になると確信した。秘書としてパートタイムで働きながら子育てと主婦もしてきたルイーズにとって、馬は引退した後の静かな趣味になるはずだった。ワシントン西部に戻る途中、ルイーズと夫はスペックスに会う手はずを整えた。

不思議なことに、スペックスはルイーズを無視した。手綱を引いて囲いから出すと、いきなり走りだし、ルイーズを引きずったまま道端の草を食いちぎった。それでもルイーズは心を決めていたので、その場でお金を払い、スペックスを手に入れた。確かにスペックスは少し粗雑かもしれないが、ちょっと訓練すればすぐにテレビドラマに出てくる人間の言葉をしゃべる馬「ミスター・エド」のようになるはずだった。

しかし、そうはならなかった。ある日の午後、スペックスは後ろ足で立ち、頭を高く上げてルイーズに襲いかかろうとしたのだ。噛みつこうとしてきたスペックスの奥歯まではっきり見えた。納屋の外まで蹴り飛ばされたこともある。ルイーズは板にぶつかり、その後数週間は足を引きずって歩かなければならなかった。けがのリストはさらに長くなった。ざっくり切れた親指、打ち身、スペックスに踏まれた足の指。スペックスに乗って走ろうとしたときには、いきなり振り落とされた。横向きに倒れ、寝返りを打ってルイーズを下敷きにしようとしたこともあった。馬の口につける端綱を持って歩くと、急な斜面まで来たところでルイーズに頭突きをし、坂の下に転がした。逃げ出して隣人の庭を疾走することもあった。

ルイーズは昔から動物が好きだった。動物がものを考えたり学んだりする様子に魅了された。しかし事態はどんどん手に負えなくなっていった。それどころかスペックスはサイコパス馬なのではないかとさえ思い始めた。

しかし問題があった。もしルイーズが誰かにこのことを話したら、スペックスはドッグフードにされてしまう。

八方ふさがりだった。そしてスペックスの行動はどんどんひどくなっていった。

隠れた潜在能力を発見する

現生人類は約6万年前にヨーロッパとアジアに向かい、そこで馬を見つけた。[2] 夕食用に！ 人類は何万年もの間、思うままに馬を狩り、殺し、食べていたのだ。6000年前にようやく、人類は馬に類いまれな潜在能力があることに気づくようになった。[3] 乳をしぼれる。物を運んだり引っ張ったりできる。さらに、上に乗れば走ることもできる！ 馬の家畜化は文明の道のりに大きな影響を与えた。本書のはじめで、はるか遠くに散らばって暮らすコマンチェ族に馬の力が反映されていることについて述べた。それが何を意味するのか考えてみよう。人類が目の前のありふれた風景のひとつにすぎなかった馬の並はずれた潜在能力に気づくまで5万年かかった。

本書のサブタイトルは、「Break Through Obstacles to Learning and Discover Your Hidden Potential（学習の障害を突破し、自分の隠れた潜在能力を見つける）」だ。マインドシフトを実現した、さまざまな職業の世界じゅうの人たちの事例からわかるように、このサブタイトルが意味するところは広大な範囲に及んでいる。特に科学について掘り下げていくと、共通の筋道が明らかになってくる。人間はそれまで考えてもみなかったほどたくさんのことができ、大きく変わり、たくさん学ぶことができる。私たちの潜在能力は、身の周りのありふれた風景の中に隠れているのだ。

私が本書を書こうと思い立ったのは、オランダのオンラインゲーマー、タンヤ・デ・ビーのように、人生の半ばで二度目のチャンスをつかみたいと思ったからだ。キャリアが揺るぎないものとなり、自分のやり方を確立しているはずの時期に、語学と人文科学の才能しかなかった私のような人間が別の人間に変われるチャンスを手に入れることができた。のちにエンジニアリングの教授の職へとつながる、新しいキャリアに目を向けることができたのだ。

最近、私はＭＯＯＣ「学び方を学ぶ」の運営のために舞台裏で仕事をすることで、ＭＯＯＣの学習者たちが実現しているあらゆる変化に刺激を受けた。いくつになっても、どんな段階にいても人間には学ぶ能力があるという事実を何度も繰り返し目撃した。私のような人文科学からエンジニアリングへの転向だけでなく、ありとあらゆる方向にシフトすることができるのだ。このマインドシフトは単に自分の情熱に従うだけでなく、自分の情熱を広げることともかかわっていた。私生活でもキャリアにおいても自分自身を新しい方向から見直し、学習者として自らの地平を広げるために一歩一歩進んでいく。

本書の執筆中にインスピレーションにあふれたたくさんの話を聞いた。そこから得た教訓は、本書で私が強調する身の上話は可能性のほんの一部を垣間見せたにすぎないということだ。載せようと思えばさらに10倍のエピソードを載せられたが、学習経験を利用して仕事や生き方を変えた人たちはみな共通の道筋につながっている。

学習経験には2つの面があり、本書ではその両方を探ってきた。ひとつはマインドシフト、つまり学習経験を通して人生に起こる深い変化は、どんな年齢でも、どんな目標を抱いていても可能だということ。書籍などによる学習方法がそうした一連の変化を加速してくれる。クローディア・メドウズのうつ状態からの脱出や、態度を改善することによるアダム・クーの仕事と私生活における成功で見たように。スーパーMOOC受講者は、学習することがいかに楽しく、時に中毒になってしまうほどであることを教えてくれた。学習することによって、年をとってからでも心を新鮮に保つことができる。それどころか、私が出会った学習意欲にあふれる退職者たちは、とにかく一緒にいて楽しい、成熟した知的なティーンエージャーを思わせた。

マインドシフトのもうひとつの面は、キャリアの選択、キャリアアップ、そしてキャリアの転換といった職業に関連してくるという点だ。そのどれもが学習への欲求を必要とするだけでなく、学習の方向や目標を冷静に見据える能力も必要とする。物理学専攻から神経科学者に転向したテレンス・セジュノウスキーの場合のように、時には一歩下がって広い視野で学問を評価することもその後のキャリアの役に立つ。物理学のある分野での限界に気づいたセジュノウスキーは、神経科学に転向し、それによって神経科学に重要な貢献をすることができた。それとは対照的に、熟練マーケターのアリ・ナクヴィはコンピューター関連のスキルが問題となる分野である検索エンジン最適化を選んだ。そしてMOOCを利用して専門技術を補い、ステップアップした結果、昇進に昇進を重ね、あっという間に経営幹部にまで上り詰めた。

重要なのは、テリーもアリも、一見無関係に見える過去が新しいキャリアに価値をもたらしてくれると気づいたことだ。テリーの物理学の勉強は、神経科学で使われる数理モデルの基礎となった。アリのゴルフの経験は、過去の過ちが将来の行動に影響を及ぼすのを防げると気づかせてくれ、スポーツ関連のマーケティングの才をもたらしてくれた。

本書を貫く共通のテーマは、まったく役になど立たないように思える過去の経験やトレーニングが、実は新しい仕事で役に立つことが多いということだ。たとえば、アルニム・ロディックが電気技術者時代に培った分析的な考え方は、後年、木工職人に転向したときに役立った。タンヤ・デ・ビーの一見取るに足りないゲーム経験は、オンラインコミュニティの管理というすばらしい仕事につながった。ジョナサン・クロールのロマンス語の知識は、コンピューターサイエンスの学習を容易にした。そしてミュージシャンから医学生になったグレアム・キアは、音楽の専門知識のおかげでより有効な診断ができるようになった。

大好きな音楽から難しい医学へというグレアム・キアの珍しい転身は、「自分にはこれしかない」という絶対的な思いをまったく新しい情熱に転じること（それがかつて毛嫌いしていた分野であっても）ができると示してくれた。オンライン学習ツールの急速な普及で、かつてないほど手軽に学習を始められるようになった。グレアムのマインドシフトのきっかけは、シンプルな微積分の電子書籍を見つけ、ステージや学校に向かうバスの中でそのコンセプトに目を通せたことだった。デジタルツールやMOOCを使って専門知識を高め、第二のスキルを身につけることで、キャリアの新しい可能性や一般的な興味を探求する人もいる。

オンライン学習の世界のすばらしいところは、それが脳の学習方法に適している点だ。たとえばMOOCでは、授業を一口サイズの記憶しやすい動画に凝縮して学習者の注意を惹きつけている。効果的なオンラインツールは、すべてのコンセプトを咀嚼して、それが完全に身につくまで、何度も繰り返し練習することを可能にする。従来の教科書や教室での「対面」の指導と組み合わせることで、オンライン学習は「世界最高」の学習方法に数えられるようになるだろう。

交流によってつながっているＭＯＯＣの学習者のコミュニティは、別の恩恵をもたらしてくれる。ＭＯＯＣの成熟にともない、コミュニティは発展し続けるだろう。ＭＯＯＣは確かに成熟している。前章でＭＯＯＣ制作の舞台裏を十分紹介したので、今後、最高のＭＯＯＣが何を目指すかはわかってもらえただろう。

とりわけ心強いのは、考え抜かれ、創造的で、広く普及したオンライン授業は、学習者の生活を改善させるだけでなく、教師にも質の向上を迫ることだ。デジタル教育の現場では、新しい教材によってデジタル学習の革命が始まり、教育学習の分野も再び活気づいている。もちろん、手作りのつぎはぎタイプの学習には多くの動きがある。最も顕著なもののひとつは、図書館やコミュニティセンターで３Ｄプリンターなどのツールに触れることができる「メーカースペース」だ。

「すべての仕事において……私たちがいちばんに求めるのは総合認識能力であり、ＩＱではない。同時進行で作業できる能力である。異質な情報の断片を総合する能力である」[4] ――ラスズロ・ボック（グーグル、ピープル・オペレーションズのシニア・バイス・プレジデント）

マインドシフトの難しさのひとつに、早い時期にはほとんどの人が学習方法を教わっていないということがある。つまり、若いうちは、少なくともその時点では自分が得意だと思えることを見つける。それこそが自分の情熱を傾けるべきこと、自分がやるべきことだと思い込む。その考えは、自分が「知らぬ間」に得意なことではない分野でさまよっているときに、悪い点数を取りやすいことで裏付けられる。上達するのに時間がかかるものもあるのだということ、そして苦労して上達すれば今度はそれが新しい情熱となるかもしれないということを私たちは忘れがちだ。それだけではない。数学教師のプリンセス・アロテイが示しているように、運命のいたずらで情熱が一時的に阻害されたとき、私たちはその時間を利用して情熱を広げるだけでなく、さらに経験豊かな人間になることもできるのだ。プリンセスのプレゼンテーション能力は、自分が詐欺師になったような感情を克服するとともに、彼女の人生を通じて大いに役に立ってくれるだろう。

　これまで何百年も、標準的な学習の場は子供のためにつくられた学校にほぼ限られていた。そのため、「学習は子供だけのもの」という見方が定着してしまった。しかしＭＯＯＣをはじめとするオンライン学習機会のおかげで、人々は、学習とは人生のあらゆる段階のあらゆる人のものだということに気づき始めている。シンガポールのような革新的な国で、教科や目標に関係なくあらゆる種類の学習を尊重するライフスタイルが重視されているのはそのためだ。

　脳の働きに関する知識によって、私たちはすべての面で学習の質を向上させることができるようになった。私は本書で、大人でも学び続けハイレベルの成長を果たすことができること、そして学習を続けるというライフスタイルが、しばしば加齢と関連づけられる頭脳の停滞と衰えの予防に役立つという、最新の知見を伝えようとしてきた。デジタルメディアはその一部だ。たとえば、学者のダフネ・バヴェリアとアダム・ガザレイは、テレビゲームが認知能力を維持させるのみならず、その能力をアップさせるすばらしい方法を提供してくれると示した。しかし、瞑想のようなアナログなアプローチも、学習プロセスのさまざまな面を高めてくれる。瞑想という一点に集中する状態が、私たちの集中能力をつかさどる神経ネットワークを活性化させる一方で、オープンモニタリング瞑想がデフォルトモード・ネットワークにかかわる拡散した創造プロセスを向上させる。

マインドシフトの重要なアイデア

「マインドシフトの重要なアイデア」とタイトルをつけて、本書の重要なポイントとそれについて思うことをリストにしよう（この作業はアイデアを咀嚼して思い出すのに役立つ）。他の人のリストはあなたのリストと似ているだろうか？　違っているとしたら、それはなぜだろう？

状況に従う

他の哺乳動物たちも、私たち人間と同じ方法で学習することが多いようだ。集中モードと拡散モードを使っていることもわかっている。[5] ただし、話し言葉を使えないという哺乳動物の典型的な特徴によって、学習は人間が行うよりはるかに難しい。あなたが何をしてもらいたがっているのかを当てようとして走り回っている犬について思い浮かべてみよう。寝転がってほしいの？　違うのか……お座り？　ちぇっ、違うか。どうか何をしてほしいか教えてください。そうしたらやりますから！

スペックスの場合にも、コミュニケーションがとれないことが問題の一部だったように思える。スペックスは漆黒の馬で尻に白い斑点がちらばっていることから、スペックルス（斑点）を縮めてスペックスという名前になった。難産で、生後1カ月間は病弱だったが、かわいらしいやんちゃな子馬で、すぐにみんなからかわいがられるようになった。牧場主の10代の娘エドウィナは、スペックスを飼い続けるつもりで、牧場の年とった使用人から教わった芸を教え始めていた。最初に教えたのが横たわる芸だった。残念ながら、エドウィナの教え方は、スペックスの左足を繰り返し蹴り、頭を引っ張ってバランスを崩させ、倒すというものだった。

この訓練について、ルイーズは言う。「芸を仕込まれた馬はかわいいと思う人もいますが、正しく教える必要があります。馬は教えられたことに従うのですから」。言い換えれば、ささやかな芸に見えても、それが馬にとっては人間とのつきあい方のベースになるかもしれないということだ。

確かにスペックスはこの芸に従うようになった。横たわるのはスペックスにとって基本の行動となった。ストレスを感じると必ず地面に倒れるようになった。それが人間に求められている行動だと思い込んだのだ。いずれにしても、きっかけが何であれ、横たわりさえすればたいてい不愉快なことはなくなるとスペックスは気づいた。たとえば、誰かに上に乗られ、でもスペックス自身はあまり乗られたくないときには、立ち止まり、倒れ、寝返りを打ちさえすればいい。これでもう乗られなくなる。

スペックスがエドウィナから習ったのは、横たわることだけではなかった。エドウィナは思いどおりの行動を引き出すために道具を使った。痛みをともなう道具だ。後ろ立ちをさせるのに、エドウィナは金属製のひづめやすりでスペックスの胸を叩いた。スペックスは後ろ足で立ったが、何を学んだかは明らかだった。僕が後ろ足で立つのは、君が嫌なことをするからだ。もしその忌まわしいひづめやすりで叩かれなかったら、そんなことしてやるものか！

馬がいらつき、相手の人間を敬っても信頼してもいないときに見せるしぐさに、蹴ること、噛みつくこと、そして足を踏み鳴らすことがある。スペックスはそのすべてをやった。エドウィナは、他にもスペックスよりも大きく従順な馬たちを飼っていて、最後にはその馬たちに乗り、スペックスを調教するのをやめて自由にさせた。スペックスは農作業をするには小さすぎたので、エドウィナの父親はスペックスを障害のある子供向けの乗馬プログラムに送り込んだ。障害のある子供たちのための馬は、とてもおとなしく我慢強くなくてはいけない。でも、スペックスはそうではなかったので、牧場に送り返されてきた。

馬が横たわるような行動を身につける。それは良い点もあれば悪い点もある。スペックスに芸を仕込もうとしたエドウィナには傷つけるつもりなどなかった。ただ牧場の使用人の勧めに従っただけだ。しかし早い時期にエドウィナから受けた扱いによって、スペックスは学習することに対して、また人間に対して怒りの感情を見せるようになった。自分が教わったことの意味は理解していなかった。もしスペックスが話せたら、こう言ったに違いない。「僕が受けた扱いはあまりにもひどかった！」。スペックスから見れば、学習させられることが迷惑であるのは明らかだった。だが、人間のほうも迷惑していたのだ。

学習経験は迷惑だという気持ち、学習は踏みつけられたときにだけするものだというのは、馬に限ったことではない。人間にも同じことが起きている。早い時期に高校を中退したザック・カサレスは、多くの友人が学業に背を向けて、問題行動に走るのを見ていた。もちろん、ザックの友人は馬屋に閉じ込められていたわけでも、杭につながれていたわけでもない。スペックスより選択肢は多かったはずだ。彼らは教室で騒ぎ、尊敬していない教師を追い出し、進級できるぎりぎりのことしかしなかった（スペックスの言葉が聞こえるようだ。今はやるけれど、やらなくてすむようになったら、やってやらないからね！）。ザックの友人はすぐにドラッグにはまり、欲しいものを手に入れるためには暴力が役に立つことに気づいた。スペックスの地獄への道の人間版だ。

突破

ルイーズは、ワシントン州ののどかなフォークスという町で育った。子供時代にルイーズが飼っていた優しくておとなしい馬は、喜んであちこちに連れていってくれた。この半世紀も前の経験が問題の一因でもあった。ルイーズは馬を知っていると思っていた。実際には、スペックスのような喧嘩腰の馬の前では、ルイーズは62歳の初心者にすぎず、自分の能力を超えたことをしようとしていたのだ。試したことはどれも効果がなかった。スペックスの喧嘩腰の態度（押し返したり、蹴ったり、噛みついたり）は、乗馬の経験を積んだ人ならすぐに鞭で矯正し、対応することができただろう。しかしルイーズにとっては、スペックスの挑戦的な態度は、ただただおそろしく、動揺した。いずれにしても、馬に鞭を当てて更生させるのはルイーズのやり方ではなかった。

切羽詰まったルイーズは、馬の訓練法が書かれた本を脇にやって、オンラインで馬の訓練の専門知識を探した（言い換えれば、本書の中で見た多くの人と同じように、ルイーズはメンターを見つけたのだ）。ルイーズはこう語る。「トレーナーは私に課題を送ってくれ、私はそれをやっているところを動画に撮りました。厳しい先生でした。ミスを犯して何度も怒鳴られました。それもこれも、私の安全を心配してのことです。彼女は2年間指導してくれました。そのことは誰にも黙っていました。私が問題を解決するのに、大陸の反対側の海岸に住んでいる人に協力してもらっているなんて、誰も信じないでしょうから。それでもやり抜いたのです。彼女には大きな借りができました。オンライン学習には感謝しています」

ルイーズはまず、スペックスが、人間の個人的空間を尊重しなければならないことを学んでこなかったと知って驚いた。たとえばルイーズがスペックスと一緒に過ごすために厩舎に入ると、スペックスはルイーズの椅子に体を押し付け、ルイーズが手にしているグラスを鼻で傾け、本をくわえ、椅子をひっくり返した。ルイーズはスペックスを避けるために飛びのかなくてはならなかった。忍耐を学んだことはなく、欲しいもの（たいていは食べ物）を取るためにルイーズを押しのけることもあった。スペックスはまた、噛みついたり、後ろ足で立ったり、急に止まって動かなくなったり、横たわったりすれば、思い通りにできると学んでいた。もちろん、そのような行動はすべて、そばにいるルイーズにはとても危険だった。

このような問題に取り組むにはどこから始めたらいいのかさえ、ルイーズにはわからなかった。ある日、ついに突破口が開いた。きっかけは馬のトレーナーから、馬とコミュニケーションを取るためのシンプルな「ブリッジとターゲット」方法について詳しく教わったことだった。[6] 簡単に言えば、

「ブリッジとターゲット」とは、動物にそれを目指して進んでほしいというターゲットを教えることだ（スペックスの場合はXと書かれている2フィートのプラスチックの円盤だった）。動物をターゲットへと進ませるブリッジは、動物がターゲットに近づくときに出す舌打ちの音だ。動物がターゲットに近づけば近づくほど舌打ちを早くするのだ。ブリッジは、鬼が目標に近づくと「熱い」と言い、離れると「冷たい」と言う子供のゲームに似ている。舌打ちを速くすることで、熱くなった、熱くなった、ほらあった！　と伝えているのだ。

アン・サリバン先生が、目が見えず、耳が聞こえず、手に負えないヘレン・ケラーに文字を手に書いて伝える方法を見つけたように、「ブリッジとターゲット」はついにスペックスに働きかける手段をもたらしてくれた。このテクニックを使って、スペックスはターゲットに向かって進むこと（アクティブラーニング？）を自分自身で決断すれば、人間の合図で正しい道を進んでいるかどうかを知ることができるとわかった。それだけではない。ターゲットに到達すればブルーベリーのごちそうがもらえることもわかったのだ。決めるのは自分だ！　金属のひづめやすりで小突きまわす人も、転ばせる人もここにはいない。

トレーナーはルイーズにスペックスの観察の仕方を教えた。スペックスの姿勢や行動を読むための観察だ。観察していると、スペックスは、ルイーズが言ったとおりにするものの、ときどき目を細め耳を腹立たしげに後ろにぺたりとつけ、「やってやるけど、ひどい目に遭わせてやる」と言わんばかりに体を緊張させることがあると気づいた。

ルイーズは、動物を理解するコツは、目の前の課題を達成しているかどうかだけでなく、行動の背後にある考えを探ることだと気がついた。たとえば、何度も言われてやっと部屋を片づけた子供がいるとしよう。確かに片づけてはいるが、見下すように「わかったよ！」と言って足音を立てて去ったその直後に、小声で母親の悪口をつぶやいている。

スペックスが嫌々ながら仕事をこなすのは、同じ仕事でも、普通に仕事をこなすのとはまるで意味が異なる。ルイーズは言う。「態度はすべてに勝ります。何にごほうびを出すか、きちんと認識しておく必要があります」

態度

態度はすべてに勝る。

態度を見て理解することは、理解しようと意識することから始まると、ルイーズはアドバイスする。「馬が幸せだったりリラックスしたりしているのも、反対に緊張したりどこか様子がおかしかったりするのも、実際に感じることができます」

これは本からはなかなか学びにくい部分だ。ルイーズは言う。「経験と、そのことを指摘してくれる優れたメンターからもたらされた直感的な学習のおかげです」

もうひとつ、ルイーズの学習の仕方で特筆すべきは、自分がやったことを動画に撮り、検証したことだ。ルイーズは説明する。「自分ではとても上手に訓練できていると思っていました」。しかし、動画を見たメンターは、実際に何が起きているかを教えてくれた。

ルイーズがスペックスのトレーニングを始めたばかりのときには、まずはトレーナーの指示に従って、2週間、柵の外側に留まっていた。スペックスの最初のレッスンは、耳を立て（一般的に馬の機嫌がいいときのサイン）、体をリラックスさせて、幸せそうな態度を保ちながら、自分の頭を柵の内側におさめておくことだった。そうするとごほうびがもらえた。ルイーズはスペックスの行儀が悪いと罰を与えた。しかし罰というのは単にルイーズが立ち去ることで、その結果、ごほうびがもらえなかった。悪い態度について代償を支払わせることで、スペックスにとってルイーズの存在の重要性が増した。規則に従わなければルイーズはいなくなる。ゲームオーバーだ。奇妙なことに、その状況を左右するのはスペックスなのである。

ルイーズは少しずつ、厩舎の中でスペックスを学習させようとした。息づかいに注意を向け、息を吐きだすよう促すことを覚えた。人間と同じように、息を吐くのは感情的にも肉体的にもリラックスしているサインである。ルイーズは言う。「私たちのどちらかが不安なときには、私はスペックスに聞こえるように大きくゆっくりと息を吐きます。するとスペックスも同じようにします」。単純な呼吸をすることで、両者の精神状態が変わるのだとルイーズは言う。

ルイーズとスペックスの間で言葉が交わされるようになると、スペックスは多くを学ぶようになった。サッカー、物を取ってくること、絵筆で絵を描くこと、「納屋に近づかない」ゲームの中ではルイーズがスペックスのそばを全速力で走りすぎること、鍵盤の上で熱心に鼻をすべらせてリベラーチェスタイルでピアノを弾くこと。ルイーズがキッチンの窓から外をのぞくと、スペックスがひとりであれこれ練習し、ルイーズに見せるために新しいことを考えているようでもあった。

スペックスはひづめを削ってもらうのが好きで、首を伸ばして愛情たっぷりにルイーズを甘噛みしながら、スパでマニキュアをしてもらうようにひづめを差し出す。ルイーズは鞍や手綱なしでスペックスに乗って走れるようになった。声だけで、ルイーズがどこに行きたいか、スペックスにはわかる。

結局、ブリッジとターゲットが、ルイーズとスペックスがコミュニケーションするための言語を提供してくれた。さらによいことに、コミュニケーションのおかげでスペックスは面目をつぶさずにすみ、成功を楽しむことができた――そう、馬もプライドを持ち合わせているようだ。スペックスは自分の環境をプラスにコントロールし、それに対してごほうびをもらう能力を身につけた。

ふたりが実現した進歩を振り返り、ルイーズはこう語る。「どんな動物とでも、信頼と尊敬の気持ちがあれば、コミュニケーション法を見つけられ、相手からも返ってきます。そして相手の隠された潜在能力が見つかるようになるのです」

ルイーズ自身、スペックスと同じようにマインドシフトを経験した。教師をしている妹がふたりいるため、スペックスの変身を人間に重ね合わせて考えずにはいられない。ルイーズは言う。「スペックスは、自分が理解できないこと、不公平と思えることに反抗します。ほとんどの馬は拒否せず、ただ受け入れます。スペックスが他の馬と違うとしたら、プレッシャーをかけようとするとさらに闘志がわいてくるという点でしょう。今でもときどき、昔の態度をよみがえらせ、噛みついたりして、限界を試しています。でも両親を試そうとして捕まった子供のように、それはだめだと言われればおとなしく受け入れます」

現在、スペックスとルイーズが一緒にいる姿を見ると驚嘆する。ふたりは互いに敬意と愛情を抱いている。スペックスはただルイーズからの食べ物にだけ興味を持っているだけではない。スペックスは学ぶことが大好きなのだ。

ルイーズは最近、咀嚼のアイデアを授業に生かしている。絵筆をくわえて絵を描くことでも、台の上に乗ることでも、門を閉めることでも、スペックスは3回繰り返せばたいてい新しい課題や芸を覚える。そのことにルイーズは気づいた。ネットに向かってボールを蹴ったり、ゴム製のバトンを拾ってフープの中に入れたり、狭い円の中でゆっくり駆けたり（馬にとって必ずしも簡単なことではない）。そういうスキルを完璧にするために、じっくりと時間をかけて練習するスペックスの姿にルイーズは驚かされる。スペックスは学んだことを身につけたいと心から願っているのだとルイーズは感じる。特に楽しいのは、学習中のスペックスが人間と似ていると思えることだ。新しいことには苦労しても、次は必ず前より上達している。

驚いたことに、スペックスは単なる学生ではなく、新しいアイデアを考えて楽しむイノベーティブ・クリエイターである。ルイーズは言う。「スペックスのような高度な学習者を育てていると、自分自身を喜ばせるために創造性を発揮するようになることがわかります。スペックスの創造性の一部は、自分が望むものを手に入れるために私を操縦する方法を身につけたことです。これは私が夢見ていた彼の純粋な学習課題とはまったく違います」。たとえば、一緒に出かける準備ができたとき、スペックスは厩舎の土台部分のいちばん高いところに立ち、決まった調子で一声いななく。「さあ、出かけよう。干し草を少しばかりもらってもいいかな」。言い換えれば、スペックスは自分が呼べばすぐにやってくるようにルイーズを訓練することに成功したのだ。そしてルイーズはスペックスに耳を傾け、反応する。いくつかのレッスンについて意見を述べ、時には自分が考えた変更を提案する。奇妙なことに、優れた教師と同様にスペックスは陽気な面もある。ルイーズを笑わせるのが本当に好きなのだ。ルイーズが喜ぶと大きな満足と誇りを感じ、教師としても学習者としても力がわいてくる。スペックスの喜びはルイーズにも影響を及ぼす。

ルイーズはこれまでの道のりを振り返った。毎晩泣いていた頃から、スペックスが人生における特別な贈り物だと思えてきた頃までを。ルイーズは言う。「スペックスが自分の世界を理解し始め、健康的な形でその世界を積極的に操作できると発見したとき、スペックスの態度が変わったの」。これからスペックスとどこまで行けるかと考えるだけでわくわくする。

スペックスはサイコパスの馬どころか天才の馬だ。家族が乗っている車に乗り込もうとするときも、夜になって家に忍び込もうと厩舎から出たり入ったりしているときも。スペックスはいつも元気いっぱいに新しい世界を探求しようとしている。そして見てくれる人がいればそれが誰であっても、自分が知っていることを見せびらかそうとする。

ドアを開ける

本書を読んだあなたは、間違いなく知識への欲求を感じているだろう。本書によって、自分に可能だと思えることの範囲が広がり、発見への情熱が強くなることを願っている。人間が目の前にいる馬の利用価値に気づくまでに5万年近くがかかったことを思い出してほしい。あなたが発見すれば、人生に劇的な変化をもたらしてくれる知識が、今、目の前にいくつあるだろうか。学習はとても大変な作業かもしれないが、生気あふれる存在として生きるという深い欲求に出会う方法を用意してくれる。

しかし、スペックスのように、学習することに抵抗したり、現在の場所に留まったまま生きていこうと諦めたりしている人も多い。そういう人はどうするのだろうとあなたは思うかもしれない。どうすればマインドシフトを実現できるのか？

最後にもうひとつメッセージを残すとしたら、次のようなものだ。時にはたったひとりの特別な人、メンターがいれば、ドアの鍵を開けたり、ドアの枠をつけ直したりすることができる。ルイーズがスペックスにしたように。本書が、他の人に心を閉ざしてしまった人たちに、あなたが目を向けるきっかけとなってくれることを願う。あなた自身の発見が、あなたが触れる人たちの心を開き、彼らもまた学習のすばらしさと楽しさを発見することができるように。

あなたのマインドシフトをマスターする

本書に関するあなたのメモや考えを見直すときがきた。私たちはたくさんの分野を網羅してきたが、あなたの観察報告ははっきりとしたカテゴリーに分けるべきだ。情熱の対象を広げる、自分の夢をつくる、成功のための心理操作、もちろん他にもたくさんある。メモを読み返し、自分の考えを見直してみよう。あなた自身、あなたの目標、あなたの夢にどんな道筋が共通しているのか、書いたもののなかから読み取れるだろうか。「マインドシフトをマスターする」というタイトルで、個人的なブレークスルーと本質の発見についての総括を書こう。本書を読んで自分について発見した結果、今、どのような具体的プランが浮かんでいるだろうか？

最後にひとつ質問をする。振り返りによって、あなたは間違いなく未来への前向きな道を見つけたはずだ。他の人も同じように前向きな道を歩きだすために、どんな方法があるだろうか？

謝辞

本書の誕生を助けてくださったすべてのすばらしい人たちに感謝するために、いったいどこから始めたらいいのかさえわからない。特別な感謝をターチャー・ペリジー・ペンギン・ランダムハウスの私の編集者ジョアンナ・インに。鋭い編集と視野の広い指示で、このプロジェクトの展開に強力な影響を与えてくれた。ターチャー・ペリジー・ペンギン・ランダムハウスの論説委員サラ・カーダーにもありがとうを。舞台裏からの手引きとインプットはとても貴重だった。リタ・ローゼンクランツのような敏腕著作権エージェントがいる著者ほどラッキーな人間はいないだろう。リタとチームを組むことができたことは最高にラッキーだった。

エイミー・アルコンはすばらしい科学ライター、編集者、そしてすてきな友人で、本書の初稿を一字一句まで目を通し、ブラッシュアップしてくれた。自分自身の近著の執筆をしなければならないときにその才能を快く分けてくれたことに、心から感謝している。これ以上の友人は望むべくもない。

クリスチャン・アルトニ、ダフネ・バヴェリア、パット・ボーデン、ブライアン・ブルックシャー、ザッカリー・カサレス、ジェイソン・チェリー、タンヤ・デ・ビー、ロニー・デ・ウィンター、アダム・ガザレイ、アラン・ゲルペリン、スーン・ジョー・ゴク、チャールズ・G・グロス、ポール・ハンダル、グレアム・キア、アダム・クー、ジョナサン・クロール、「ハンス・ルフェーブル」、「ルイーズ」、クローディア・メドウズ、アリ・ナクヴィ、メアリー・オディア、ローリー・ピッカード、アルニム・ロディック、パトリック・テイ、アナ・ベレン・サンチェス・プリエト、ジェフ・セイヤー・マッコード、そしてテレンス・セジュノウスキーに大きな感謝を。鋭い洞察力にあふれたEメール、手紙、そして面と向かっての議論のおかげで、それぞれの章や項目の土台が形となり、コメントが本書全体を向上させてくれた。

また、特別な感謝をチャーリー・チャン、サヌー・ド・エドモンド、ステファニー・カサレス、ウェイン・チャン、ジェロニモ・カストロ、ヨニ・ダヤン、ジョバンニ・ディーンストマン、デズモンド・イング、ビアトリス・ゴロム、ジェリディン・リム、エドワード・リン、バーニー・ロウ、「CJ」ことチー・ジュー・ホン、アヌアル・アンドレス・レクリカ、ヒラリー・メランダー、メアリー・オディー、パトリック・ピーターソン、エミリアナ・サイモン＝トマス、アレックス・サーリン、マーク・スモールウッド、カシュヤップ・トゥムクル、ブレンダ・ストエルブ、デイビッド・ベンチュリ、そしてベステ・ヤクセルへ。

そして特に私のすばらしい家族に感謝したい。義理の息子ケビン・メンデスは芸術的洞察が必要なときにはいつも助けてくれた。また、適切な情報源に関しては知恵の泉だった。コソボの息子バフティ・バフティウと孫娘のイリリアナは温かいハグと励ましをくれました。娘のロージー・オークリーは医師であると同時に優れた編集者で、彼女に助けてもらえたことはとても幸運だった。娘のレイチェル・オークリーはいつもそばにいてくれて、インスピレーションと写真に関する批評の眼を提供してくれた。弟のロドニー・グリムは家族の要だ。

そして最後に、フィリップ・オークリーと出会い、人生をともに過ごそうと言われたときにイエスと答えた私は、世界一幸運な女だと思わずにいられない。彼は私の魂を導く光であり、私の精神の道しるべだ。彼にこの本を捧げる。

doi:10.4172/2090-2719.1000105.
Zhao, Y. *Who's Afraid of the Big Bad Dragon*. San Francisco: Jossey-Bass, 2014.
Zhou, DF, et al. "Prevalence of dementia in rural China: Impact of age, gender and education." *Acta Neurologica Scandinavica* 114, 4 (2006): 273-280.
Zittrain, J. "Are trolls just playing a different game than the rest of us?" *Big Think*, April 3, 2015. http://bigthink.com/videos/dont-feed-the-trolls.
Zull, JE. *The Art of Changing the Brain*. Sterling, VA: Stylus Publishing, 2002.

Venkatraman, A. "Lack of coding skills may lead to skills shortage in Europe." *Computer Weekly*, July 30, 2014. http://www.computerweekly.com/news/2240225794/Lack-of-coding-skills-may-lead-to-severe-shortage-of-ICT-pros-in-Europe-by-2020-warns-EC.

Vidoni, ED, et al. "Dose-response of aerobic exercise on cognition: A community-based, pilot randomized controlled trial." *PloS One* 10, 7 (2015): e0131647.

Vilà, C, et al. "Widespread origins of domestic horse lineages." *Science* 291, 5503 (2001): 474-477.

Vredeveldt, A, et al. "Eye closure helps memory by reducing cognitive load and enhancing visualisation." *Memory & Cognition* 39, 7 (2011): 1253-1263.

Wager, TD, and LY Atlas. "The neuroscience of placebo effects: Connecting context, learning and health." *Nature Reviews Neuroscience* 16, 7 (2015): 403-418.

Waitzkin, J. *The Art of Learning*. New York: Free Press, 2008.（『習得への情熱――チェスから武術へ』吉田俊太郎訳、みすず書房、2015年）

Wammes, JD, et al. "The drawing effect: Evidence for reliable and robust memory benefits in free recall." *Quarterly Journal of Experimental Psychology* 69, 9 (2016): 1752-1776.

Watanabe, M. "Training math athletes in Japanese jukus." *Juku*, October 21, 2015. http://jukuyobiko.blogspot.jp/2015/10/training-math-athletes-in-japanese-jukus.html.

White, HA, and P Shah. "Uninhibited imaginations: Creativity in adults with attention-deficit/hyperactivity disorder." *Personality and Individual Differences* 40, 6 (2006): 1121-1131.

White, KG, et al. "A note on the chronometric analysis of cognitive ability: Antarctic effects." *New Zealand Journal of Psychology* 12 (1983): 36-40.

Whitehouse, AJ, et al. "Sex-specific associations between umbilical cord blood testosterone levels and language delay in early childhood." *Journal of Child Psychology and Psychiatry* 53, 7 (2012): 726-734.

Wilson, T. *Redirect*. New York: Little, Brown and Company, 2011.

Yang, G, et al. "Sleep promotes branch-specific formation of dendritic spines after learning." *Science* 344, 6188 (2014): 1173-1178.

Zatorre, RJ, et al. "Plasticity in gray and white: Neuroimaging changes in brain structure during learning." *Nature Neuroscience* 15, 4 (2012): 528-536.

Zhang, J., and X Fu. "Background music matters: Why strategy video game increased cognitive control." *Journal of Biomusical Engineering* 3, 105 (2014):

153, 6 (2013): 1219-1227.
Specter, M. "Rethinking the brain: How the songs of canaries upset a fundamental principle of science." *New Yorker*, July 23, 2001, http://www.michaelspecter.com/wp-content/uploads/brain.pdf.
Stoet, G, and DC Geary. "Sex differences in academic achievement are not related to political, economic, or social equality." *Intelligence* 48 (2015): 137-151.
Sweller, J, et al. *Cognitive Load Theory: Explorations in the Learning Sciences, Instructional Systems and Performance Technologies*. New York: Springer, 2011.
Takeuchi, H, et al. "The association between resting functional connectivity and creativity." *Cerebral Cortex* 22, 12 (2012): 2921-2929.
Takeuchi, H, et al. "Failing to deactivate: The association between brain activity during a working memory task and creativity." *NeuroImage* 55, 2 (2011): 681-687.
Takeuchi, H, et al. "Working memory training improves emotional states of healthy individuals." *Frontiers in Systems Neuroscience* 8 (2014): 200.
Tambini, A, et al. "Enhanced brain correlations during rest are related to memory for recent experiences." *Neuron* 65, 2 (2010): 280-290.
Teasdale, TW, and DR Owen. "Secular declines in cognitive test scores: A reversal of the Flynn effect." *Intelligence* 36, 2 (2008): 121-126.
Thompson, WF, et al. "Fast and loud background music disrupts reading comprehension." *Psychology of Music* 40, 6 (2012): 700-708.
Tough, P. *How Children Succeed*. Boston: Houghton Mifflin Harcourt, 2012.（『成功する子 失敗する子――何が「その後の人生」を決めるのか』高山真由美訳、英治出版、2013年）
Trahan, L, et al. "The Flynn effect: A meta-analysis." *Psychological Bulletin* 140, 5 (2014): 1332-1360.
Tschang, C-C, et al. "50 startups, five days, one bootcamp to change the world." MIT News, August 29, 2014. https://news.mit.edu/2014/50-startups-five-days-one-bootcamp-change-world-0829.
Tupy, ML. "Singapore: The power of economic freedom," Cato Institute, November 24, 2015. http://www.cato.org/blog/singapore-power-economic-freedom.
Vanny, P, and J Moon. "Physiological and psychological effects of testosterone on sport performance: A critical review of literature." *Sport Journal*, June 29, 2015. http://thesportjournal.org/article/physiological-and-psychological-effects-of-testosterone-on-sport-performance-a-critical-review-of-literature/.

Camp, May 20, 2016. https://medium.freecodecamp.com/free-code-camps-1-000-study-groups-are-now-fully-autonomous-d40a3660e292#.8v4dmr7oy.

Sapienza, P, et al. "Gender differences in financial risk aversion and career choices are affected by testosterone." *PNAS* 106, 36 (2009): 15268-15273.

Schafer, SM, et al. "Conditioned placebo analgesia persists when subjects know they are receiving a placebo." *Journal of Pain* 16, 5 (2015): 412-420.

Schedlowski, M, and G Pacheco-Lopez. "The learned immune response: Pavlov and beyond." *Brain, Behavior, and Immunity* 24, 2 (2010): 176-185.

Sedivy, J. "Can a wandering mind make you neurotic?" *Nautilus*, November 15, 2015. http://nautil.us/blog/can-a-wandering-mind-make-you-neurotic.

Shih, Y-N, et al. "Background music: Effects on attention performance." *Work* 42, 4 (2012): 573-578.

Shin, L. "7 Steps to Developing Career Capital and Achieving Success." *Forbes*, May 22, 2013. http://www.forbes.com/sites/laurashin/2013/05/22/7-steps-to-developing-career-capital-and-achieving-success/#256f16d32d3d.

Simonton, DK. *Creativity in Science: Chance, Logic, Genius, and Zeitgeist.* Cambridge, UK: Cambridge University Press, 2004.

Sinanaj, I, et al. "Neural underpinnings of background acoustic noise in normal aging and mild cognitive impairment." *Neuroscience* 310 (2015): 410-421.

Skarratt, PA, et al. "Looming motion primes the visuomotor system." *Journal of Experimental Psychology: Human Perception and Performance* 40, 2 (2014): 566-579.

Sklar, AY, et al. "Reading and doing arithmetic nonconsciously." *PNAS* 109, 48 (2012): 19614-19619.

Smith, GE, et al. "A Cognitive Training Program Based on Principles of Brain Plasticity: Results from the Improvement in Memory with Plasticity-based Adaptive Cognitive Training (IMPACT) Study." *Journal of the American Geriatrics Society* 57, 4 (2009): 594-603.

Snigdha, S, et al. "Exercise enhances memory consolidation in the aging brain." *Frontiers in Aging Neuroscience* 6 (2014): 3-14.

Song, KB. *Learning for Life*. Singapore: Singapore Workforce Development Agency, 2014.

Spain, SL, et al. "A genome-wide analysis of putative functional and exonic variation associated with extremely high intelligence." *Molecular Psychiatry* 21 (2015): 1145-1151. doi:10.1038/mp.2015.108.

Spalding, KL, et al. "Dynamics of hippocampal neurogenesis in adult humans." *Cell*

由起子訳、河出書房新社、2016年）

O'Connor, A. "How the hum of a coffee shop can boost creativity." *New York Times*, June 21, 2013. http://well.blogs.nytimes.com/2013/06/21/how-the-hum-of-a-coffee-shop-can-boost-creativity/?ref=health&_r=1&.

Overy, K. "Dyslexia and music." *Annals of the New York Academy of Sciences* 999, 1 (2003): 497-505.

Pachman, M, et al. "Levels of knowledge and deliberate practice." *Journal of Experimental Psychology: Applied* 19, 2 (2013): 108-119.

Patros, CH, et al. "Visuospatial working memory underlies choice-impulsivity in boys with attention-deficit/hyperactivity disorder." *Research in Developmental Disabilities* 38 (2015): 134-144.

Patston, LL, and LJ Tippett. "The effect of background music on cognitive performance in musicians and nonmusicians." *Music Perception: An Interdisciplinary Journal* 29, 2 (2011): 173-183.

Petrovic, P, et al. "Placebo in emotional processing: Induced expectations of anxiety relief activate a generalized modulatory network." *Neuron* 46, 6 (2005): 957-969.

Pogrund, B. *How Can Man Die Better: Sobukwe and Apartheid*. London: Peter Halban Publishers, 1990.

Powers, E, and HL Witmer. *An Experiment in the Prevention of Delinquency: The Cambridge-Somerville Youth Study*. Montclair, NJ: Patterson Smith, 1972.

Prusiner, SB. *Madness and Memory*. New Haven, CT: Yale University Press, 2014.

Ramón y Cajal, S. *Recollections of My Life*, translated by Craigie, EH. Cambridge, MA: MIT Press, 1989. (Originally published as *Recuerdos de Mi Vida* in Madrid, 1937.)

Rapport, MD, et al. "Hyperactivity in boys with attention-deficit/hyperactivity disorder (ADHD): A ubiquitous core symptom or manifestation of working memory deficits?" *Journal of Abnormal Child Psychology* 37, 4 (2009): 521-534.

Rittle-Johnson, B, et al. "Not a one-way street: Bidirectional relations between procedural and conceptual knowledge of mathematics." *Educational Psychology Review* 27, 4 (2015): 587-597.

Ronson, J. *So You've Been Publicly Shamed*. New York: Riverhead, 2015. (『ルポ ネットリンチで人生を壊された人たち』夏目大訳、光文社、2017年）

Rossini, JC. "Looming motion and visual attention." *Psychology & Neuroscience* 7, 3 (2014): 425-431.

Sane, J. "Free Code Camp's 1,000+ study groups are now fully autonomous." Free Code

Montagne, B, et al. “Sex differences in the perception of affective facial expressions: Do men really lack emotional sensitivity?” *Cognitive Processing* 6, 2 (2005): 136- 141.

Moon, HY, et al. “Running-induced systemic cathepsin B secretion is associated with memory function.” *Cell Metabolism* 24 (2016): 1-9. doi:10.1016/j.cmet.2016.05.025.

Mori, F, et al. “The effect of music on the level of mental concentration and its temporal change.” In *CSEDU 2014: 6th International Conference on Computer Supported Education*, 34-42. Barcelona, Spain, 2014.

Moussa, M, et al. “Consistency of network modules in resting-state fMRI connectome data.” *PLoS ONE* 7, 8 (2012): e44428.

Nakano, T, et al. “Blink-related momentary activation of the default mode network while viewing videos.” *PNAS* 110, 2 (2012): 702-706.

Oakley, B. *Evil Genes: Why Rome Fell, Hitler Rose, Enron Failed, and My Sister Stole My Mother's Boyfriend.* Amherst, NY: Prometheus Books, 2007.（『悪の遺伝子——ヒトはいつ天使から悪魔に変わるのか』酒井武志訳、イースト・プレス、2009年）

Oakley, B. “How we should be teaching math: Achieving ‘conceptual’ understanding doesn't mean true mastery. For that, you need practice.” *Wall Street Journal*, September 22, 2014. http://www.wsj.com/articles/barbara-oakley-repetitive-work-in-math-thats-good-1411426037.

Oakley, B. “Why virtual classes can be better than real ones.” *Nautilus*, October 29, 2015. http://nautil.us/issue/29/scaling/why-virtual-classes-can-be-better-than-real-ones.

Oakley, B, et al. “Turning student groups into effective teams.” *Journal of Student Centered Learning* 2, 1 (2003): 9-34.

Oakley, B, et al. “Improvements in statewide test results as a consequence of using a Japanese-based supplemental mathematics system, Kumon Mathematics, in an inner-urban school district.” In *Proceedings of the ASEE Annual Conference.* Portland, Oregon, 2005.

Oakley, B, et al. “Creating a sticky MOOC.” *Online Learning Consortium* 20, 1 (2016): 1-12.

Oakley, BA. “Concepts and implications of altruism bias and pathological altruism.” *PNAS* 110, suppl. 2 (2013): 10408-10415.

Oakley, BA. *A Mind for Numbers: How to Excel at Math and Science.* New York: Penguin Random House, 2014.（『直感力を高める数学脳のつくりかた』沼尻

Maren, S, et al. "The contextual brain: Implications for fear conditioning, extinction and psychopathology." *Nature Reviews Neuroscience* 14, 6 (2013): 417-428.

Markoff, J. "The most popular online course teaches you to learn." *New York Times*, December 29, 2015. http://bits.blogs.nytimes.com/2015/12/29/the-most-popular-online-course-teaches-you-to-learn/.

Marshall, BJ, and JR Warren. "Barry J. Marshall: Biographical." Nobelprize.org, 2005. http://www.nobelprize.org/nobel_prizes/medicine/laureates/2005/marshall-bio.html.

Martin, C. "It's never too late to learn to code." May 7, 2015. https://medium.com/@chasrmartin/it-s-never-too-late-to-learn-to-code-936f7db43dd1.

Martin, D. "Joan McCord, who evaluated anticrime efforts, dies at 73." *New York Times*, March 1, 2004. http://www.nytimes.com/2004/03/01/nyregion/joan-mccord-who-evaluated-anticrime-efforts-dies-at-73.html.

Mazur, A, and A Booth. "Testosterone and dominance in men." *Behavioral and Brain Sciences* 21, 3 (1998): 353-363.

McCord, J. "Consideration of some effects of a counseling program." *New Directions in the Rehabilitation of Criminal Offenders* (1981): 394-405.

McCord, J. "Learning how to learn and its sequelae." In *Lessons of Criminology*, edited by Geis, G, and M Dodge, 95-108. Cincinnati: Anderson Publishing, 2002.

McCord, J. "A thirty-year follow-up of treatment effects." *American Psychologist* 33, 3 (1978): 284-289.

Mehta, R, et al. "Is noise always bad? Exploring the effects of ambient noise on creative cognition." *Journal of Consumer Research* 39, 4 (2012): 784-799.

Melby-Lervag, M, and C Hulme. "Is working memory training effective? A meta-analytic review." *Developmental Psychology* 49, 2 (2013): 270-291.

Menie, MA, et al. "By their words ye shall know them: Evidence of genetic selection against general intelligence and concurrent environmental enrichment in vocabulary usage since the mid-19th century." *Frontiers in Psychology* 6 (2015): 361.doi:10.3389/fpsyg.2015.00361.

Merzenich, M. *Soft-Wired*. 2nd ed. San Francisco: Parnassus Publishing, 2013.

Mims, C. "Why coding is your child's key to unlocking the future." *Wall Street Journal*, April 26, 2015. http://www.wsj.com/articles/why-coding-is-your-childs-key-to-unlocking-the-future-1430080118.

Mondadori, CR, et al. "Better memory and neural efficiency in young apolipoprotein E ε4 carriers." *Cerebral Cortex* 17, 8 (2007): 1934-1947.

Katz, L, and M Rubin. *Keep Your Brain Alive*. New York: Workman, 2014.
Kaufman, SB, and C Gregoire. *Wired to Create*. New York: TarcherPerigee, 2015.
Keller, EF. *A Feeling for the Organism: The Life and Work of Barbara McClintock*, 10th Anniversary Edition. New York: Times Books, 1984.（『動く遺伝子――トウモロコシとノーベル賞』石館三枝子訳、晶文社、1987年）
Kheirbek, MA, et al. "Neurogenesis and generalization: A new approach to stratify and treat anxiety disorders." *Nature Neuroscience* 15 (2012): 1613-1620.
Khoo, A. *Winning the Game of Life*. Singapore: Adam Khoo Learning Technologies Group, 2011.
Kojima, T, et al. "Default mode of brain activity demonstrated by positron emission tomography imaging in awake monkeys: Higher rest-related than working memory-related activity in medial cortical areas." *Journal of Neuroscience* 29, 46 (2009): 14463-14471.
Kuhn, S, et al. "The importance of the default mode network in creativity: A structural MRI study." *Journal of Creative Behavior* 48, 2 (2014): 152-163.
Kuhn, T. *The Structure of Scientific Revolutions*. Chicago: University of Chicago Press, 1962 (1970, 2nd ed.).（『科学革命の構造』中山茂訳、みすず書房、1971年）
Li, R, et al. "Enhancing the contrast sensitivity function through action video game training." *Nature Neuroscience* 12, 5 (2009): 549-551.
Lieberman, HR, et al. "Effects of caffeine, sleep loss, and stress on cognitive performance and mood during U.S. Navy SEAL training." *Psychopharmacology* 164, 3 (2002): 250-261.
Lu, H, et al. "Rat brains also have a default mode network." *PNAS* 109, 10 (2012): 3979-3984.
Lv, J, et al. "Holistic atlases of functional networks and interactions reveal reciprocal organizational architecture of cortical function." *IEEE* Transactions on Biomedical Engineering 62, 4 (2015): 1120-1131.
Lv, K. "The involvement of working memory and inhibition functions in the different phases of insight problem solving." *Memory & Cognition* 43, 5 (2015): 709-722.
Lyons, IM, and SL Beilock. "When math hurts: Math anxiety predicts pain network activation in anticipation of doing math." *PLoS ONE* 7, 10 (2012): e48076.
Mantini, D, et al. "Default mode of brain function in monkeys." *Journal of Neuroscience* 31, 36 (2011): 12954-12962.

Reexamining Guida, Gobet, Tardieu, and Nicolas' (2012) two-stage framework." *Frontiers in Human Neuroscience* 7 (2013): 590. doi:10.3389/fnhum.2013.00590.

Gwynne, SC. *Empire of the Summer Moon.* New York: Scribner, 2011.（『史上最強のインディアン　コマンチ族の興亡——最後の英雄クアナ・パーカーの生涯』森夏樹訳、青土社、2012年）

Hackathorn, J, et al. "All kidding aside: Humor increases learning at knowledge and comprehension levels." *Journal of the Scholarship of Teaching and Learning* 11, 4 (2012): 116-123.

Hanft, A. "What's your talent stack?" *Medium*, March 19, 2016. https://medium.com/@ade3/what-s-your-talent-stack-a66a79c5f331#.hd72ywcwj.

Harp, SF, and RE Mayer. "How seductive details do their damage: A theory of cognitive interest in science learning." *Journal of Educational Psychology* 90, 3 (1998): 414.

HarvardX. "HarvardX: Year in Review 2014-2015." 2015. http://harvardx.harvard.edu/files/harvardx/files/110915_hx_yir_low_res.pdf?m=1447339692.

Horovitz, SG, et al. "Decoupling of the brain's default mode network during deep sleep." *PNAS* 106, 27 (2009): 11376-11381.

Howard, CJ, and AO Holcombe. "Unexpected changes in direction of motion attract attention." *Attention, Perception & Psychophysics* 72, 8 (2010): 2087-2095.

Huang, R-H, and Y-N Shih. "Effects of background music on concentration of workers." *Work* 38, 4 (2011): 383-387.

Immordino-Yang, MH, et al. "Rest is not idleness: Implications of the brain's default mode for human development and education." *Perspectives on Psychological Science* 7, 4 (2012): 352-364.

Isaacson, W. "The light-beam rider." *New York Times*, October 30, 2015. http://www.nytimes.com/2015/11/01/opinion/sunday/the-light-beam-rider.html?_r=0.

Jang, JH, et al. "Increased default mode network connectivity associated with meditation." *Neuroscience Letters* 487, 3 (2011): 358-362.

Jansen, T, et al. "Mitochondrial DNA and the origins of the domestic horse." *PNAS* 99, 16 (2002): 10905-10910.

Jaschik, S. "MOOC Mess." *Inside Higher Ed*, February 4, 2013. https://www.insidehighered.com/news/2013/02/04/coursera-forced-call-mooc-amid-complaints-about-course.

Felder, RM, and R Brent. *Teaching and Learning STEM: A Practical Guide*. San Francisco: Jossey-Bass, 2016.

Fendler, L. "The magic of psychology in teacher education." *Journal of Philosophy of Education* 46, 3 (2012): 332-351.

Finn, ES, et al. "Disruption of functional networks in dyslexia: A whole-brain, data-driven analysis of connectivity." *Biological Psychiatry* 76, 5 (2014): 397-404.

Fox, M, et al. "The human brain is intrinsically organized into dynamic, anticorrelated functional networks." *PNAS* 102 (2005): 9673-9678.

Frank, MC, and D Barner. "Representing exact number visually using mental abacus." *Journal of Experimental Psychology: General* 141, 1 (2012): 134-149.

Freeman, S, et al. "Active learning increases student performance in science, engineering, and mathematics." *PNAS* 111, 23 (2014): 8410-8415.

Friedman, TL. "How to get a job at Google." *New York Times*, February 22, 2014. http://www.nytimes.com/2014/02/23/opinion/sunday/friedman-how-to-get-a-job-at-google.html?_r=0.

Garrison, KA, et al. "Meditation leads to reduced default mode network activity beyond an active task." *Cognitive, Affective, & Behavioral Neuroscience* 15, 3 (2015): 712-720.

Gazzaley, A. "Harnessing brain plasticity: The future of neurotherapeutics." GTC Keynote Presentation, March 27, 2014. http://on-demand.gputechconf.com/gtc/2014/video/s4780-adam-gazzaley-keynote.mp4.

Giammanco, M, et al. "Testosterone and aggressiveness." *Medical Science Monitor* 11, 4 (2005): RA136-RA145.

Golomb, BA, and MA Evans. "Statin adverse effects." *American Journal of Cardiovascular Drugs* 8, 6 (2008): 373-418.

Goyal, M, et al. "Meditation programs for psychological stress and well-being: A systematic review and meta-analysis." *JAMA Internal Medicine* 174, 3 (2014): 357-368.

Green, CS, and D Bavelier. "Action video game training for cognitive enhancement." *Current Opinion in Behavioral Sciences* 4 (2015): 103-108.

Grossman, P, et al. "Mindfulness-based stress reduction and health benefits: A meta-analysis." *Journal of Psychosomatic Research* 57, 1 (2004): 35-43.

Gruber, H. "On the relation between 'aha experiences' and the construction of ideas." *History of Science* 19 (1981): 41-59.

Guida, A, et al. "Functional cerebral reorganization: A signature of expertise?

Derntl, B, et al. "Multidimensional assessment of empathic abilities: Neural correlates and gender differences." *Psychoneuroendocrinology* 35, 1 (2010): 67-82.

De Vriendt, P, et al. "The process of decline in advanced activities of daily living: A qualitative explorative study in mild cognitive impairment." *International Psychogeriatrics* 24, 06 (2012): 974-986.

Di, X, and BB Biswal. "Modulatory interactions between the default mode network and task positive networks in resting-state." *PeerJ 2* (2014): e367.

Dienstmann, G. "Types of meditation: An overview of 23 meditation techniques." *Live and Dare: Master Your Mind, Master Your Life*, 2015. http://liveanddare.com/types-of-meditation/.

DiMillo, I. "Spirit of Agilent." *InfoSpark (The Agilent Technologies Newsletter)*, January 2003.

Dishion, TJ, et al. "When interventions harm: Peer groups and problem behavior." *American Psychologist* 54, 9 (1999): 755-764.

Doherty-Sneddon, G, and FG Phelps. "Gaze aversion: A response to cognitive or social difficulty?" *Memory & Cognition* 33, 4 (2005): 727-733.

Duarte, N. *HBR Guide to Persuasive Presentations*. Cambridge, MA: Harvard Business Review Press, 2012.

Duckworth, A. *Grit*. New York: Scribner, 2016.（『やり抜く力 GRIT（グリット）――人生のあらゆる成功を決める「究極の能力」を身につける』神崎朗子訳、ダイヤモンド社、2016年）

Dweck, C. *Mindset*. New York: Random House, 2006.（『マインドセット――「やればできる！」の研究』今西康子訳、草思社、2016年）

Dye, MW, et al. "The development of attention skills in action video game players." *Neuropsychologia* 47, 8 (2009): 1780-1789.

Dye, MW, et al. "Increasing speed of processing with action video games." *Current Directions in Psychological Science* 18, 6 (2009): 321-326.

Einöther, SJ, and T Giesbrecht. "Caffeine as an attention enhancer: Reviewing existing assumptions." *Psychopharmacology* 225, 2 (2013): 251-274.

Eisenberger, R. "Learned industriousness." *Psychological Review* 99, 2 (1992): 248.

Ellis, AP, et al. "Team learning: Collectively connecting the dots." *Journal of Applied Psychology* 88, 5 (2003): 821.

Ericsson, KA, and R Pool. *Peak*. Boston: Eamon Dolan/Houghton Mifflin Harcourt, 2016.（『超一流になるのは才能か努力か？』土方奈美訳、文藝春秋、2016年）

Teaching and Learning 10, 1 (2010): 36-46.

Clance, PR, and SA Imes. "The imposter phenomenon in high achieving women: Dynamics and therapeutic intervention." *Psychotherapy: Theory, Research & Practice* 15, 3 (1978): 241.

Cognitive *Science Online*. "A chat with computational neuroscientist Terrence Sejnowski." 2008. http://cogsci-online.ucsd.edu/6/6-3.pdf.

Conway, AR, et al. "Working memory capacity and its relation to general intelligence." *Trends in Cognitive Sciences* 7, 12 (2003): 547-552.

Cooke, S, and T Bliss. "The genetic enhancement of memory." *Cellular and Molecular Life Sciences* 60, 1 (2003): 1-5.

Cotman, CW, et al. "Exercise builds brain health: Key roles of growth factor cascades and inflammation." *Trends in Neurosciences* 30, 9 (2007): 464-472.

Cover, K. *An Introduction to Bridge and Target Technique*. Norfolk: The Syn Alia Animal Training Systems, 1993.

Crick, F. *What Mad Pursuit*. New York: Basic Books, 2008.

Crum, AJ, et al. "Mind over milkshakes: Mindsets, not just nutrients, determine ghrelin response." *Health Psychology* 30, 4 (2011): 424-429.

Davies, G, et al. "Genome-wide association studies establish that human intelligence is highly heritable and polygenic." *Molecular Psychiatry* 16, 10 (2011): 996-1005.

Davis, N. "What makes you so smart, computational neuroscientist?" *Pacific Standard*, August 6, 2015. http://www.psmag.com/books-and-culture/what-makes-you-so-smart-computational-neuroscientist.

Deardorff, J. "Exercise may help brain the most." *Waterbury* (CT) Republican American, May 31, 2015. http://www.rep-am.com/articles/2015/06/18/lifestyle/health/884526.txt.

de Bie, T. "Troll Hunting." *Drink a Cup of Tea: And Other Useful Advice on Online Community Management*, December 15, 2013. http://www.tanjadebie.com/Com-Man/?p=15.

DeCaro, MS, et al. "When higher working memory capacity hinders insight." *Journal of Experimental Psychology: Learning, Memory, and Cognition* 42, 1 (2015): 39-49.

De Luca, M, et al. "fMRI resting state networks define distinct modes of long-distance interactions in the human brain." *NeuroImage* 29, 4 (2006): 1359-1367.

Deming, WE. *Out of the Crisis*. Cambridge: MIT Press, 1986.

Bellos, A. "World's fastest number game wows spectators and scientists." *Guardian*, October 29, 2012. http://www.theguardian.com/science/alexs-adventures-in-numberland/2012/oct/29/mathematics.

Benedetti, F, et al. "The biochemical and neuroendocrine bases of the hyperalgesic nocebo effect." *Journal of Neuroscience* 26, 46 (2006): 12014-12022.

Bennett, DA, et al. "The effect of social networks on the relation between Alzheimer's disease pathology and level of cognitive function in old people: A longitudinal cohort study." *Lancet Neurology* 5, 5 (2006): 406-412.

Biggs, J, et al. "The revised two-factor Study Process Questionnaire: R-SPQ-2F." *British Journal of Educational Psychology* 71 (2001): 133-149.

Bloise, SM, and MK Johnson. "Memory for emotional and neutral information: Gender and individual differences in emotional sensitivity." *Memory* 15, 2 (2007): 192-204.

Brewer, JA, et al. "Meditation experience is associated with differences in default mode network activity and connectivity." *PNAS* 108, 50 (2011): 20254-20259.

Buckner, R, et al. "The brain's default network." *Annals of the New York Academy of Sciences* 1124 (2008): 1-38.

Buhle, JT, et al. "Cognitive reappraisal of emotion: A meta-analysis of human neuroimaging studies." *Cerebral Cortex* 24, 11 (2014): 2981-2990.

Burton, R. *On Being Certain*. New York: St. Martin's Griffin, 2008.（『確信する脳――「知っている」とはどういうことか』岩坂彰訳、河出書房新社、2010年）

Caceres, Z. "The Michael Polanyi College: Is this the future of higher education?" Virgin Disruptors, September 17, 2015. http://www.virgin.com/disruptors/the-michael-polanyi-college-is-this-the-future-of-higher-education.

Chan, YC, and JP Lavallee. "Temporo-parietal and fronto-parietal lobe contributions to theory of mind and executive control: An fMRI study of verbal jokes." *Frontiers in Psychology* 6 (2015): 1285. doi:10.3389/fpsyg.2015.01285.

Channel NewsAsia. "Committee to review Singapore's economic strategies revealed." December 21, 2015. http://www.channelnewsasia.com/news/business/singapore/committee-to-review/2365838.html.

Choi, H-H, et al. "Effects of the physical environment on cognitive load and learning: Towards a new model of cognitive load." *Educational Psychology Review* 26, 2 (2014): 225-244.

Chou, PT-M. "Attention drainage effect: How background music effects concentration in Taiwanese college students." *Journal of the Scholarship of*

参考文献

Ackerman, PL, et al. "Working memory and intelligence: The same or different constructs?" *Psychological Bulletin* 131, 1 (2005): 30-60.

Ambady, N, and R Rosenthal. "Half a minute: Predicting teacher evaluations from thin slices of nonverbal behavior and physical attractiveness." *Journal of Personality and Social Psychology* 64, 3 (1993): 431-441.

Amir, O, et al. "Ha Ha! Versus Aha! A direct comparison of humor to nonhumorous insight for determining the neural correlates of mirth." *Cerebral Cortex* 25, 5 (2013): 1405-1413.

Anderson, ML. *After Phrenology: Neural Reuse and the Interactive Brain*. Cambridge, MA: MIT Press, 2014.

Anguera, JA, et al. "Video game training enhances cognitive control in older adults." *Nature* 501, 7465 (2013): 97-101.

Antoniou, M, et al. "Foreign language training as cognitive therapy for age-related cognitive decline: A hypothesis for future research." *Neuroscience & Biobehavioral Reviews* 37, 10 (2013): 2689-2698.

Arsalidou, M, et al. "A balancing act of the brain: Activations and deactivations driven by cognitive load." *Brain and Behavior* 3, 3 (2013): 273-285.

Bailey, SK, and VK Sims. "Self-reported craft expertise predicts maintenance of spatial ability in old age." *Cognitive Processing* 15, 2 (2014): 227-231.

Bavelier, D. "Your brain on video games." TED Talks, November 19, 2012. https://www.youtube.com/watch?v=FktsFcooIG8.

Bavelier, D, et al. "Brain plasticity through the life span: Learning to learn and action video games." *Annual Review of Neuroscience* 35 (2012): 391-416.

Bavelier, D, et al. "Removing brakes on adult brain plasticity: From molecular to behavioral interventions." *Journal of Neuroscience* 30, 45 (2010): 14964-14971.

Bavishi, A, et al. "A chapter a day: Association of book reading with longevity." *Social Science & Medicine* 164 (2016): 44-48.

Beaty, RE, et al. "Creativity and the default network: A functional connectivity analysis of the creative brain at rest." *Neuropsychologia* 64 (2014): 92-98.

Bellos, A. "Abacus adds up to number joy in Japan." *Guardian*, October 25, 2012. http://www.theguardian.com/science/alexs-adventures-in-numberland/2012/oct/25/abacus-number-joy-japan.

究の共同執筆者であるRichard　Mayerは、たぐいまれなウィットにあふれる講演者である。

12. Rossini, 2014; Skarratt, et al., 2014.
13. Oakley, et al., 2016; Oakley and Sejnowski, 2016; Rossini, 2014; Skarratt, et al., 2014.
14. Anderson, 2014. 比喩はときに学習に重要な役割を果たす。Oakley, 2014, Chapter 11; Oakley, et al., 2016; Oakley and Sejnowski, submitted, along with the embedded references参照。
15. Keller, 1984.
16. Isaacson, 2015.
17. Sane, 2016.
18. Tschang, et al., 2014.
19. Trahan, et al., 2014. もっと最近の均一化や低下の徴候については以下を参照。Menie, et al., 2015, and Teasdale and Owen, 2008.
20. Duckworth, 2016, 84.
21. Duarte, 2012.

第13章　マインドシフトとその先へ

1. 合意により「ルイーズ」と「スペックス」は仮名――現在の両者の生活に関する詳細についても、身元が特定できるような情報は変更されている。スペックスがルイーズに出会う前の生活については脚色してあるが、牛や馬を専門とする獣医の娘として育った私が知る人や馬の話をもとにしている。数十年前、私が友人と一緒にロングセラーとなった人気の教育ボードゲーム「ハード・ユア・ホーシス」を考案したことも、参考のために付け加えておこう。おそらく血筋だろう――私の母方の祖父、クラレンス・C・プリッチャードは牧場主で、ニューメキシコ州ロズウェル近郊では有名な「名調教師」だった。私は実際にルイーズの自宅や厩舎でルイーズとスペックスと過ごし、スペックスが本章で紹介した活動をこなすことのできるすばらしい馬であることをこの目で確かめてきた。
2. 現代の馬にごく近い動物が、およそ30万年前にいたことが、証拠によって明らかになっている（Jansen, et al., 2002）。
3. Vilà, et al., 2001.
4. Friedman, 2014.
5. Kojima, et al., 2009; Lu, et al., 2012; Mantini, et al., 2011.
6. Cover, 1993.

たとしても、心配はいらない。そうなるのは当たり前だし、カメラの前に立つことに飽きてくれば、そんなこともなくなる（最初の数日、まったく緊張しなかったという人がいたら、ぜひヘア・サイコパシー・チェックリストの点数を教えてほしい）。

- 編集作業は、他の人に任せるべき仕事のように思えるかもしれない。しかし動画編集の技能を少なくとも一通りは習得しておくことは重要だ。可能性を膨らませることができるようになるからだ。自分が撮影した動画を編集するのは、カメラの前で緊張する場合はなおさら役に立つ。最初はあらばかりが見え、神経を逆なでされるように感じるだろう。しかししばらくすると、テレビのニュースなどを見ていて、たとえプロでも自分と同じ「間違い」をすることに気づくようになる。自分の動画を編集すると、自分の見た目を必要以上に心配しなくなる。時間が経つにつれ、あらさがしに飽きてくるからだ。
- 緊張すると声が高くなり、耳障りになることがあるので注意する。女性は高い声で話しだす傾向があり、気をつけないと、しまいには不快なキーキー声になってしまう。男性でも女性でも、生まれつきジョニー・キャッシュのような声でない限り、やや低い声で話す練習をしておくといいだろう。
- 白いブラジャーは透けるので着けない。必ずベージュにする（ブラをしない人は、心配無用）。ちなみに、パールは見た目はすてきだが、マイクにぶつかるとうるさいので、避けたほうがいい。
- 私はテレプロンプターを使っていて、5分間の台本のどこかでつまずくと、たとえそれが終わり近くであっても、はじめからやり直したくなった。でもやってはいけない。動作を入れるために、結局はカットすることになる。つっかえた文やパラグラフ、思考の流れの最初に戻ればいい。

3. Jaschik, 2013.
4. Ambady and Rosenthal, 1993.
5. 台本を使いたい人もいれば、テレプロンプターを使いたい人もいる。原稿なしで話さなければならないとなると、ほとんどの講師は躊躇する。台本を使う場合の難点は、形式的な文章をつい書いてしまい、子守歌代わりになってしまうことだ。しかしもっと悪いのは、テレプロンプターを。使う。講師が。こんな。話し方に。なってしまう。ことだ。
6. Lyons and Beilock, 2012.
7. Amir, et al., 2013.
8. Chan and Lavallee, 2015.
9. Hackathorn, et al., 2012.
10. 「網羅すべきことが多すぎる」という考え、特にSTEM教育が陥りがちな誤りについては、Felder and Brent, 2016で詳細に議論されている。
11. ユーモアが学習に及ぼす影響に関して最も頻繁に引用されている研究は、Harp and Mayer, 1998である。しかし興味深いことに、これは対面やビデオで行う「生」の教育ではなく、文章に関する研究だ。皮肉なことに、この研

8. Biggs, et al., 2001. 学生が学習の際、「深い」アプローチを使っているか、「表面的」なアプローチを使っているかを探ろうとする、興味深い研究。

第12章 MOOCをつくる

1. Markoff, 2015参照。2014年8月1日から2015年12月までに119万2697人が「学び方を学ぶ」講座に登録した。一方、2012年から2015年6月にかけて、HarvardXでは、ハーバード大学の90人の教職員と225人の外部の人材によって、60以上のオープンコースと履修単位、17以上のオンキャンパスのコース、7以上の少人数制非公開講座（SPOC）を提供し、コースへの登録者数はのべ300万人を超えている（HarvardX, 2015)。つまり、ハーバードの全84のMOOCとその他のオンラインコースで、3年間で毎月8万3300人の学生を集めたことになる。「学び方を学ぶ」もそれに迫る勢いで、開始からの17カ月で、毎月7万200人を集めている。地下室で制作したひよっこのコースにしては、悪くない数字だ。
2. 「学び方を学ぶ」の制作には、半日仕事で4カ月がかりで、スタジオをつくり、動画編集を学び、初めての動画を制作したが失敗して捨てた。さらにフルタイムで3カ月かけて台本を書き、撮影し、編集した。1日14時間作業することもざらで、小テストの問題を考えたり、受講の手引きを書いたりもした。可能ならグリーンスクリーンを使うことをお勧めする。動きをふんだんに取り入れられるからだ。「タレント」を前後に動かしたり、全身を映したり、クローズアップしたりできる。それによっていくつもの注意メカニズムを作動させることになる（Oakley, 2015, また注意を引き続けることに関連したニューロサイエンスの背景については特に Oakley, et al., 2016を参照）。ここで特別に、MOOCをつくる際にすべきこととすべきでないことを紹介する。
   - ■高速シャッターを使う。たとえば80fpsくらい。そうすると、グリーンスクリーンの緑が、出演者の指の間ににじんで見えたりすることを防げる。
   - ■グリーンスクリーンを使う場合、スタジオの照明は3台ではなく4台にする。そうすると上記の緑色のにじみを防ぐためにシャッタースピードを上げるのに役立つ。
   - ■グリーンスクリーンを使う場合、フォーカスを入念に合わせる。タレントの目尻のしわが見えるくらい、拡大鏡を使って行う（たとえばタレントが2歳児であったら、その限りではない）。 撮影の合間ごとに確認する。フォーカスはすぐにぼけてしまうため。
   - ■襟につけるピンマイクがあれば、利用可能。襟にクリップでマイクを留める際、ワイヤで小さな輪を作り、その輪を一緒に襟に留めておく。こうすると、ワイヤを引っ張る力を弱めることができる。これをしておかないと、ガサゴソという衣擦れの音が入ってしまい、編集で取り除くことがほとんど不可能になる。
   - ■初めて撮った動画で、自分がまるで銃殺刑にのぞもうとしているように見え関する優れた議論はSinanaj, et al., 2015.

9. De Luca, et al., 2006.
10. Kühn, et al., 2014; Takeuchi, et al., 2011.
11. Gruber, 1981. Horovitz, et al., 2009　に記されているように、デフォルトモードネットワークの連結性は浅い眠りの時に持続する。「この持続が期待されるのは、眠りにつくときに、内省的な思考が突然中断されるのではなく、少しずつ薄れていき、深い眠りの間は実質的に休止するからである」
12. Buckner, et al., 2008; O'Connor, 2013.
13. Sinanaj, et al., 2015.
14. Patston and Tippett, 2011; Thompson, et al., 2012; Chou, 2010.　テレビゲームのデザイナーは、ちょっとしたバックグラウンドミュージックがあると、複雑な状況で次に取るべき戦略を練る（「プロアクティブ制御」）際に、プレーヤーの集中力が高まる一方で、同じ音楽が単純な反応（「リアクティブ制御」）の邪魔をするという事実を利用している。(Zhang and Fu, 2014).
15. Shih, et al., 2012.
16. Huang and Shih, 2011; Mori, et al., 2014.
17. アルニムのウェブサイトはwww.shamawood.com.　ただし、彼の作品は需要が高いので要注意！

第11章　MOOCとオンライン学習の価値

1. 本章で紹介したり引用したりした人たちには、2016年４月から６月までの間にEメールでインタビューを行った。
2. http://davidventuri.com/blog/my-data-science-masters.
3. ブライアンの進歩については以下を参照のこと：http://www.brianbrookshire.com/online-biology-curriculum/
4. 「ハンス」の希望による仮名。
5. ターゲット・テスト・プレップ https://gmat.targettestprep.com/.
6. ロニーは学習のために「計画 - 実行 - 評価 - 改善（PDCA）」というプロセス改善アプローチを使っている。PDCAを開発したのは現代品質管理の父、W・エドワーズ・デミングである（Deming, 1986）。
7. テレビ視聴の受動的性質と学習に及ぼす影響についてのすばらしい議論については、第３章を参照のこと。興味深いことに、アクティブラーニングの重視や、アクティブラーニングが教室で非常に重要であるという事実にもかかわらず（Freeman, et al., 2014; Oakley, et al., "Turning student groups into effective teams," 2003）、脳画像処理技術を使ってアクティブラーニングを受動的学習と比較し、洞察を明らかにしている研究はほとんどない。それどころか、学習の脳への作用についての理解は、注目の研究テーマではあるものの、まだ初期段階にある（Zatorre, et al., 2012）。

2. Clance and Imes, 1978.
3. Bloise and Johnson, 2007; Derntl, et al., 2010; Montagne, et al., 2005.
4. Sapienza, et al., 2009; Mazur and Booth, 1998; Giammanco, et al., 2005.
5. Ramón y Cajal, 1937 (reprint 1989).
6. Burton, 2008.

第10章　中年の危機を中年のチャンスに変える

1. DiMillo, 2003.　アルニム・ロディックと彼の経験については、2016年5月から6月にかけてEメール経由で行ったインタビューと、本人が送ってくれたエッセイに基づいている。
2. 以下を参照。Ericsson and Pool, 2016, 222–225, for a discussion of "anti-prodigies."　エリクソンによると、まったく才能がないように見える人の場合、幼少期に出会った権威ある人が本人にそう信じこませていることが多い。彼の観察では、まったくの音痴はほとんどいない。一方で、神経構造により、音感を身につけにくい人がいることも確かである。たとえば、Finn, et al., 2014によると、「（読み書き障害のない）読者と比べて、（読み書き障害のある）読者は、視覚路や、視覚連合野と前頭葉前部との連結性が異なっている……」。アルニムのディスレクシアは、音楽の理解の難しさと関連があったのだろうか？　確かに研究により、ディスレクシアの人はリズムが取りにくく、それが音楽的能力に影響を与えていることがわかっている（Overy, 2003）。アルニムの音楽の権威への反応（音楽の才能がなさそうなことを受け入れ、障害を回避する方法を見つける）と、数学の権威への反応（能力を伸ばすために真正面から取り組む）の対比は興味深い。個人的には、習得を難しくしている神経構造であったとしても、学習者が精神的な障害を回避することができれば、その異なる構造に合った、別の、より深くよりクリエイティブな理解にたどり着くことができると信じている。
3. Mehta, et al., 2012; O'Connor, 2013.
4. Einöther and Giesbrecht, 2013; Lieberman, et al., 2002.　思考モードに入ると（それもかなりの時間）、すべての脳波周波数が見られるが、意識の状態に応じて１つの周波数が顕著になることが多い。興味深いことに、ADHDはアルファ波やシータ波のような長波長と密接に関連し、集中力は高いガンマ波と関連している。
5. Choi, et al., 2014; Doherty-Sneddon and Phelps, 2005.
6. Vredeveldt, et al., 2011.
7. Cooke and Bliss, 2003; Davies, et al., 2011; Spain, et al., 2015; Mondadori, et al., 2007.　ずば抜けた記憶力は、優れたリーダーになれる素質である。See Oakley, 2007, 310–314.
8. ２つの異なるモード（片方は概して活動的で、もう片方は静か）の陰と陽に

16. Bavelier, et al., 2012.
17. Howard and Holcombe, 2010; Lv, et al., 2015; Rossini, 2014; Skarratt, et al., 2014.
18. Bavelier, 2012.
19. Anguera, et al., 2013.
20. Gazzley, 2014.
21. 注意力に関連する脳波としては、ベータ波があげられる場合が多いが、ここで言及されているシータ波の特徴について、ガザレイ博士は次のように述べている。「ここでいうシータ波は、何かの出来事が起こるまでは現れません。ニューロレーサーでいえば、このシータ波は運転中、標識を目にするまでは現れず、標識を目にした後にはじめて大量に放出されます。何かに注意を向けたときに現れるこのタイプのシータ波は、持続的に何かに集中する場合に現れるシータ波とは別のものです」(2016年6月2日の著者あてのEメールより)
22. Gazzaley, 2014.
23. Merzenich, 2013, 197.
24. ポジット・サイエンス社は、同社が開発した商品の有効性を証明する科学的な研究結果をリストにまとめている。http://www.brainhq.com/world-class-science/published-research.
25. Spalding et al., 2013.
26. 同上
27. Kheirbek, et al., 2012.
28. 同上
29. Katz and Rubin, 2014.
30. Antoniou, et al., 2013.
31. Pogrund, 1990, 303.
32. White, et al., 1983. 私の夫のフィリップは1年間、南極大陸のエルスワースランドにある最果てのサイプル基地に隊員8人で駐屯し、このことを個人的に経験している。
33. De Vriendt, et al., 2012.
34. Bailey and Sims, 2014.
35. Bavishi, et al., 2016.
36. Zhou, et al., 2006.
37. Bennett, et al., 2006.
38. Davis, 2015.

第9章　かなわなかった夢が、新たな夢へとつながる

1. プリンセスの物語は、2016年5月から6月にかけてEメールで綴ってくれた本人の記憶に基づいている。

くありません。そのくらい、一流大学に入れるかどうかは大事なんです。二流の大学に行く人たちももちろんいますが、なかにはそのことを心底恥ずかしいと思っている人もいるようです。実際、メディアや学術の分野で議論されている内容を見ても、そういう二流の大学は、まるで存在していないかのような扱いを受けていて、まったく議論の対象になっていません。議論になるのはいつも、一流大学に入学するための受験競争が過剰なせいで、そこにいたるまでの教育課程にゆがみが出るという点だけです。ただ大学教育を受けたという事実だけでは、尊敬の対象にはならないようなんです。もっとこう、平均的であることが社会に広く受け入れられてもいいんじゃないかと思うんですが。学歴は、就職にまで大きく影響します。私がアメリカで求人に応募するとしたら、まずは自分の職歴を強調して、学歴を書くのはその次にしますが、求人に応募するのがアジアでだったら、スタンフォードの学位を前面に押し出して応募書類をつくりますね」

第8章　キャリアのマンネリ化と行き詰まりを避ける

1. テリー・セジュノウスキーの過去については、2015年7月26日、カリフォルニア・ラホヤでの、テリーと彼の夫人であるビアトリス・ゴロムとの会話の中で語られたことをもとにしている。
2. Davis, 2015.
3. 2016年3月5日、ニュージャージー・プリンストンにおけるアラン・ゲルパーリンへのインタビューより。
4. Cognitive Science Online, 2008.
5. 同上
6. Golomb and Evans, 2008.
7. Maren, et al., 2013.
8. Benedetti, et al., 2006.
9. Wager and Atlas, 2015.
10. Schafer, et al., 2015. Petrovic, et al., 2005. それぞれ「プラセボ効果を生じさせるには、脳がそれ以前に治療の効果を確信する体験をしていることが不可欠である」という内容の記述がある。
11. Crum, et al., 2011.
12. Schedlowski and Pacheco-López, 2010.
13. Petrovic, et al., 2005.
14. Crick, 2008, 6.
15. Bavelier, et al., 2010; Dye, et al., "The development of attention skills in action video game players," 2009; Green and Bavelier, 2015; Li, et al., 2009. この部分の内容の裏づけとしては、上記および関連する著者のこれ以前のさまざまな研究についても参照されたい。

19. Tambini, et al., 2010; Immordino-Yang, et al., 2012.
20. Brewer, et al., 2011; Garrison, et al., 2015.
21. Immordino-Yang, et al., 2012.
22. 近年確認された瞑想の効果の幅広さを把握するには、次の論文を参照のこと：Garrison, et al., 2015、Jang, et al., 2011. 瞑想の効果について、それぞれまったく反対の内容が報告されており、多種多様な効果を持つ瞑想の複雑さがおわかりいだけると思う。どの種類の瞑想がオープン・モニタリングにあたり、どの種類がフォーカス・アテンションにあたるかを詳述した、瞑想方法のわかりやすい概観は以下を参照：Dienstmann, 2015. 同じく以下も参照のこと：Kaufman and Gregoire, 2015, 110-120; Goyal, et al., 2014; Grossmann, et al., 2004.
23. Sedivy, 2015.
24. Ackerman, et al., 2005; Conway, et al., 2003.
25. DeCaro, et al., 2015.
26. Lv, 2015; Takeuchi, et al., 2012; White and Shah, 2006.
27. Patros, et al., 2015; Rapport, et al., 2009.
28. Simonton, 2004.
29. Ellis, et al., 2003. 以下のような記述がある。「従順で礼儀正しく、人に同調しやすいチームメンバーは、もめごとを避けようと、同じチーム内のメンバーの意見を批判せず、すぐに受け入れてしまう傾向がある」
30. Melbey-Lervåg and Hulme, 2013.
31. Smith, et al., 2015 — 関連する研究結果によると、約４％の増加が認められ、また、その効果は持続すると見られている。ブレインHQの記憶力向上プログラムに対する最新の研究出版物のリストはこのサイトを参照：http://www.brainhq.com/world-class-science/published-research/memory
32. Takeuchi, et al., 2014.
33. 長いアジア在住経験を持つアメリカ人は、次のような話をしてくれた。「アジアの人たちは、トップクラスの大学に入れないなら進学しないほうがましだと考えているんじゃないかと思えるときがあります。アメリカでは、第二志望の大学にも出願しておいて、希望の大学に入れなかったらそちらの大学に通うのが普通ですが、アジアでは、第一志望の大学に落ちると、同じ大学の試験を受けなおす受験勉強のためだけに、１年か、それ以上の時間を費やす学生も少なくありません。アメリカの大学では、大学進学適性試験の点数は出願書類の一部にすぎませんが、アジアの大学では、ほぼ一連の入学試験の結果だけで合否が決まってしまうため、そうした学生たちが通うためのフルタイムやパートタイムの準備学校もあります。韓国語には、そういう学生たちを表す"再修生"という言葉まであるほどです。入学試験に四度目か五度目の挑戦をして、今年はようやく合格できるか、それともついにあきらめるか、といった類いの、テレビのリアリティショーみたいな光景だって珍し

6. Shin, 2013.
7. オレゴン大学の教授で、傑出した業績を持つ教職員に与えられる名誉職（first presidential chair）も授与されているヨン・ジャオは、中国の学生について次のような見解を述べている。「中国の学生は、定型化した問題を解く際には非常に能力を発揮する。出題された問題が、求められているものが明確な、すでに解法例が示されているようなものである場合には、彼らは好成績をあげる。しかし、解き方や公式など、問題の解決手段が確立されておらず、求められているものが明確とは言えない問題を解くのは大の苦手である。つまり彼らは、型にはまった既存の問題を解くのは得意だが、大胆な解決法を思いついたり、新しい問題の解決法を見つけたりするのは不得意なのだ」（Zhao, 2014, 133-134）。ジャオはまた、“The Naked Emperor: Chinese Lessons for What Not to Do”の第８章において、PISAの問題点についての非常に長い考察を展開している。
8. Channel News Asia, 2015.

第７章　学習のハンデを克服する

1. Wammes, et al., 2016.
2. Sklar, et al., 2012.
3. Bellos, “World’s fastest number game,” 2012.
4. Watanabe, 2015.　以下も参照：“Begin Japanology – Abacus,” https://www.youtube.com/watch?v=zMhcr-d6bw.
5. Bellos, “Abacus adds up,” 2012.
6. Frank and Barner, 2012.
7. Guida, et al., 2013.
8. Ericsson and Pool, 2016.
9. Arsalidou, et al., 201; Sweller, et al., 2011.
10. Guida, et al., 2013.
11. 次の本の第５章も参照：Khoo, 2011.
12. 2005年6月12日、スタンフォード大学卒業式でのスティーブ・ジョブズのスピーチより。http://news.stanford.edu/2005/06/14/jobs-061505/
13. Buhle, et al., 2014.
14. 集中モードは学術論文では“タスクポジティブ”と表記されることが多い。次の論文を参照：Di and Biswal, 2014; Fox, et al., 2005.
15. 多様な脳の安静状態のうち最もよく研究されているのは、言うまでもなくデフォルトモードネットワークである：Moussa, et al., 2012.
16. Beaty, et al., 2014.
17. Nakano, et al., 2012.
18. Waitzkin, 2008, 159.

and Geary, 2015, Whitehouse, et al., 2012.
5. Vanny and Moon, 2015.

第5章　ルールを書き換える

1. 私は5年間、ミシガン州ポンティアック中心部の小学校何校かでボランティアをしていたことがあり、経済的に恵まれない学区の子供たちが甘受しなければならない学習環境の悪さを身をもって体験している：Oakley, et al., 2005.
2. 2016年5月12日、メリーランド州リンティカム・ハイツで、ザックの母親とお茶を飲んだときの会話より。
3. McCord, 2002.
4. Dishion, et al., 1999, 760.
5. Powers and Witmer, 1972. 第29章参照。
6. McCord, 1981; McCord, 1978.
7. 同上
8. Rittle-Johnson, et al., 2015.
9. Guida, et al., 2013.
10. Pachman, et al., 2013.
11. Caceres, 2015.
12. McCord, 1978.
13. 2016年6月のジェフ・セイヤー・マッコードとのメールのやり取りより。
14. Martin, 2004.
15. Wilson, 2011.
16. Duckworth, 2016.
17. Eisenberger, 1992.
18. Oakley, 2013; Wilson, 2011.
19. Fendler, 2012.
20. Tough, 2012.

第6章　シンガポール

1. Song, 2014.
2. Trading Economics, "Singapore Unemployment Rate, 1986-2016." http://www.tradingeconomics.com/singapore/unemployment-rate.
3. Tupy, 2015.
4. National Center for Education Statistics, "Mathematics Literacy: Average Scores." http:/nces.ed.gov/surveys/pisa/pisa2012/pisa2012highlights_3a.asp, Organization for Ecominoc Cooperation and Development (OECD), Program for International Student Assessment (PISA), 2012.
5. Hanft, 2016.

注

第１章　人生は変えられる

1. Dweck, 2006.

第２章　勉強だけが学びではない

1. Deardorff, 2015.
2. Deardorff, 2015. 以下も参照：Cotman, et al., 2007; Moon, et al., 2016.
3. Snigdha, et al., 2014.
4. Vidoni,m et al., 2015

第３章　時代は変わり続ける

1. Gwynne, 2011.
2. Mims, 2015; Venkatraman, 2014.
3. Ericsson and Pool, 2016.
4. Yang, 2014.
5. Oakley, "How we should be teaching math,"2014; Rittle-Johnson, et al., 2015.
6. ノーベル賞受賞者の伝記や自伝には、新しいアイデアやアプローチが抵抗にあうエピソードが頻繁に登場する。例えば次の書籍を参照：Ramón y Cajal, 1989; Keller, 1984; Prusiner, 2014; Marshall and Warren, 2005. 神経細胞新生説に反対した著名な科学者たちの様子については：Specter, 2001.
7. Kuhn, 1962 (1970, 2nd ed.), 144.

第４章　〝ムダ〟な知識が武器になる

1. タンヤはファンタジー物の「Tazlure.nl」と17世紀のイングランドの宮廷を舞台にした歴史物のゲームを運営している。後者のゲームは登録できるユーザー数が限られているため、URLを掲載しないようタンヤに頼まれているが、オープニングページを見ただけで引き込まれてしまいそうな、精緻なつくりのゲームである。
2. de Bie, 2013. 荒らしに対する学術的な解釈については：Zittrain, 2015. 荒らしが学術的にほとんど解明されていない存在であることがおわかりいただけると思う。Ronson, 2015.では、荒らしが集まる邪悪な世界についての優れた考察が展開されている。
3. Stoet and Geary, 2015; Whitehouse, et al., 2012.
4. これらのグラフは以下の論文の主要アイデアを図に表したものである：Stoet

File:Ghana_(orthographic_projection).svg.
Photo of Princess Allotey courtesy Princess Allotey.
Map of Arnim Rodeck's travels derived from the world map available at https://commons.wikimedia.org/wiki/File:BlankMap- World-v2.png.
Photo of Arnim Rodeck © 2016 Arnim Rodeck.
Photo of Arnim's woodwork (Galiano Conservancy Association) © 2016 Arnim Rodeck.
Photo of Arnim's woodwork (front doors) © 2016 Arnim Rodeck.
Photo of Arnim's notes and books © 2016 Arnim Rodeck.
Photo of Laurie Pickard © 2015 Laurie Pickard.
Photo of MOOC certificates © 2017 Jonathan Kroll.
Photo of Ana Belén Sánchez Prieto
in the studio © 2016 Ana Belén Sánchez Prieto.
Photo of Barb in the basement © 2017 Barbara Oakley.
Composite photo of Barb in the basement © 2017 Barbara Oakley.
Photo of Terrence Sejnowski running on the beach © 2017 Philip Oakley.
Photo of Philip Oakley in the studio © 2017 Rachel Oakley.
Photo of Dhawal Shah © 2016 Dhawal Shah.

Photo of Graham Keir courtesy Graham Keir.
Photo of a Pomodoro timer by Francesco Cirillo rilasciata a Erato nelle sottostanti licenze seguirÃ OTRS, available at http://en.wikipedia.org/wiki/File:Il_pomodoro.jpg.
Map of Seattle, Washington, USA, derived from the map available at https://commons.wikimedia.org/wiki/File:Blankmap-ao-090W-americas.png.
Photo of Claudia Meadows © 2016 Susie Parrent Photography.
Map of Ali Naqvi's travels derived from the world map available at https://commons.wikimedia.org/wiki/File:BlankMap- World-v2.png.
Photo of Ali Naqvi courtesy Ali Naqvi.
Light microscopy image of neuron with new synapses © 2017 Guang Yang.
Map of the Netherlands derived from the world map available at https://commons.wikimedia.org/wiki/File:Netherlands_(orthographic_projection).svg.
Photo of Tanja de Bie courtesy Barbara Oakley.
Boys and girls have similar math abilities © 2017 Barbara Oakley.
Boys and girls have different verbal abilities © 2017 Barbara Oakley.
Boys and girls have similar math abilities and different verbal abilities © 2017 Barbara Oakley.
Photo of Kim Lachut © 2016 Kim Lachut.
Map of Zach Caceres's travels derived from the world map available at https://commons.wikimedia.org/wiki/File:BlankMap- World-v2.png.
Photo of Zachary Caceres © 2017 Philip Oakley.
Photo of Joan McCord courtesy Geoff Sayre-McCord.
Map of Singapore derived from the world map available at https://commons.wikimedia.org/wiki/File:Blankmap-ao-270W-asia.png.
Photo of Patrick Tay courtesy Patrick Tay.
Illustration of Singapore's tripartite approach © 2017 Barbara Oakley.
"T" image © 2017 Kevin Mendez.
"π" image © 2017 Kevin Mendez.
Second- skilling © 2017 Barbara Oakley.
Mushroom © 2017 Kevin Mendez.
Talent stack of skills © 2017 Kevin Mendez.
Dr. Soon Joo Gog © 2017 Barbara Oakley.
Photo of Adam Khoo courtesy Adam Khoo.
Mind map of weathering courtesy Adam Khoo.
Balloons of thinking modes © 2017 Jessica Ugolini.
Photo of Terrence Sejnowski as a young man courtesy Terrence Sejnowski.
Map of Terrence Sejnowski's travels for study and work derived from the map available at https://en.wikipedia.org/wiki/File:BlankMap-USA-states.png.
Midline frontal theta waves © 2017 Kevin Mendez.
Front to back theta waves © 2017 Kevin Mendez.
Photo of Terrence Sejnowski at Waterton courtesy Terrence Sejnowski.
Photo of Alan Gelperin courtesy Alan Gelperin.
Map of Accra, Ghana, derived from the map available at https://commons.wikimedia.org/wiki/

■著者紹介
バーバラ・オークリー（Barbara Oakley, PhD）
ミシガン州ロチェスターにあるオークランド大学工学部教授。マックマスター大学グローバルデジタルラーニング・ラモン・イ・カハール特別研究員。神経科学と認知心理学に重点を置いたバイオエンジニアリングの研究等に従事している。大規模公開オンライン講座（MOOC）では、世界最多の受講生を集める「学び方を学ぶ（Learning How to Learn）」と、本書の内容をベースにした「マインドシフト（Mindshift）」の２つの講座で、伝説の神経科学者テレンス・セジュノウスキーとともに講師をつとめている。

■訳者紹介
安原実津（やすはら・みつ）
ドイツ語・英語翻訳者。訳書に『ドールハウス――ヨーロッパの小さな建築とインテリアの歴史』（パイインターナショナル）、『プレゼンのパワーを最大にする50のジェスチャー』（日経BP社）がある。

■訳者紹介
笹山裕子（ささやま・ゆうこ）
上智大学外国語学部英語学科卒。銀行や新聞社勤務を経て翻訳者に。訳書に『カントリー・ダイアリー』（グラフィック社）、『真夜中の北京』（エンジンルーム／河出書房新社）、『おたんじょうびまであとなんにち？』（徳間書店）などがある。

■翻訳協力：株式会社リベル

2018年5月3日 初版第1刷発行

フェニックスシリーズ ⑪

先入観を捨てセカンドキャリアへ進む方法
——既成概念・年齢にとらわれずに働く術

著　者　バーバラ・オークリー
訳　者　安原実津、笹山裕子
発行者　後藤康徳
発行所　パンローリング株式会社
〒160-0023　東京都新宿区西新宿7-9-18　6階
TEL 03-5386-7391　FAX 03-5386-7393
http://www.panrolling.com/
E-mail　info@panrolling.com
装　丁　パンローリング装丁室
印刷·製本　株式会社シナノ

ISBN978-4-7759-4196-6